海南省哲学社会科学研究基地课题（批准号JD（ZC）20-28）。

国家社会基金重点项目"唯物史观视野中的当代西方生态哲学思潮研究"（批准号：22AZX002）。

RENYUZIRAN HEXIEGONGSHENG
XIANDAIHUA JIQI HAINANFANLIYANJIU

刘利利 著

人与自然和谐共生现代化及其海南范例研究

中国政法大学出版社

2024·北京

图书在版编目（CIP）数据

人与自然和谐共生现代化及其海南范例研究 / 刘利利著. -- 北京：中国政法大学出版社，2024. 8. -- ISBN 978-7-5764-1729-6

Ⅰ. D927.660.268.4

中国国家版本馆 CIP 数据核字第 202439HQ64 号

出 版 者	中国政法大学出版社
地 　 址	北京市海淀区西土城路 25 号
邮寄地址	北京 100088 信箱 8034 分箱　邮编 100088
网 　 址	http://www.cuplpress.com (网络实名：中国政法大学出版社)
电 　 话	010-58908586(编辑部) 58908334(邮购部)
编辑邮箱	zhengfadch@126.com
承 　 印	北京京鲁数码快印有限责任公司
开 　 本	720mm×960mm　1/16
印 　 张	14.5
字 　 数	240 千字
版 　 次	2024 年 8 月第 1 版
印 　 次	2024 年 8 月第 1 次印刷
定 　 价	69.00 元

前 言

　　党的二十大报告指出，要"以中国式现代化全面推进中华民族伟大复兴"。中国式现代化是人与自然和谐共生的现代化，这是在反思传统现代化和世界现代化生态转型的发展利弊中，在探索社会主义现代化道路的过程中，顺应生态兴则文明兴的历史发展趋势，回应经济发展和环境保护矛盾的现实难题，实现社会主义现代化强国奋斗目标，必须走出的一条现代化新道路。

　　传统现代化由于被资本逻辑所主导而付出了惨痛的生态代价；世界现代化生态转型的西方方案则由于既没有对传统现代化的资本本性进行反思、也缺失根本社会制度和国家政权的强有力支撑而不能从根源上解决问题。人与自然和谐共生作为中国式现代化的重要特色和本质要求，是中国共产党"站在人与自然和谐共生的高度谋划发展"，对我国进入新时代之后社会主义现代化强国建设目标追求的愿景构想。基于这种愿景构想，人与自然和谐共生现代化在理论内涵上回应了：社会主义社会的人与自然和谐共生现代化在何种程度上提供了超越资本主义社会的生态异化与社会异化方案；社会主义社会的人与自然和谐共生现代化在何种意义上推动了社会的合生态性与合正义性；如何认识与应对社会主义社会的人与自然和谐共生现代化的理论与实践的张力。人与自然和谐共生现代化作为探索中国式现代化道路过程中的重大理论和实践创新，其根本目的是建构起经济发展与环境保护协调双赢的内在逻辑。因此，人与自然和谐共生的现代化是遵循客观规律的一种历史主动建构，它既是接续世界现代化发展进程，更是创新世界现代化发展模式，旨在推动传统现代化发展道路改弦易辙，引领现代化发展模式的生态转型，是人类文明新形态不可或缺的生态向度和生态内涵。当前，我们要以美丽中国建设全面推进人与自然和谐共生的现代化，最终实现满足人民优美生态环境需要、人与自然和谐共生的价值追求。

在这样一种大背景下，习近平总书记在庆祝海南建省办经济特区 30 周年大会上，对海南的未来发展作出重大部署，要求海南"建设自由贸易试验区和中国特色自由贸易港，发挥自身优势，大胆探索创新，着力打造全面深化改革开放试验区、国家生态文明试验区、国际旅游消费中心、国家重大战略服务保障区，争创新时代中国特色社会主义生动范例，让海南成为展示中国风范、中国气派、中国形象的靓丽名片"。海南自由贸易港作为新时代改革开放新高地，如何发挥自身生态优势，大胆探索创新，着力推进国家生态文明试验区建设；如何以更高的站位、更宽的视野、更大的力度来谋划构建中国式的人与自然和谐共生的现代化；如何打造全国生态文明建设生动范例，争创美丽中国建设的靓丽名片；这可谓海南在新时代的新使命和新任务。站在新的历史起点，对海南生态文明建设的一系列重大实践和理论问题进行全面梳理，客观地评价，理性地认识，有利于我们进一步总结经验教训和内在规律，更充分发挥生态优势、区位优势以及政策优势，理出海南建成生态一流、绿色低碳自贸港的绿色发展思路，积极构建海南的生态文明制度体系、生态经济体系、生态文化体系、生态目标责任体系、生态安全体系等，大力推进海南成为生态文明体制改革样板区、陆海统筹保护发展实践区、生态价值实现机制试验区和清洁能源优先发展示范区，成为全国生态文明建设生动范例，谱写美丽海南新篇章。

海南将始终牢记"国之大者"，坚持以习近平生态文明思想为指导，基于国家生态文明建设的六大理念，结合中国式现代化建设的整体布局，以大力推进国家生态文明试验区建设为抓手，努力探索人与自然和谐共生现代化建设，提供美丽中国建设的海南经验，成为美丽中国建设的靓丽名片，成为中国特色社会主义实践范例，成为中国向世界展示习近平生态文明思想实践成果的重要窗口。这既是时代的使命，也源于现实的要求，我们义不容辞、责无旁贷。

CONTENTS **目 录**

绪　论

党的十九大报告首次指出："我们要建设的现代化是人与自然和谐共生的现代化，既要创造更多物质财富和精神财富以满足人民日益增长的美好生活需要，也要提供更多优质生态产品以满足人民日益增长的优美生态环境需要。"[1]党的二十大报告再次强调"中国式现代化是人与自然和谐共生的现代化"。[2]这些论述不仅深化了习近平生态文明思想的理论意涵，也是对我国未来大力推进生态文明建设、全面建设人与自然和谐共生中国式现代化的新战略部署，并最终达成"以中国式现代化全面推进中华民族伟大复兴"。[3]

一、研究的背景及意义

人与自然和谐共生作为中国式现代化的重要特色和本质要求，是在反思传统现代化和世界现代化生态转型的发展利弊中，在探索社会主义现代化道路的过程中，顺应生态兴则文明兴的历史发展趋势，回应经济发展和生态环境矛盾现实发展难题，实现社会主义现代化强国奋斗目标，必须要走出的一条现代化新道路。回顾传统现代化的历程，人类为实现自身利益诉求和发展目的将自然视为可以通过工具理性驾驭的客体，单向度攫取和无度开发引发了生态危机。层出不穷的环境公害事件给人类一遍遍的敲响了不可持续的警

---

[1]　习近平：《习近平著作选读》（第2卷），人民出版社2023年版，第41页。
[2]　习近平：《习近平著作选读》（第1卷），人民出版社2023年版，第19页。
[3]　习近平：《习近平著作选读》（第1卷），人民出版社2023年版，第18页。

钟，人们开始反思现有的现代化道路和发展模式。人与自然关系的现实困境和严峻挑战有哪些，引起人与自然矛盾的深层原因又有哪些，如何破解这些难题达成人类社会的可持续发展等，成了发达资本主义国家和许多希望实现现代化的发展中国家共同面对的理论课题和实践难题。发达资本主义国家首先开启了现代化的生态转型方案，但由于它既没有对传统现代化的资本本性进行反思、也缺失根本社会制度和国家政权的强有力支撑而不能从根源上解决问题。作为发展中国家的代表，我国基于对社会主义现代化的长期探索，创造性地提出了建设人与自然和谐共生的现代化。这是中国共产党"站在人与自然和谐共生的高度谋划发展"，[1]尤其是对我国进入新时代之后社会主义现代化强国建设目标追求的愿景构想，也是对合乎生态准则的社会主义生态文明社会的愿景构想。

基于这种社会主义现代化建设或社会主义生态文明社会的愿景构想，只有深刻把握人与自然和谐共生现代化的丰富内涵、本质特征，才能构建其深化发展的实践路径，从而为社会主义生态文明社会的构建指明方向，为全面建设社会主义现代化国家，实现中华民族伟大复兴的中国梦夯实根基。而人与自然和谐共生现代化在理论内涵上必须回应的问题是：第一，社会主义社会的人与自然和谐共生现代化在何种程度上提供了超越资本主义社会的生态异化与社会异化方案？第二，社会主义社会的人与自然和谐共生现代化在何种意义上推动了社会的合生态性与合正义性？第三，如何认识与应对社会主义社会的人与自然和谐共生现代化的理论与实践的张力？这意味着，我们只能从中国特色社会主义现代化发展所处的国际环境和自身历史阶段出发，扎实推进合乎生态可持续性原则的社会主义价值理念与制度构想，努力创建中国式的人与自然和谐共生的现代化。

在这样一种大背景下，海南自由贸易港作为新时代改革开放新高地，如何发挥自身生态优势，大胆探索创新，着力推进国家生态文明试验区建设；如何以更高的站位、更宽的视野、更大力度来谋划构建中国式的人与自然和谐共生的现代化；如何打造全国生态文明建设生动范例，争创美丽中国建设的靓丽名片；这可谓是海南在新时代中的新使命和新任务。习近平总书记曾

---

〔1〕 习近平：《习近平著作选读》（第 1 卷），人民出版社 2023 年版，第 41 页。

指出："重视历史、研究历史、借鉴历史，可以给人类带来很多了解昨天、把握今天、开创明天的智慧。"[1]站在新的历史起点，对海南生态文明建设的一系列重大实践和理论问题进行全面地梳理，客观地评价，理性地认识，有利于我们进一步总结经验教训和把握内在规律，不仅能丰富人与自然和谐共生现代化的理论内涵，也可以理出海南践行绿色发展的向路，大力推进海南生态文明体制改革样板区、陆海统筹保护发展实践区、生态价值实现机制试验区和清洁能源优先发展示范区建设，奋力谱写美丽海南新篇章。总之，提供美丽中国建设的海南经验，成为美丽中国建设的靓丽名片，这是海南争创中国特色社会主义实践范例的必然选择，既是时代的使命，也是现实的要求。

二、国内外相关研究评述

中国实施改革开放后，在经济方面取得了长足的发展，但粗放式的发展方式也让我们在生态环境方面付出了惨痛的代价。面对资源约束趋紧、环境污染严重、生态系统退化的严峻形势，党的十六大就开始酝酿生态文明建设，党的十七大报告正式提出建设生态文明，党的十八大报告把生态文明建设列入"五位一体"总体布局，并把"美丽中国"作为生态文明建设的目标，党的十九大报告提出建设"人与自然和谐共生的现代化"，[2]党的二十大报告系统阐释了如何"推动绿色发展，促进人与自然和谐共生"，[3]并指出："中国式现代化是人与自然和谐共生的现代化。"[4]生态文明建设一路深化发展至今，中国共产党用人与自然和谐共生现代化科学理性地回应了"社会主义生态文明社会"构建的目标指向与实践追求。党和国家的重视极大吸引了国内理论界对人与自然和谐共生现代化的关注，并形成研究热潮。但在国外，鲜有人直接研究人与自然和谐共生的现代化。国外学者长期关注人与自然关系、生态危机、现代化、资本主义生产方式等问题，与之相关的研究成果也十分丰富。尽管他们对现代化过程中生态危机的根源有着不同的认识，对资本主义生产方式对人与自然关系的异化也有着相左的看法，提出解决生态危机的

---

〔1〕　习近平：《习近平致第二十二届国际历史科学大会的贺信》，载《光明日报》2015 年 8 月 24 日。
〔2〕　习近平：《习近平著作选读》（第 2 卷），人民出版社 2023 年版，第 41 页。
〔3〕　习近平：《习近平著作选读》（第 1 卷），人民出版社 2023 年版，第 41 页。
〔4〕　习近平：《习近平著作选读》（第 1 卷），人民出版社 2023 年版，第 19 页。

路径更是多元，但这些却也都从不同维度体现了国外学者对人与自然关系以及资本主义现代化发展模式的深刻认识，为我们破解生态危机，建设人与自然和谐共生的现代化也还是具有参考和镜鉴作用的。

（一）国内相关研究评述

人与自然和谐共生现代化是从生态文明建设的视角对中国式现代化的概括。国内最早提出"生态文明"这一概念的学者为叶谦吉教授。他指出："所谓生态文明，就是人类既获利于自然，又还利于自然，在改造自然的同时又保护自然，人与自然之间保持着和谐统一的关系。"[1]到目前为止，关于生态文明内涵的研究，归纳起来大抵可以从狭义和广义两个角度来阐释。从狭义上讲，是指人类在实现人与自然和谐的实践过程中所取得的物质与精神成果的总和；是处于社会文明体系中的，相对于物质文明、政治文明、精神文明和社会文明而言的另一个重要组成部分。从广义上讲，是指人类在改造自然过程中，遵循人、自然和社会的协调发展，取得的物质和精神成果的总和，并沉淀为一种社会制度，体现为人类社会发展历程中在渔猎文明、农耕文明、工业文明序列递进的一种文明形态。无论哪一种阐释，生态文明的核心指向都是关涉和谐人与自然关系，实现人类社会永续发展的积极探索。人与自然和谐共生的关系作为构建生态文明的理论前提一直受到学界的重视，以知网为例看学界对人与自然关系以及社会主义生态文明的研究，成果颇丰，十八大以来，更是逐年攀升。梳理总结这些研究成果，为我们深入研究人与自然和谐共生的现代化提供了理论支撑与参考。

1. 关于马克思主义人与自然关系思想的研究

在近些年，我国的学术界在马克思恩格斯的著作和现实生态问题的基础上，吸纳并借鉴了西方马克思主义的自然观研究，对人与自然的实践关系、社会历史与自然的界限、自然的异化及其消解等重要问题进行了深入的阐释。马克思主义人与自然的关系属性在不同的视阈界定下具有不同的表现形态，这里仅从一个高度概括的理论特质视角努力呈现马克思主义人与自然关系思想的理论内核。

---

[1] 参见卢风、曹小竹：《论伊林·费切尔的生态文明观念——纪念提出"生态文明"观念40周年》，载《自然辩证法通讯》2020年第2期，第1~9页。

（1）实践逻辑中的辩证性与现实性。陈墀成、蔡虎堂认为，"马克思主义哲学对外部的自然坚持以实践为基础的现实主义立场"，[1]实践构成了人的现实生活基本内容，也是人与自然关系生成的逻辑起点。刘希刚认为，"实践性是马克思主义人化自然观最基本的特点"，[2]正是实践的中介促使自然成为人存在和发展的物质前提和基础，推动着自在自然向人化自然的不断转换。陈曙光等认为，正是实践，使人与自然之间构成相互生成、相互影响的对象性关系。[3]作为人的感性对象、改造对象与活动产物而存在的自然，其本质与人的本质相互映照、相互展现。基于这种实践逻辑中的对象性关系，人与自然构成了对立统一的整体，因而具有辩证性。熊韵波认为，人与自然之间在历史唯物主义向度上表现出对立统一的辩证性。这种辩证性既意味着人的自然化与自然的人化，同时也表明了人与自然是在相互作用与相互规定的过程中形成的整体，[4]人与自然关系也就具有了现实性。余谋昌指出："不能从脱离人的自然出发，现实的自然界是人类学的自然界，脱离人的自然界是不可理解的"，[5]也"不能从脱离自然的人出发"，[6]因为"脱离自然的人和社会只能是一种抽象的而不是现实的任何社会"[7]。

（2）社会历史范畴中的过程性和批判性。杨卫军指出，马克思的"过程思想主要体现在人与自然的对象性活动（实践）中"，[8]人与自然的关系是一种随着人类实践的发展而发展的，生成性的关系，具有社会历史性和过程性。当人类进入资本主义社会，人与自然之间的关系逐渐发展过渡为异化状态。陈学明指出，资本的本性即效用原则与增殖原则决定了资本主义雇佣劳

〔1〕　陈墀成、蔡虎堂：《马克思恩格斯生态哲学思想及其当代价值》，中国社会科学出版社 2014年版，第 97 页。

〔2〕　刘希刚：《马克思主义人化自然观的思想内涵及其绿色发展意蕴》，载《江海学刊》2017 年第 3 期，第 220~225、239 页。

〔3〕　参见陈曙光、阮华容：《论马克思的自然概念》，载《北京大学学报（哲学社会科学版）》2020 年第 1 期，第 15~23 页。

〔4〕　参见熊韵波：《论马克思生态思想的辩证性》，载《晋阳学刊》2020 年第 5 期，第 17~22 页。

〔5〕　余谋昌：《社会规律与自然规律》，载《自然辩证法研究》1991 年第 3 期，第 1~8 页。

〔6〕　余谋昌：《社会规律与自然规律》，载《自然辩证法研究》1991 年第 3 期，第 1~8 页。

〔7〕　余谋昌：《社会规律与自然规律》，载《自然辩证法研究》1991 年第 3 期，第 1~8 页。

〔8〕　杨卫军：《马克思生态自然观的理论特质和品格》，载《学习与实践》2016 年第 9 期，第 67~72 页。

动关系是导致人与自然关系异化的根源。[1]苏百义等认为，异化劳动将人与自然的本质都贬低为一种工具，导致人与自然应然合一性丧失，而私有财产制度将人变为异己和非人的对象，将自然界变为人类无限获取财富的对象。[2]张云飞认为，伴随着人的全面而自由的发展态势与人对物的依赖造成的生态异化的解除，自由王国——共产主义社会以当前的社会主义社会为基础，不断实现其阶段性进展与现实性突破。[3]

可见，马克思的自然观是在批判和超越西方传统自然观的过程中形成的。[4]邓喜道较为系统地论述了马克思自然观对传统自然观的三大批判：一是以实践为切入点，批判了本体论自然观严重忽视自然的社会属性，明确提出"只有在实践活动中才能真正理解自然界的本质以及人与自然的关系"，[5]实现了从本体论自然观到实践唯物主义自然观的变革；二是在批判近代机械自然观将自然孤立化和机械化的基础上，强调人与自然、人与人及社会的辩证统一，实现了从机械自然观到辩证自然观的变革；三是批判了将自然看作上帝所造的创世说和由某种因素所构成的永恒不变的要素论，主张自然是运动的、变化的和生成的且与人紧密联系的人化自然，进而实现了从构成自然观到生成自然观的变革。

（3）系统维度中的整体性。邢瑞敏、樊小贤指出，马克思认为"人与自然、社会等客观存在的事物不是直观的对象存在，而是与人相关的、互相联系的整体系统"，[6]这凸显出人与自然关系的系统性。李崇富指出，在马克思、恩格斯的著作中透露出人与自然之间具有三个方面的关系，即"实践关系"和以实践为基础、并与之相辅相成的"理论关系"以及蕴含于其中的"价值关系"。[7]

---

〔1〕 参见陈学明：《资本逻辑与生态危机》，载《中国社会科学》2012年第11期，第4~23、203页。

〔2〕 参见苏百义、刘歆：《马克思关于人与自然关系思想的三维探赜——基于〈1844年经济学哲学手稿〉》，载《哈尔滨工业大学学报（社会科学版）》2020年第6期，第125~132页。

〔3〕 参见张云飞：《唯物史观视野中的生态文明》，中国人民大学出版社2018年版，第552~553页。

〔4〕 参见方锡良：《现代性批判视域中的马克思自然观研究》，上海人民出版社2014年版。

〔5〕 邓喜道：《马克思的人化自然观及其当代意义》，武汉理工大学出版社2009年版，第52页。

〔6〕 邢瑞敏、樊小贤：《自然——人——社会：从〈关于费尔巴哈的提纲〉看马克思实践观的生态视角》，载《延边党校学报》2021年第6期，第29~33页。

〔7〕 参见李崇富：《马克思主义生态观及其现实意义》，载《湖南社会科学》2011年第1期，第15~21页。

2. 关于习近平生态文明思想的研究

党的十八大以来，以习近平同志为核心的党中央面对自然资源浪费、环境污染严重的现实困境，从中华民族和人类社会的整体利益出发，针对如何进行生态文明建设提出一系列新论断和新举措，并在社会主义生态文明建设中不断实践探索、深化凝练，形成了习近平生态文明思想。习近平生态文明思想既是对生态文明的深化认识，也是对中国特色社会主义理论体系的丰富发展，是马克思主义人与自然思想的新成果、新境界。通过在中国知网以"习近平生态文明思想"为主题进行搜索发现，2014 年首次出现了对习近平生态思想的研究，随后在 2017 年党的十九大召开之后，掀起了研究热潮，其后相关研究成果逐年增多，在习近平生态文明思想形成的时代背景、理论溯源、形成过程、内涵意义、实践路径和价值意涵等方面都涌现出了相当数量的理论研究。这里仅从解读其思想内涵和实践路径的维度进行梳理概括，以期进一步深化对人与自然和谐共生现代化的理论内涵和实践路径的理解和把握。

（1）对理论内涵的论述。学术界对于习近平生态文明思想主要内容的研究，主要依据习近平总书记在 2018 年全国生态环境保护大会上提出的，推进生态文明建设的"六项原则"。比如魏华、卢黎歌〔1〕，戚长春〔2〕，赵志强，〔3〕他们普遍认为习近平生态文明思想包含了"人与自然和谐共生"的科学自然观、"绿水青山就是金山银山"的生态经济观、"良好生态环境是最普惠的民生福祉"的生态民生观、"山水林田湖草是生命共同体"的系统治理观、"用最严格制度最严密法治保护生态环境"的生态法治观和"共谋全球生态"的生态全球观。也有学者对习近平生态文明思想进行了更多维度的阐释。如谭文华就认为习近平生态文明思想包括文明兴衰生态决定论、生态环境生产力论、生态环境财富论、生态环境民生论、生命共同体理念、生态文明建设系统工程论、生态文明建设制度论、生态文化观、生态文明教育观、生态

〔1〕 参见魏华、卢黎歌：《习近平生态文明思想的内涵、特征与时代价值》，载《西安交通大学学报（社会科学版）》2019 年第 3 期，第 69~76 页。

〔2〕 参见戚长春：《论习近平生态文明思想的背景、内涵与价值》，载《哈尔滨市委党校学报》2021 年第 6 期，第 37~42 页。

〔3〕 参见赵志强：《习近平生态文明建设重要论述的形成逻辑及时代价值》，载《石河子大学学报（哲学社会科学版）》2018 年第 6 期，第 20~26 页。

环境全球治理观等内容。[1]郇庆治认为习近平生态文明思想是一个"拥有明确的理论议题回应、理论知识架构和理论构建逻辑的系统性政策话语和理论话语体系。"包含了"'社会主义生态文明建设'等十个核心概念和'生态兴则文明兴、生态衰则文明衰'等八个基本命题",而正是这些核心概念与基本命题清晰地展示了这一思想本身的内在逻辑联系或架构。[2]刘希刚基于新时代生态文明问题和生态文明建设整体性,从"战略地位观、绿色发展观、民本价值观、系统环保观、全球共建观"五个方面论证了其整体性的内涵体系。[3]阮晓菁等总结提出,习近平关于生态文明的一系列重要论述主要有政治保证、价值目标、法治保障、政策取向及国际视野五个维度,这些维度不仅涵盖了我国生态文明建设的核心内容,而且包含了解决我国生态环境问题的关键举措。[4]刘经纬等从四个维度来解读其思想内涵。从现代化维度来看,明确了良好的生态文明是建成社会主义现代化强国的一个重要标识;从总布局维度来看,明确了"五位一体"总体布局中要着重补好的短板是生态文明建设;从人与自然维度来看,明确了美好家园暨美丽中国的建设标准是实现人与自然和谐共生。从美好生活维度来看,明确了优美生态环境需要是人民群众在生产生活中的热切需求。[5]

(2)对实践路径的研究。新时期全面推进生态文明建设、构建人与自然和谐共生的中国式现代化,是一项长期且艰巨的任务。习近平生态文明思想不能仅仅停留在理论层面,而要落实到具体的建设实践中。郇庆治指出,"习近平生态文明思想首先是关于实践、面向实践和改变实践的","真正能够显示习近平生态文明思想的逻辑力量和深刻价值的,恰恰是它对于依然根深蒂固的世界经济社会体系及其运行逻辑的挑战与突破的潜能","涵盖尽可能广

---

〔1〕 参见谭文华:《论习近平生态文明思想的基本内涵及时代价值》,载《社会主义研究》2019年第5期,第1~8页。

〔2〕 郇庆治:《习近平生态文明思想的体系样态、核心概念和基本命题》,载《学术月刊》2021年第9期,第5~16、48页。

〔3〕 参见刘希刚:《习近平生态文明思想整体性探析》,载《学术论坛》2018年第4期,第73~80页。

〔4〕 参见阮晓菁、郑兴明:《论习近平生态文明思想的五个维度》,载《思想理论教育导刊》2016年第11期,第57~61页。

〔5〕 参见刘经纬、李玉佳:《准确把握习近平生态文明思想时代内涵的四个维度》,载《理论探讨》2021年第5期,第47~52页。

泛民众的社会政治动员和切实有效的生产生活方式层面的改变"。[1]从总体层面来说，徐光春认为，解决我国生态文明建设实践中的问题，提升我国生态文明建设水平，要把习近平生态文明思想内化为工作决策、规划、举措，并落到实地。[2]刘锦坤认为，落实习近平生态文明思想，加强生态文明建设，既要通过相关制度与法制的建设来保障，也要靠推进全体人民共同参与和全球共同治理的生态治理方式来实现。[3]唐鸣等专门从制度建设层面论述了，应通过生态文化重塑、生态责任分配与生态制度建设三重维度化解当前生态治理难题，构建社会主义生态文明。[4]陈健认为践行习近平生态文明思想应从加强顶层设计、倡导全民参与、深入推进供给侧结构性改革和加快国际合作步伐四个方面推进。[5]杨开忠认为习近平生态文明思想实践模式是"一个中心、六项原则"的规范模式，"五大体系、两个格局"的内容模式，以及绿色发展路径模式。[6]

总览近几年来的研究，学者们一致认为习近平生态文明思想有着十分重要的理论和现实意义，它是马克思主义人与自然关系思想的当代发展，是中国共产党与时俱进的环境治国理政方略，是新时代美丽中国建设的指导思想，是新时代发展方式绿色转型的根本遵循，从社会整体制度框架的生态化重构方面彰显了社会主义的独有优势，在实现生态环境治理体系与治理能力的现代化方面为发展中国家提供了中国方案，为世界提供了中国智慧。

3. 关于人与自然和谐共生现代化的研究

2017 年以来，关于人与自然和谐共生现代化的研究成果呈迅速增长之势。

---

[1] 郇庆治：《习近平生态文明思想的理论与实践意义》，载《马克思主义理论学科研究》2022 年第 3 期，第 15~25 页。

[2] 参见徐光春：《习近平生态文明思想的重大理论和实践意义》，载《环境与可持续发展》2020 年第 6 期，第 10~13 页。

[3] 参加刘锦坤：《论习近平生态文明思想对马克思生态观的传承与发展——基于习近平系列重要讲话的生态视角》，载《南方论刊》2019 年第 4 期，第 4~7、85 页。

[4] 参见唐鸣、杨美勤：《习近平生态文明制度建设思想：逻辑蕴含、内在特质与实践向度》，载《当代世界与社会主义》2017 年第 4 期，第 76~84 页。

[5] 参见陈健：《习近平生态文明思想的历史、理论与实践逻辑》，载《财经问题研究》2020 年第 5 期，第 13~21 页。

[6] 参见杨开忠：《习近平生态文明思想实践模式》，载《城市与环境研究》2021 年第 1 期，第 3~19 页。

国内学者在研究这一选题时大多将其与传统现代化牺牲自然环境的发展模式以及西方现代化的生态转型相对比，论述人与自然和谐共生现代化的生成机理，继而阐释人与自然和谐共生现代化应然的理论内涵及实践途径。

（1）关于人与自然和谐共生现代化的生成机理研究。其一，关于人与自然和谐共生的现代化的生成机理研究。一是跳出传统现代化的陷阱。方世南认为，以西式传统现代化为代表的发展模式制造了人类与自然的严重对立而引发出现代化与人类美好愿望相背离的一系列重大危机，因此，必须追求超越西式传统现代化的现代化道路和现代化模式[1]。解保军认为，西方传统现代化把自然界这个人类文明的"根源"变成了可以肆意榨取的"资源"，塑造了崇拜增长占有、囤积财富的生存方式，导致消费异化普遍化。人与自然的矛盾空前激化，导致了严重的环境危机和社会危机。西方现代化模式不是人类社会发展的模板，所以，探索新型现代化道路就成为摆在我们面前的时代课题[2]。薄海、赵建军指出，传统的现代化理论过于强调科技因素而忽略生态要素，片面的发展导致现代化的环境问题[3]。杜飞进指出，传统现代化道路造成过度消耗资源、先污染后治理的成本巨大、贫富分化严重、道德滑坡、社会分裂等[4]。由此看来，大多数学者都认为它是资本逻辑主导下以征服自然为基本特征，秉持"先污染后治理"的发展模式，造成严重的生态危机和社会危机的现代化，是必须超越和扬弃的现代化模式。二是指出西方生态现代化的局限性。杨英姿认为，"世界现代化生态转型的西方方案则由于既没有对传统现代化的资本本性进行反思、也缺失根本社会制度和国家政权的强有力支撑而不能从根源上解决问题"[5]。郇庆治认为，西方生态现代化仍是在传统现代化模式基础上，尽可能对生态环境进行保护与治理。生态现代

〔1〕 参见方世南：《论人与自然和谐共生的现代化的真善美意蕴》，载《学术探讨》2023 年第 3 期，第 28~36 页。

〔2〕 参见解保军：《人与自然和谐共生的现代化——对西方现代化模式的反拨与超越》，载《马克思主义与现实》2019 年第 2 期，第 39~45 页。

〔3〕 参见薄海、赵建军：《生态现代化：我国生态文明建设的现实选择》，载《科学技术哲学研究》2018 年第 1 期，第 100~105 页。

〔4〕 参见杜飞进：《解决人类问题的"中国方案"——论习近平同志的东方智慧与全球视野》，载《哈尔滨工业大学学报（社会科学版）》2017 年第 1 期，第 4~23 页。

〔5〕 杨英姿：《中国式现代化的生态建构》，载《城市与环境研究》2023 年第 3 期，第 14~28 页。

化仍未摆脱人与自然的"冲突"框架和"资本逻辑"，依旧坚持征服自然的态度，未跳出人类中心论的窠臼[1]。因此，人类需要开辟一种不同于传统现代化和西方现代化的新道路。

（2）关于人与自然和谐共生现代化的内涵和特征研究。郇庆治认为需要从两个层面上来把握人与自然和谐共生现代化的内涵。理念层面上，强调"坚持绿水青山就是金山银山理念，提出守住自然生态安全边界"；实践层面上，强调"建设人与自然和谐共生的现代化与实施可持续发展战略、完善生态文明领域统筹协调机制、构建生态文明体系、促进经济社会发展全面绿色转型"[2]。方世南认为人与自然和谐共生的现代化具有"绿色发展促进资源节约型、环境友好型、人口均衡型和生态健康安全型社会、在整体文明系统中实现社会高质量美丽发展、在保障人民群众经济权益、政治权益、文化权益、社会权益和生态权益中促进人的自由而全面发展进而实现发展价值的新特征"[3]。冯留建、张伟将内涵概括为以人与自然和谐共生作为现代化的驱动力和核心准则、以现代化作为构建人与自然和谐共生的参考框架，具有总体布局长远性、思想内涵科学性、思想方法辩证性和发展战略创新性等基本特征[4]。吕连凤、方杲认为人与自然和谐共生的现代化建设中凸显人与自然关系的"正义性"，实现人与自然的生命共同体价值[5]。郝玲玲认为，绿色发展理念有利于通过经济发展方式的生态化解决人与自然关系失衡的现实问题[6]。丰子义认为人与自然和谐共生是建设美丽中国的核心理念，人与自然和谐共生的现代化是建设美丽中国的必由之路和根本选择[7]。胡长生认为，夯实人民群众美好生活的生态基础，是人与自然和谐共生的本原诉求和价值

---

[1] 参见郇庆治：《改革开放四十年中国共产党绿色现代化话语的嬗变》，载《云梦学刊》2019年第1期，第14~24页。

[2] 郇庆治：《建设人与自然和谐共生的现代化》，载《学习月刊》2021年第1期，第9~11页。

[3] 方世南：《建设人与自然和谐共生的现代化》，载《理论视野》2018年第2期，第5~9页。

[4] 参见冯留建、张伟：《习近平人与自然和谐共生的现代化论述探析》，载《马克思主义理论学科研究》2018年第4期，第72~82页。

[5] 吕连凤、方杲：《走向生态文明新时代的三重自觉》，载《重庆理工大学学报（社会科学）》2023年第1期，第17~27页。

[6] 郝玲玲：《论系统推进生态文明建设新进程的三个面向》，载《思想理论教育导刊》2022年第7期，第46~51页。

[7] 丰子义：《走人与自然和谐共生的现代化道路——〈美丽中国建设的哲学思考〉评介》，载《山东社会科学》2022年第5期，第2页。

旨归，建设人与自然和谐共生的现代化能充分保障人民群众对美好生态文明生活日益增长的期望与要求[1]。张云飞、李娜认为，建设人与自然和谐共生的现代化彰显了习近平生态文明思想的人民性生态价值取向，能促进人力资源的长期绿色均衡发展、保障脱贫人口的长期可持续生计、维护人民群众的生态环境健康权益、满足人民群众对优美生态环境的需要[2]。

（3）关于人与自然和谐共生的现代化的实践路径研究。郑志国从生产力的角度提出要正确处理需要与生产的关系；提高认识自然的能力；转变改造和利用自然的方式；从微观和宏观层面增强保护自然的能力；从整体上实现经济社会发展与环境保护双赢；构建动脉产业与静脉产业相结合的现代化产业体系；建立有利于人与自然和谐共生的生产关系；加强保护自然的国际合作与斗争[3]。沈满洪认为，推进人与自然和谐共生的现代化建设，必须以更高的标准提高绿色发展的能力，努力实现生态经济主导化[4]。张苏强则从生态责任的角度构建其实践路径：坚持将绿色理念融入现实，坚持绿色发展和推行绿色生活方式、认清技术的双刃剑特征，推动以人民福祉为中心的绿色技术革命、注意思想观念的变革，培育尊重自然、顺应自然与保护自然的绿色文化观[5]。燕方敏从四个方面来构建其实践路径：以发展方式的绿色转型为核心、以培育生态价值观为文化支撑、以完善和实施生态文明制度体系为保障、以多元主体共治的生态环境治理体系为基础。[6]张云飞指出，这不仅仅是满足生态现代化，而是要共同推进经济、政治、文化、社会等各个领域

---

[1] 胡长生：《习近平总书记关于人与自然和谐共生重要论述的三重逻辑》，载《湖南社会科学》2022年第5期，第1~7页。

[2] 张云飞、李娜：《建设人与自然和谐共生现代化的价值抉择》，载《东南学术》2022年第4期，第31~42页

[3] 参见郑志国：《论人与自然和谐共生的现代化生产力》，载《华南师范大学学报（社会科学版）》2018年第5期，第119~124、192页。

[4] 沈满洪：《建设"人与自然和谐共生的现代化"的"重要窗口"》，载《浙江工商大学学报》2021年第5期，第5~12页。

[5] 参见张苏强：《人与自然和谐共生的现代化建设的生态责任论析》，载《浙江工商大学学报》2019年第6期，第68~76页。

[6] 参见燕方敏：《人与自然和谐共生的现代化实践路径》，载《理论视野》2019年第9期，第44~50页。

绿色化，最终实现物的现代化与人的现代化两方面的统一。[1]夏静雷、王书波认为，推进人与自然和谐共生的现代化建设，我国必须积极应对国内外的生态挑战和环境问题，为全球环保和生态治理做出应有贡献，在全球生态文明建设中持续释放稳定性因素[2]。

传统现代化粗放的经济增长方式导致了人类社会发展的不可持续，西方生态现代化提倡通过技术革新实现经济与生态双全，目的仍是追求资本逻辑下的巨大产出，而中国人与自然和谐共生的现代化所追求的目标则是人民性主体价值的实现，关注人与自然和谐发展。总的来看，习近平生态文明思想中的"人与自然和谐共生现代化"是在"人化自然"的实践活动过程中，遵循"和谐共生"的价值规范，克服了"先污染后治理"的弊端，坚持发展和保护并重，使得自然界在不断为人类社会发展服务的同时，自身也不断获得人类社会的回馈与保护的中国式现代化新道路。

4. 关于生态文明建设试点的实践研究

生态文明建设的试点主要是指生态文明建设示范区和国家生态文明试验区。党的十七大报告第一次提出建设生态文明的目标后，全国迅速开启了对生态文明建设的探索和实践历程。在2009年，环保部时任副部长李干杰在有关生态文明建设的谈话中讲到环保部推进的生态文明建设工作已经经历了三个重要阶段：第一个阶段，国家原环保局从1995年开始，展开全国生态文明建设工作后，建立了几百个生态示范区的点，并对其进行了命名；第二个阶段，自2000年开始全国共有14个省域城市和500多个县域城市开展了生态文明建设工作；第三个阶段，根据政府要求，各个生态文明省域进行改名，将原名改为生态文明建设示范区，使其提升到一个全新的阶段。其间，有学者从生态文明示范区建设的指导思想出发，深化了示范区建设目标以及原则，探讨了生态文明示范区建设的核心内容及整体框架；[3]有些学者综合生态文明建设的指标体系研究现状以及目前试行的生态文明示范区建设指标，尝试

---

[1] 参见张云飞：《"生命共同体"：社会主义生态文明的本体论奠基》，载《马克思主义与现实》2019年第2期，第20~38页。

[2] 夏静雷、王书波：《坚持人与自然和谐共生的理论思考》，载《河北经贸大学学报（综合版）》2019年第19期，第5~11页。

[3] 参见兰秀娟、胡哲能：《生态文明先行示范区建设对生态环境质量的影响效应及作用机制研究》，载《北京交通大学学报（社会科学版）》2024年第1期，第138~154页。

构建了生态文明示范区建设指标体系，[1]有些学者根据层次分析法确定各指标的权重，并深化了评价指标体系的保障措施。[2]有的则以2014年国家设立的首批生态文明先行示范区（福建、江西、贵州、云南、青海）为研究对象，进行了建设效果评价研究。[3]更多的学者是从某个角度或某个地域进行的研究探讨，总的来说，研究内容较为分散。郇庆治所著《生态文明建设试点示范区实践的哲学研究》，[4]从理论和实践两个方面深入研究和探讨了我国生态文明建设示范区的相关经验，并在探究学理的基础上对生态文明建设示范区实例进行了综合性分析。其中福建作为全国第一个"国家生态文明试验区"，提出"实虚并举"，即无论在理论上还是在实践上都同时需要扎实的工作态度和大胆的政治想象。江西从"先行示范区"到"国家试验区"总结出了作为一种生态文明创建战略路径的"绿色发展"，即着力总结自然生态禀赋优越，探索传统工商业经济相对不太发达地区在发展理念和战略上的"绿色超越"的可行性路径。江苏作为生态文明示范省，用自己的建设战略阐释了生态现代化何以可能。浙江则提供了生态文明建设的区域模式，并努力提炼"安吉模式"的普适性。海南则持续推进热带雨林国家公园、清洁能源岛和清洁能源汽车、装配式建筑、"禁塑"、"六水共治"、近零碳示范区等6项国家生态文明试验区标志性工程，引领绿色发展，纵深推进生态文明建设。郇庆治认为，研究我国生态文明建设示范区相关议题为进一步推进生态文明基础理论的创新提供了重要契机，亟须抓好走向实践、走向国际、推动学科建设三条进路，应该说，这对于进一步推进我国生态文明建设示范区工作具有重要意义。

　　总体来说，近几年，生态文明建设实践不断取得新的成效，各有关部门、科研院所、高等院校、社会组织和社会各界深入学习、广泛传播习近平生态

　　〔1〕　参见何小红：《先行示范区生态文明建设指标体系研究》，载《特区实践与理论》2023年第2期，第58～63页。

　　〔2〕　参见赵宏、张乃明：《生态文明示范区建设评价指标体系研究》，载《湖州师范学院学报》2017年第1期，第10～16页。

　　〔3〕　参见高伟淦、徐杰、刘冬晗：《生态文明先行示范区建设效果评价》，载《河北地质大学学报》2024年第1期，第112～118页。

　　〔4〕　参见郇庆治：《生态文明建设试点示范区实践的哲学研究》，中国林业出版社2019年版，第26页。

文明思想，积极开展生态文明理论与实践研究，在生态文明理论与政策创新、生态文明建设实践经验总结、生态文明国际交流等方面取得了一大批有重要影响力的研究成果，为新时代生态文明建设提供了重要的智力支持。

（二）国外相关研究评述

国外最早提出"生态文明"这一概念的学者是伊林·费切尔，他在1978年《宇宙》第3期发表《论人类生存的环境——兼论进步的辩证法》一文中提出生态文明[1]，认为生态文明将是一种超越工业文明的新文明。但整体看国外学者对这一概念使用不多，尤其没有对"人与自然和谐共生的现代化"的直接研究。他们更多使用"人与自然关系""生态环境""生态危机"等概念来阐述生态文明问题。他们一直关注人与自然关系问题，更是在卡逊的《寂静的春天》发表后逐步重视生态问题，试图从不同学科、不同角度、不同领域找出生态危机的根源，并对解决生态危机的路径进行了多元化的尝试与论证，可以说研究成果十分丰富。

总的来说，西方生态思潮总的看可划分为以"生态中心论"为基础的"深绿"生态思潮、以人类中心论为基础的"浅绿"生态思潮、以历史唯物主义为基础的生态学马克思主义以及建设性后现代主义生态文明理论四种类型[2]。"深绿"生态思潮否定经济增长和技术进步，把人类生态文明倒退回"荒野"。"浅绿"生态思潮肯定经济增长和技术进步，并寄希望于通过技术进步和自然资源市场化达成资本主义的可持续发展。"深绿"与"浅绿"生态思潮虽然在具体理论观点上存在着分歧和争论，但是他们都主张在资本主义制度框架范围内，通过单纯的变革生态价值观、或借助技术进步、或制定严格的环境制度、或改变个人生活方式等办法解决生态危机。生态学马克思主义和建设性后现代主义的生态思想则明确把资本主义制度和生产方式看作是生态危机的根源，强调只有破除资本主义制度和生产方式，建立生态社会主义社会或市场社会主义社会，才能从根本上解决生态危机。因为后两种因都以马克思主义为基础理论，都强调马克思主义理论对解决生态危机的价值

---

[1]　参见卢风、曹小竹：《论伊林·费切尔的生态文明观念——纪念提出"生态文明"观念40周年》，载《自然辩证法通讯》2020年第2期，第1~9页。

[2]　王雨辰：《西方生态思潮对我国生态文明理论研究和建设实践的影响》，载《福建师范大学学报（哲学社会科学版）》2021年第2期，第29~39、171页。

和意义，所以通常又被统称为"红绿"生态思潮。但建设性后现代主义的生态思想立足于后现代主义的价值立场，把人类文明的发展史看作是与自然的疏离史，这种疏离发展到工业文明导致我们的生产、生活方式不可持续。这种对马克思主义的误读必然导致对生态文明本质的理解和生态文明建设问题上的浪漫主义缺陷。生态学马克思主义则坚持以历史唯物主义的历史分析法和阶级分析法分析生态危机问题，把对资本主义的批判与自然哲学的研究结合起来，重建自然与社会、自然史与人类史的关系，致力于谋求社会主义（红）与生态学（绿）的融合，试图构建一种新型的人与自然和谐发展的社会主义模式。这里重点梳理生态学马克思主义的一些重要论点，以期为社会主义生态文明理论的丰富发展提供借鉴。

1. 关于人与自然关系的理论

以莱斯、阿格尔、福斯特、奥康纳为代表的北美生态学马克思主义者，他们一方面，在理论上以马克思主义的人与自然关系思想为研究的逻辑前提，建构唯物主义的生态哲学。另一方面，他们偏重分析西方资本主义社会发展的现实，认为马克思的危机理论已经失效，力图用他们的"生态危机"理论去"补充"马克思主义的经济危机理论。从具体研究看，他们在自然、社会、政治和意识形态等各个层面，对人与自然之间的生态关系作了多视角的考察。奥康纳分析和评价了马克思恩格斯的生态思想，从"生态"和"文化"的维度对传统历史唯物主义理论进行了修正，阐发了生态唯物主义的观点。而在福斯特看来，马克思的理论具有丰富的生态思想，只是散见于他的不同时期的文本中，需要对这些思想进行系统的发掘。他通过对马克思恩格斯生态思想的充分梳理，对"物质变换断裂"概念的精心阐释，试图展现出清晰完整的"马克思的生态学"的图景。他认为，人类必须承认自然的先在性，对自然要给予足够的尊重和顺从，对自然内在的生成规律要有一定的了解。以高兹、格仑德曼、佩珀为代表的欧洲的生态学马克思主义把理论的出发点从自然转向社会现实问题，把生态危机的产生与资本主义制度联系起来，把生态危机的解决同社会主义结合起来。比如，高兹就明确指出，生态问题与政治问题是联系在一起的，资本主义的利润动机必然破坏生态环境，资本主义的"生产逻辑"不可能解决生态问题。强调生态原则与社会主义的结合，要求超越当代资本主义和传统的社会主义模式，建立一种人与自然和谐发展的新型的社会主义模式。瑞尼尔·格仑德曼已经转向跨国环境政治与政策比较方面的研究。戴维·佩珀重点分析的是现代环境主义意识形态的哲学信念。总而言之，生态学马克思主义者既反对生态中心主义，也反对人类中心主义的资本主义形式，要求迅速从根本上改造资本主义社会，彻底否定资本逻辑，从人类的需要和利益出发，建立人与自然共生共存的关系。他们对马克思主义人与自然关系思想或修订或梳理或深化，极大地丰富了人与自然关系的理论。

2. 关于资本主义制度批判

纵观生态学马克思主义理论，虽然它们对资本主义制度的变革具有改良和革命之分，但从不同角度指认资本主义制度的反生态性是生态学马克思主义的共同点。具体而言，本·阿格尔在《西方马克思主义概论》中正式提出"生态学马克思主义"这个概念，他提出"消费异化论"和"期望破灭了的辩证法"理论，从揭示当代资本主义维系统治合法性的角度论述生态危机的必然性，并认为生态危机已经取代经济危机而成为资本主义社会面临的主要危机。他和莱斯都认为，当代资本主义是依靠不断扩大生产规模向人们许诺提供越来越多的商品，把人们引向受广告操纵的商品消费中来实现其政治统治的合法性的，这势必会强化业已存在的生态危机。奥康纳在重新理解马克思"生产条件"概念的基础上，从生态学的视角提出了"资本主义的第二重矛盾"理论，通过分析资本主义的"双重矛盾"和"双重危机"，加深了人们对资本主义生态危机的本质认识。奥康纳同时揭露了发达资本主义国家通过资本主义市场实行生态殖民主义的罪恶。全球资本主义时代的发达资本主义国家凭借自身的竞争优势，推行生态殖民主义，通过世界市场来掠夺全球资源和输出污染，改善本国的生态环境，但是发展中国家的生态环境却在迅速恶化，最终整个地球的生态环境也会加速恶化。高兹和福斯特侧重于从揭示资本主义的本性与生产方式的特点来揭示生态危机的必然性。在他们看来，资本主义制度的本性就是维护资本对利润的追求，其生产的目的是追求资本的投资回报率和利润。因此，一方面资本要不断扩大生产规模和追求经济增长；一方面资本主义生产不可能按照生态原则进行，其结果是导致人类社会和自然界之间物质交换断裂，进而体现为生态危机。福斯特对资本主义的生态批判是深刻而全面的，他批判了资本主义制度的反生态本质，对传统经济学应对生态危机的经济措施、"自然资本化"理论、生态帝国主义理论和生态环境上的技术决定论进行了逐一批驳，他还论述了自己对环境斗争和阶级斗争关系的认识。佩珀在全方位地对资本主义展开生态批判的基础上，阐发了自己的生态学马克思主义理论。他认为马克思主义对生态运动、对生态中心主义是大有裨益的。他明确指出，资本主义制度和资本主义生产方式才是导致生态危机的真正根源。从生态上看，资本主义也是不可持续的。

3. 生态学马克思主义关于生态社会主义的愿景

生态学马克思主义认为，现实社会主义和资本主义一样，存在严重的生态危机。他们试图超越二者并建立一种以实施生态保护为基本原则的"绿色"社会主义——生态社会主义。他们对生态社会主义进行了积极的探索，勾画了生态社会主义的愿景。首先，主张人类在处理人与自然关系时，要以人与自然的休戚相关性为前提，将人类的整体性、长期性利益作为根本的价值尺度。这为我们破解当前的生态危机提供了一条参考路径。其次，关于进行生态重建（生态现代化）。生态学马克思主义主张进一步完善现代化，希望将生态保护作为现代化的重要内容，将经济发展与生态保护紧密结合起来，协调经济发展与生态平衡的关系、资源利用与环境保护的关系，建构有利于人与生态环境共生共荣的可持续发展模式。生态重建的一种是资本主义方向的生态重建，即走资本主义生态现代化的道路。另一种方向是社会主义方向的生态重建，即走生态社会主义现代化道路。在高兹看来，只有社会主义方向的生态重建，即生态社会主义现代化才能使经济理性完全服从于生态理性，使技术的运用不仅有利于经济发展，而且有利于人的自由发展和生态保护。总结其生态社会主义理想，其核心就是要建立一个既能满足个人需要，又不损害生态系统，使人与自然和谐发展，使交换价值从属于使用价值的高度民主的生态社会主义社会。

纵观生态学马克思主义理论，他们基本上认为马克思的历史唯物主义在本质上和生态学是一致的。基于这种认识，生态学马克思主义理论家或者挖掘马克思理论文本中的生态哲学资源，或者通过新的理论和实践材料阐发和建构马克思主义的生态哲学，从而使马克思主义哲学开启了生态视域，彰显了马克思主义理论的当代性。同时他们始终坚持资本主义制度具有反生态性质，指出资本主义制度的不正义就在于其生产目的不是建立在满足人们基本生活需要，特别是穷人的基本生活需要的基础上的，而是为了追求利润。因此，只有从制度批判和制度变革入手，才能找到生态问题的真实根源，才能从根本上解决生态问题。他们在此基础上提出生态社会主义设想，其本质是把生产的目的建立在满足人们基本生活需要的基础上。他们还坚持马克思的历史分析方法和阶级分析方法，从不抽象地谈论生态问题和技术的作用，避免了抽象的价值批判。他们通过深入、全面的研究提出了很多富有创新性的理论成果。提出了"技术合理性问题""异化消费理论""生态价值观和道德观"，还提出了建立新的需要观、消费观、劳动观和幸福观对于解决生态问题的重要性。国外马克思主义思潮对丰富和拓展马克思主义的理论方向、研究内容、解释方式等方面增添了多元思路，呈现出群像特征，为我们建构马克思主义生态哲学，为马克思主义中国化的系统化、体系化建构与完善提供经验借鉴，对正确面对中国现代化进程中的现代性问题具有突出的参考价值。陈学明教授在对国外马克思主义研究进行归纳总结后指出："虽然国外马克思主义者坚持了马克思主义的实践性，坚持了社会主义方向，但他们对于科学社会主义的反思，对于现实社会主义实践的批判和未来社会主义的探索，并没有实践经验的支持，不少只是观念的演绎，只是激进的批判理论，没有现实的可操作性，但我们可以从中汲取合理成分，丰富和巩固中国社会主义理论。"[1]同时，我们也要清醒地认识到，当代国外马克思主义思潮不只是在研究方法与关注重点上有差异，具体到理论体系、思想观点、话语逻辑也是碎片化与分裂式居多、精华与糟粕交织，某些方面甚至是矛盾与冲突的。因此，我们应对其持批判的态度，辩证地认识把握、分析鉴别，取精去粗，使之为马克思主义中国化服务。

三、研究重难点及创新点

人与自然和谐共生现代化目前还是一个比较前沿的理论问题，研究的展开需要先回顾人与自然和谐共生现代化的历史逻辑，界定理论内涵，继而探讨可行性的实践路径。从海南的个例来看，海南省自2019年被确立为国家生态文明试验区以来，不断探索实践，已经取得了一些经验成果，但在新时代背景下仍存在一些困境和短板，如生态文明建设失衡、生态改善的成效不稳

〔1〕 陈学明：《论当代西方马克思主义》，载《西南林业大学学报（社会科学）》2017年第1期，第1~14页。

固、环保风险点和隐患点诸多、机制制度创新亟须有所突破等。这需要进一步深入贯彻落实习近平生态文明思想，稳固现有的成果，优化生态文明建设的相关体系，完善生态文明建设的相关机制，推动海南国家生态文明试验区的建设达到新的高度，努力打造人与自然和谐共生现代化的海南范例。

（一）研究重难点

就研究重点而言，包括：海南六大标志性工程如何持续提质创新，达成"三生"统一实践目标，形成更高水平的改革成果；海南如何充分发挥"试验田"的作用，先行先试，构建出海南人与自然和谐共生现代化的生态经济、生态社会与生态文化。就研究难点而言，海南作为生态文明建设的示范省，在持续实施生态省战略，深化拓展国家生态文明试验区建设中，是如何推动社会的合生态性与合正义性的？是如何认识与应对社会主义生态文明社会的理论与实践张力的？再具体一点，是如何构建出海南人与自然和谐共生现代化的"五大体系"的？能否提升总结出可供学习、复制、推广的海南经验，助推美丽中国建设。

（二）创新点

本文立足当前学术界对于人与自然和谐共生现代化现有研究成果，紧扣海南生态文明建设的生动实践，揭示海南人与自然和谐共生现代化建设的可行性实践路径，尝试以系统化、整体性分析，科学构建海南人与自然和谐共生现代化发展的目标指向。

第一章

人与自然和谐共生现代化的历史逻辑

中国式现代化是在反思传统现代化发展利弊、探索中国特色社会主义现代化道路过程中的重大理论和实践创新，是深刻的历史反思、审慎的现实考量和科学的未来预期的有机统一。人与自然和谐共生作为中国式现代化的重要特色和本质要求，揭示了中国式现代化的生态内涵，昭示着中国式现代化的生态建构。这种生态建构是一种遵循客观规律的历史主动，它既接续世界现代化的发展进程，更创新着世界现代化的发展模式，旨在推动传统现代化发展道路改弦易辙，引领现代化发展模式的生态转型，是人类文明新形态不可或缺的生态向度和生态内涵。

一、传统现代化发展模式及其生态转型[1]

世界现代化进程开始于 18 世纪中叶的产业革命，至 20 世纪 70 年代可以视之为传统现代化阶段。之所以称之为传统现代化，是因为它具有不同于随后现代化转型发展的基本特征和本质属性，并为此付出了惨痛的生态代价。鉴于传统现代化发展模式所造成的严重生态危机，可持续发展成为现实需要，于是人们不断地给异化了人与自然关系的传统现代化开出种种药方，以谋求

---

〔1〕 本部分著述源自课题组成员杨英姿教授的前期成果。杨英姿：《中国式现代化的生态建构》，载《城市与环境研究》2023 年第 3 期，第 14~28 页。

对传统现代化的超越。概括起来，超越西方现代化的理论无非有三种基本模式：一是回到前现代的"回归"战略；二是进入后现代的"悬置"战略，三是通过转移转嫁，并借助高科技对现代化进行的"生态改良"战略。然而，这三种模式在理论和实践上都无法破解人与自然关系的现行矛盾。

（一）传统现代化的基本特征

在传统现代化建设中，西方受主客二分思维的影响，过分强调人类中心主义，将自然工具化，看作人类的附属品。在资本逻辑的驱使下，以技术革命为主导的工业化在进行生产时大肆破坏自然环境，无限攫取自然资源，造成人与自然之间的矛盾尖锐化，人类社会的一切矛盾危机在传统现代化发展进程中达到历史上从未有过的高度。

1. 就现代化范围和性质而言，传统现代化主要是在欧美资本主义国家进行和完成的，主要资本主义国家借助资本剥削、掠夺以及向全球的扩张和渗透，完成了工业化和现代化，成为发达资本主义国家。传统现代化的受益者是少数国家和少数人，"在人类二百多年的现代化进程中，实现工业化的国家不超过三十个、人口不超过十亿"，[1]这是由传统现代化的资本主义性质所注定的。资本主义性质的现代化是以资本所有者对劳动者和自然、宗主国对殖民地劳动力和自然资源的剥削及掠夺来推进和完成的，是军事侵略、政治压迫、经济剥削、文化奴役、生态掠夺的合谋共犯，充满了对立对抗、血腥暴力。正如马克思在《资本论》中所言："资本来到世间，从头到脚，每个毛孔都滴着血和肮脏的东西。"[2]

2. 就现代化发展模式来说，传统现代化是由工业主义发展方式、经济主义发展路径和殖民主义扩张战略共同形成的。从人与自然关系的角度来看，"大量生产—大量消费—大量废弃"的工业主义生产生活方式：一是造成对自然资源的大量消耗和浪费，以致化石能源、生物资源等相对于当今人类的生产生活而言，其约束日益趋紧。二是造成环境污染破坏，大气、水体、土壤等人类生存发展的最基本条件和依托受到严重威胁。三是造成生物多样性锐减和生态系统退化，从根源上损害人类生存发展的条件和基础。"先污染后治

---

〔1〕 习近平：《习近平著作选读》（第 2 卷），人民出版社 2023 年版，第 170 页。

〔2〕 《马克思恩格斯文集》（第 5 卷），人民出版社 2009 年版，第 871 页。

理"的经济主义发展路径，以损害资源环境生态为代价换取经济的一时发展，只顾当下，不顾长远，只顾当代，不顾后代，长此以往，人类发展将难以为继。而转移转嫁生态危机的殖民主义发展战略则是一叶障目，自欺欺人，损害的不仅是他国的生态环境和生态利益，更是损害了地球家园和人类命运共同体的长远利益和整体利益。

3. 就现代化后果来看，马克思、恩格斯在《共产党宣言》中对资本主义和资产阶级的历史评判同样适用于对传统现代化后果的评价。积极肯定的方面在于极大地促进了生产力的发展："资产阶级在它的不到一百年的阶级统治中所创造的生产力，比过去一切世代创造的全部生产力还要多，还要大。"[1]消极否定的方面主要体现在资本及其主导的现代化的自身魔咒："资产阶级的生产关系和交换关系，资产阶级的所有制关系，这个曾经仿佛用法术创造了如此庞大的生产资料和交换手段的现代资产阶级社会，现在像一个魔法师一样不能再支配自己用法术呼唤出来的魔鬼了。"[2]就人与自然关系而言，资本这个"魔法师"支配不了自己召唤出来的生态危机这个"魔鬼"了。传统现代化的后果是由资本的本性决定的，传统现代化的范围、性质、发展模式也是由资本决定和主导的。

（二）传统现代化的资本本性和生态代价

本质上讲，传统现代化是由资本主导的，并伴随着资本的对外扩张和全球化而推向世界，这就意味着是否需要推进现代化、推进什么样的现代化以及怎样推进现代化是由资本决定的。我们可以通过分析下列事实加深这一理解。现在以美国为首的发达资本主义国家出现由全球化、多边主义转向贸易壁垒、单边主义的倾向，究其原因始终在于资本逐利的根本目的。换言之，资本所考虑的不是促进生产力发展、社会进步、人类文明演进这些问题。恰恰相反，资本所考虑的是生产力发展、社会进步、人类文明是否有利于资本逐利。就像恩格斯在《英国工人阶级状况》中所言："资产阶级，不管他们口头上怎么说，实际上只有一个目的，那就是当他们能够把你们劳动的产品卖出去的时候，就靠你们的劳动发财，而一旦他们无法靠这种间接的人肉买卖赚

---

〔1〕《马克思恩格斯文集》（第2卷），人民出版社2009年版，第36页。
〔2〕《马克思恩格斯文集》（第2卷），人民出版社2009年版，第37页。

钱了，就任凭你们饿死也不管"。[1]也就是说，全球化、现代化、生产力发展不是资本的必然选择，当全球化、现代化、生产力发展由于历史前进出现了新的变化，而这种变化又不利于资本逐利时，资本就会由曾经的推动全球化变成现在的阻碍全球化，从与传统现代化相向而行变成与新型现代化背道而驰，从客观上推动生产力发展变成事实上阻碍生产力发展。这也进一步证明了资本的本质不是物，更不是生产力，而是生产关系、社会关系，是自私自利、唯我排他、剥削掠夺的资本主义关系；进一步说明了传统现代化是本末倒置的，将本应是发展生产力之工具的资金变成了以自身增殖为发展目的的资本，将本该是发展目的的生产力发展、社会进步、人类文明演进变成了资本逐利的工具。

资本关系、资本逻辑具有对立对抗、征服掠夺的性质，由资本主导的传统现代化发展模式，是一种"大量生产—大量消费—大量废弃"的工业主义生产生活方式，是一种"先污染后治理"的悬置生态问题的经济主义发展路径，亦是一种向欠发达国家转移转嫁经济危机和生态危机的殖民主义发展战略，它在人与自然关系上造成了严重的资源环境生态危机，它的推进和实现付出了惨痛的生态代价。20世纪六七十年代，环境污染成为西方发达国家广泛关注的社会问题。此后，关于资源环境的可持续利用、人类社会的可持续发展等重要议题不断引起国际社会的热烈讨论。各种各样的生态理论反思和生态实践变革，最终落脚于经济增长方式、现代化发展模式问题上，因为人类不能停滞不前，更不能回到前现代社会去，但如果沿着传统现代化发展模式走下去，将会逐步毁掉人类生存发展的自然生态根基，最终陷入万劫不复的境地。这就意味着在现代化问题上，我们不能也不应该选择"回归"战略、"悬置"战略、"转移转嫁"战略这三种现代化模式。

（三）世界现代化发展模式生态转型的西方方案及其历史局限

在现代化和反现代化的批判当中，有一部分反现代化主义者将生态危机的根源归咎为"现代化惹的祸"，认为只有彻底放弃现代化，返回到现代化之前的文明状态，即退回到人与自然保持最初和谐的农耕文明，过一种田园牧歌式生活，才能实现真正文明，达到人与自然的天然和谐。他们坚称现代文明是在污染自然："对诸神的反叛……这个充满机械的行为所及之处，在全球

---

〔1〕《马克思恩格斯文集》（第1卷），人民出版社2009年版，第383页。

散播了贪婪的疫病，随之以尘漫、丑恶与残暴。"[1]印度反现代思想家甘地就曾宣称反对现代化本身，认为"只有在西方将现代文明彻底抛弃之后""人类的福祉才会到来"。[2]但这份人与自然的最初的和谐本质上是一种不平等的主奴关系，是自然对人类所有的生产生活的束缚，"自然界起初是作为一种完全异己的、有无限威力的和不可制服的力量与人们对立的，人们同自然界的关系完全像动物同自然界的关系一样，人们就像牲畜一样慑服于自然界"。[3]也就是说，在前现代，人与自然之间这种田园牧歌式和谐不过是一种幻象，"回归"战略违背了历史发展规律，是对传统现代化无力抗争的逃避。

在反现代化思潮中，有一部分人认为资本主义自身无法克服生态灾难，要解决问题，必须放弃现代性及其发展规范，直接进入后现代。在后现代看来，理性、秩序、权威等传统现代性的核心思想割裂了人与自然关系内在一致性，导致现代性陷入"非正义""虚无主义"的双重困境。所以他们努力解构现代性，坚持不确定性，主张每个人都在创造自己的现实存在，似乎只要"人"愿意，不管客观条件多么迫切地需要规则，人照样可以对这些规则置之不顾。我们在承认这对于消泯人类中心主义的存在基础具有不可忽视的积极作用的同时，也应看到后现代所主张的无政府主义、地方主义均失之偏颇。没有终极理想，缺乏评判标准，各种偏见、奇想、混乱等非理性因素不仅割裂了事物整体性，还会导致无序发展，人与自然关系也会不可避免地陷入混沌状态，人类向什么方向去努力又悬而未决。所以，"悬置"战略是目光短浅、自欺欺人的自杀式模式。

在经历了自然中心主义和人类中心主义之争后，部分西方国家开始注重人口、资源和环境之间的平衡发展，掀起环境保护运动热潮，以期破解生态危机难题。西方环境保护运动对环境问题保持科技乐观主义，认为借助科学知识和先进技术能增强地球的承载能力，使科技本身实现绿色转型和变革，进而使社会的新陈代谢重新嵌入自然的新陈代谢中。西方发达国家凭借雄厚资本和先进科技等明显优势，建立庞大的环保产业限制经济发展对环境的破

---

〔1〕 艾恺：《持续焦虑：世界范围内的反现代化思潮》，生活·读书·新知三联书店2022年版，第160页。

〔2〕 Mohandas Gandhi, Speeches and Writings of Mahatma Gandhi, Madras, 1934, p. 1041.

〔3〕 《马克思恩格斯文集》（第1卷），人民出版社2009年版，第534页。

坏程度，同时调整产业结构，将资源密集型、能源密集型、高污染企业转移到发展中国家，对外转嫁环境公害，推动西方发达资本主义国家开展生态重建。这种"转移转嫁"战略则是自我排他、唯我独尊的资本帝国式选择。

总的来说，积极的、历史的态度应该是承认现代化的不可逆转，进而促进现代化模式实现生态转型。关于现代化的生态转型，存在着各种各样的理论与实践。比较典型的是国际社会倡导的可持续发展理论和西方生态现代化理论与实践，由于可持续发展理论也是在资本框架和西方话语体系下形成的，所以我们在这里将它与西方生态现代化理论统称为西方方案。可持续发展理论的核心是资源利用的代内、代际公平，以及在此基础上人类社会的可持续发展，旨在通过转变经济增长方式"促进人类之间以及人类与自然之间的和谐"。[1] 1992年的里约热内卢人类环境与发展大会倡议各国将可持续发展理念落实为本国的发展战略，协调经济发展与环境保护、人类代际之间以及发达国家与发展中国家之间的矛盾与冲突，寻求公平与可持续的发展。与此同时，在20世纪80年代，西方生态现代化理论与实践主要在欧洲盛行起来，虽然其内部的理论主张和环保运动不尽相同，但共通之处在于均强调社会系统内部技术进步、市场经济、政府调控、公众参与等在解决环境问题、推进生态现代化、实现经济发展与环境保护双赢中的重要作用。

可持续发展理论与战略也好，西方生态现代化理论与实践也好，它们所取得的实际成效和所产生的积极影响是不可否认的。但是，其根本局限性也是有目共睹的：其既没有对主导传统现代化发展的资本进行反思、批判和扬弃的意识与行动，也没有根本社会制度和国家政权的强有力支持。由于没有深刻认识、深入揭示和主动应对资本及其制度的非生态性和反生态性，可持续发展理论和西方生态现代化理论不论及、不触及资本逐利与环境问题之间的关系，当在实践中遭遇资本的阻力，再加之没有国家制度和政权的硬约束时，环境保护就成了被牺牲的一方，可持续发展在国际社会中也就停留于倡议、呼吁而实际上常常不了了之，西方生态现代化理论则停留于社会运动、技术和市场层面而无法撼动资本及其社会制度和国家政权的绝对统治。譬如在应对全球气候变暖问题上，国际社会的所有努力都奈何不了美国拒不签署

---

〔1〕 世界环境与发展委员会：《我们共同的未来》，王之佳等译，吉林人民出版社1997年版，第80页。

《京都议定书》，都阻止不了美国公然退出《巴黎协定》，这便是其局限性所表现的最有力证明。在国际社会，可持续发展理论没有社会制度和国家权力的坚强后盾，发达资本主义国家凭借强大的国家力量，为了本国资本的利益，随时对可持续发展国际倡议弃之如敝屣，导致可持续发展理论在"资本+国家权力"面前毫无还手之力，并且由于受制于发达资本主义国家所主导的国际经济政治旧秩序，而日渐丧失了曾被寄予厚望的全球共同应对生态危机、谋求绿色发展的可能。西方生态现代化理论与实践同样如此，并且由于不触动资本利益，导致在本国大力倡导生态现代化理论、大力推动生态现代化实践的西方国家，却同时不遗余力地凭借国家力量为本国资本转移转嫁生态危机提供支持、开辟道路，这种内外有别、自我排他、以牺牲他者利益为代价的生态现代化，与传统现代化没有本质的区别。

就人类社会的文明发展而言，世界现代化模式的生态转型是现实需要和大势所趋，亦表明人类在对自身生存样态、生存方式进行反思反省。就目前西方发达国家和国际社会的生态现代化理论与实践来看，其生态转型不能说是成功的。究其原因，主要是这种生态转型没有突破既有价值理念、思维定式制度框架和利益选择，既与资本逻辑相安无事，又与国家权力遥不可及，终究难免隔靴搔痒，治标不治本。正是在这样的背景和前提下，中国共产党和中国特色社会主义提出了开创中国式现代化，建设人与自然和谐共生的现代化，力求从生产力到生产关系，从社会制度体制机制到思想观念、文化伦理、意识形态，进行全方位的生态变革。

二、我国现代化的探索历程及其生态挑战

作为后发现代化国家的典型代表，中国在近现代短短百年的时间里，几乎对当时西方出现过的各种现代化模式都进行过快速的尝试，却均以失败告终。中国共产党深耕中国基本国策，致力开辟属于本国的现代化道路，在现代化的深入推进中，构造了"四个现代化""小康社会""中国式现代化"等多个社会主义现代化的阶段性方案，而这一过程始终伴随着人与自然关系的调整和适应。随着对经济发展规律和自然规律认识的深入，在对待大自然的态度上我们经历了从战天斗地到保护自然再到人与自然和谐共生的巨大转变，在发展方式上实现了从粗放式发展到绿色可持续发展的成功转型，走出了一

条符合中国国情的人与自然和谐共生的现代化建设新道路。

（一）"四个现代化"战略目标及其环境问题

新中国建国之初，以落后的农业国为起点，在各项发展任务都很艰巨的情况下，党中央积极地对社会主义现代化建设进行了探索，做了许多开创性的工作，建立起了独立的比较完整的工业体系和国民经济体系，为开创中国式现代化提供了宝贵经验、物质基础和制度保障，但由于生态环境保护的思想理念尚未深入人心，生态环境保护重视程度不够，生态环境问题开始凸显。

1. 社会主义现代化的艰辛探索与扎实奠基

1949 年，毛泽东同志在七届二中全会上提出："使中国稳步地由农业国转变为工业国，把中国建设成一个伟大的社会主义国家"[1]。1953 年，党中央提出过渡时期总路线，概况为"一化三改""一体两翼"，实现社会主义工业化是总路线的主体。"一五计划"进一步指出要"集中主要力量发展重工业，建立国家工业化和国防现代化的基础"[2]。1954 年，全国人大一次会议上明确提出"四个现代化"的宏伟目标，即"现代化的工业、现代化的农业、现代化的交通运输业和现代化的国防"[3]，这是有关"四个现代化"的最早提法。1956 年，社会主义三大改造完成，以纯粹公有制与计划经济的传统经济结构为典型特征的社会主义与现代化开始结合，这注定了我们要走的现代化道路是不同于西方的现代化道路。紧接着"二五计划"的中心任务仍然确定为优先发展重工业，并制定了全面推进社会主义工业化建设的宏伟纲领。但随着建设的推进，党中央逐渐认识到苏联模式过于重视重工业的弊端，毛泽东同志提出要："找出在中国怎样建设社会主义的道路"[4]。1957 年，毛泽东同志强调要"建设一个具有现代工业、现代农业和现代科学文化的社会主义国家"[5]，指出优先发展重工业的同时，还要注意保持轻工业、农业、科

---

〔1〕《毛泽东选集》（第 4 卷），人民出版社 1991 年版，第 1437 页。

〔2〕 中共中央文献研究室编：《建国以来重要文献选编》（第 4 册），中央文献出版社 2011 年版，第 306 页。

〔3〕 中共中央文献研究室编：《周恩来年谱（1949-1976）》（上卷），中央文献出版社 1997 年版，第 413 页。

〔4〕 中共中央文献研究室编：《毛泽东年谱（1949-1976）》第 2 卷，中央文献出版社 2013 年版，第 557 页

〔5〕《毛泽东文集》（第 7 卷），人民出版社 1999 年版，第 268 页。

技文化的进步,在生产发展的基础上,逐步改善人民的生活状况。但"一五计划"超出预期的完成使人们信心高涨,马上陷入了"左倾"路线,提出"赶英超美"目标,掀起了"大跃进""人民公社化"运动,国民经济和生态环境都出现了严重问题。党中央在挫折面前吸取经验教训,对工业化建设有了进一步认识,重新确立更符合经济规律和中国国情的现代化发展战略。1964年,在三届全国人大一次会议上再次提出建设"四个现代化"的宏伟目标,即"把我国建设成为一个具有现代农业、现代工业、现代国防和现代科学技术的社会主义强国"。[1]党中央也清醒认识到社会主义现代化建设的复杂艰巨特性决定实现最终目标需要经过长期的努力,会议上同时提出了分两步走的构想,即"从第三个五年计划开始,第一步,建立一个独立的比较完整的工业体系和国民经济体系;第二步,全面实现农业、工业、国防和科学技术的现代化,使我国经济走在世界的前列"[2]。1975年,四届全国人大一次会议上重申了分两步走方案,由此,真正开启了社会主义现代化事业"分步走"的战略探索。

2. 发展与保护的矛盾开始凸显

建国后,人口恢复性快速增长,面对"人口多、土地少、粮食需求大"的基本国情,粮食能否安全供给影响着国家的稳定。党中央基于对粮食生产的保障在农业上实施了"以粮为纲,全面发展"方针。全国各地贯彻时却急躁冒进,没有实事求是也没有稳中求进。盲目追求粮食生产的高指标,使得全国掀起毁林开荒、围湖造田等运动疯狂扩大耕地面积,其结果是造成自然生态失衡、环境问题此起彼伏。与此同时,为了加速工业化发展,保障国家的经济社会安全,党中央在工业上提出"以钢为纲,全面跃进"方针。各省市相继成立"钢铁生产指挥部",发动全民上山采矿,修筑土炉,处处炼钢。然而当时冶炼技术拙劣,粗放滥挖矿产,资源浪费严重。各地为了追求产量,还盲目砍伐大量树木烧制木炭代替焦炭,不仅对冶炼没有助益,还使得森林面积锐减,生态退化严重。这一时期,在"无工不富"的口号推动下,"小散

---

〔1〕 中共中央文献研究室编:《建国以来重要文献选编》(第19册),中央文献出版社2011年版,第423页。

〔2〕 中共中央文献研究室编:《建国以来重要文献选编》(第19册),中央文献出版社2011年版,第423页。

乱污"企业大量涌现,由于当时的环境保护制度对"小散乱污"企业监管不到位,不仅资源利用简单粗暴,污染防治措施也非常有限,各种工业"三废"引发大量的环境污染事件,生态环境质量急剧下降。

3. 生态保护理念与举措有待提升

1949 年新中国成立之初设立的相关部门是中央人民政府林垦部,面对温饱问题和自然灾害,认为可以通过全社会的努力来胜天。1951 年改为中央人民政府林业部,然后到 1979 年期间,数次根据不同时期的发展任务更名,但都无关生态环境保护问题。不能忽视的是,这期间毛泽东同志面对严重受损的生态环境提出的一系列举措。毛泽东同志首先提出植树造林、保持水土。他在多种重要场合强调了绿化对于恢复和发展工农业的关键性,要求"在一切宅旁、村旁、路旁、水旁,以及荒地上荒山上,即在一切可能的地方,均要按规格种起树来,实行绿化",[1]并拟定了 12 年绿化规划。还提出兴修水利、治理江河。良好的水利设施对于农业的发展具有积极的推动力,他鼓励全国各地因地制宜兴修大小水利基础设施,合理采取江河治理方式,缓解水患灾害。在落后的农业国开展大规模的社会主义现代化建设,毛泽东同志认为要勤俭节约,综合利用资源。"在生产和基本建设方面,必须节约原材料"[2],对于工业废料所带来的环境污染问题,"各部门都要搞多种经营、综合利用,要充分利用各种废物,如废水、废液、废气"[3]通过综合利用工业废料,实现废料的循环利用,保护生态环境。可以说这些都为我们积累下了生态环境保护的实战经验。1972 年,中国派代表团出席了联合国人类环境大会后,认识到应以西方的污染灾害作为前车之鉴,将污染控制纳入国家议事日程。1973 年,设立了临时性的国务院环境保护领导小组办公室,并召开了第一次全国环境保护大会。1974 年,国务院环境保护领导小组正式成立,我国历史上第一个环境保护机构诞生。1978 年,修订《中华人民共和国宪法》,明确规定我国要"保护和改善生活环境和生态环境",生态环境保护第一次写进了《宪法》。1979 年再次恢复为中央人民政府林业部。这些都为

---

〔1〕《毛泽东选集》(第 5 卷),人民出版社 1977 年版,第 262 页。

〔2〕《毛泽东选集》(第 7 卷),人民出版社 1999 年版,第 160 页。

〔3〕 中共中央文献研究室编:《毛泽东年谱(1949-1976)》(第 4 卷),中央文献出版社 2013 年版,第 373 页。

1982 年环境保护局的成立打好了基础。生态环境保护理念与行政机构设置的演化从侧面说明这一时期是保护与破坏并行的。在物质极度匮乏的新中国成立之初，随着人口增加，人与资源的矛盾更加凸显，为了经济的发展和综合国力的提高，号召广大人民群众团结起来战天斗地有其历史必然。但从生态环境保护的角度看，这一时期的保护更多是集中在经济服务目的上的，因此保护也是发展导向的保护、应急性的保护以及被动式的应对环境污染治理。随着生态环境问题的不断复杂化和尖锐化，一些自然灾害、社会公害等环境灾难频发，人们开始反思自己的行为和生态环境的重要性，环保意识逐步增强。

（二）"小康社会"生态内涵及其生态挑战

改革开放之初，党中央明确提出党的中心工作要回到"四个现代化"上来，邓小平同志创造性使用"小康社会"来解释"中国式的现代化"，并旗帜鲜明地提出"走中国特色社会主义道路"。以江泽民同志、胡锦涛同志为主要代表的中国共产党人在实践中进一步丰富发展了中国特色社会主义理论以及现代化的道路、战略和目标。这一时期生态问题集中爆发，但环保意识也在不断提升，举措力度也在不断强化，并能基于全球视野，努力的在改善和优化人与自然关系的积极探索中走出一条可持续的发展之路。

1. 社会主义现代化的深化拓展与特色彰显

1978 年 12 月，中国共产党召开十一届三中全会，果断结束"以阶级斗争为纲"，实现党和国家工作中心战略转移，开启了改革开放和社会主义现代化建设新时期。1979 年 3 月，邓小平同志首次提出了"中国式的四个现代化"概念，他指出："我们定的目标是在本世纪末实现四个现代化，我们的概念与西方不同，我姑且用个新说法，叫作中国式的四个现代化"[1]，并强调"要适合中国情况，走出一条中国式的现代化道路"[2]。1979 年 12 月，邓小平同志首次使用"小康社会"来解释"中国式的现代化"，他指出："我们的四个现代化的概念，不是像你们那样的现代化的概念，而是'小康之家'"[3]

---

〔1〕　中共中央文献研究室编：《邓小平年谱（1975-1997）》（上），中央文献出版社 2004 年版，第 496 页。

〔2〕　《邓小平文选》（第 2 卷），人民出版社 1994 年版，第 163 页。

〔3〕　《邓小平文选》（第 2 卷），人民出版社 1994 年版，第 237 页。

。他还特别强调:"要达到第三世界中比较富裕一点的国家的水平,比如国民生产总值人均一千美元,也还得付出很大的努力。就算达到那样的水平,同西方来比,也还是落后的。所以,我只能说,中国到那时也还是一个小康的状态"[1]。1982年9月,党的十二大提出要"逐步实现工业、农业、国防和科学技术现代化,把我国建设成为高度文明、高度民主的社会主义国家"[2],大会把20世纪末的奋斗目标由"实现四个现代化"改为"实现小康",并作出了分两步走实现从温饱到小康的战略部署。1983年,邓小平同志强调:"我们搞的现代化,是中国式的现代化。我们建设的社会主义,是有中国特色的社会主义"[3]。1987年10月,党的十三大作出"我国正处在社会主义的初级阶段"论断,并基于这个论断确定了"三步走"发展战略,即"第一步,到1990年,解决温饱问题;第二步,到20世纪末实现小康;第三步,到21世纪中叶,达到中等发达国家水平",中国式的现代化建设目标清晰,路径明确。

1989年下半年至1991年底,社会主义在世界范围内陷入低潮。一些人对中国的改革开放产生疑虑,提出姓"社"姓"资"的质疑。1992年初,邓小平同志在南方视察并发表重要谈话,从理论上回答了判断姓"社"姓"资"的标准和社会主义的本质等重大问题。邓小平同志认为,社会主义的本质不应局限在公有制与计划经济,而应该是"解放生产力,发展生产力,消灭剥削,消除两极分化,最终达到共同富裕。"[4]而计划和市场都是共同富裕的手段,因此"社会主义也可以搞市场经济"[5]。1992年10月,党的十四大确定了经济体制改革目标是建立社会主义市场经济体制,把社会主义制度与市场经济结合起来,是中国共产党的一大创举,是社会主义发展史上的重大突破。以江泽民同志、胡锦涛同志为主要代表的中国共产党人,接续带领全体人民不断探索中国式的现代化。江泽民同志在党的十五大提出,到21世纪中

〔1〕《邓小平文选》(第2卷),人民出版社1994年版,第237页。
〔2〕中共中央文献研究室编:《十二大以来重要文献选编》(下),人民出版社1988年版,第13页。
〔3〕中共中央文献研究室编:《邓小平年谱(1975-1997)》(上),中央文献出版社2004年版,第914页。
〔4〕《邓小平文选》(第3卷),人民出版社1993年版,第373页。
〔5〕《邓小平文选》(第3卷),人民出版社1993年版,第236页。

叶把我国"建成富强民主文明的社会主义国家"。胡锦涛在党的十六大从经济、政治、文化等方面勾画了宏伟蓝图，把建设"三个文明"作为全面建设小康社会的根本任务和长远目标。在党的十六届六中全会又提出，中国特色社会主义事业的总体布局是经济建设、政治建设、文化建设、社会建设的"四位一体"。之后在党的十七大提出"建设生态文明"。可以看出，从单一的工业化到四个现代化，再到"四位一体"，中国共产党对如何推进社会主义现代化的认识已经越来越深刻，并拓展出中国自己独有的特色，构建出了中国特色社会主义理论体系，在理论和实践双重维度回答了中国这样经济文化比较落后的国家如何建设、巩固和发展社会主义的一系列基本问题。

2. 发展与保护的矛盾集中爆发

全面推进改革开放后，社会主义现代化建设成效显著，经济实力、综合国力、人民生活水平不断跨上新台阶。但不能忽视的是在追求快速发展的过程中，粗放型经济增长方式与环境管理体制的不够健全使得这一时期生态问题集中爆发，发展与保护的矛盾异常尖锐。一是粗放型经济增长方式是生态问题的根本原因。中国当时的工业化基础薄弱，且发展市场经济的资金短缺、市场狭窄，因此要想提升经济发展的速度和数量，就只能依靠增加劳动力的投入和扩大开发自然资源的规模来降低生产成本。对传统资源的依赖性较强加上资源利用率水平低下，必然带来大量的污染物和废弃物，这是自然环境污染严重的关键因素。再加上片面追求经济增长导致的发展盲目性，各地重复建设现象也很严重，产能过剩本质上还是资源浪费。虽然在现代化建设之初就有要保护环境的意识，但实践中我们还是不得已走了一条片面追求经济增长的道路，不仅造成资源趋紧的发展局面，还伴随着严重的环境污染。二是缺少对污染的防范与治理是生态问题的直接原因。发达国家通过在我国投资设立污染较严重的工厂以及走私"洋垃圾"等各种方式，慢慢将污染转嫁到我们国家。再加上我们自身伴随着经济发展的城镇化进程加快，人口大量向城市聚集，城市生产污染与生活垃圾与日剧增，并开始集中向农村转移，农村自身也大量使用农药和化肥，其自然环境污染面临的形势更为严峻。总的来说，污染的防范与治理缺失，导致我国大气、水、土壤等污染日趋严重，生态系统面临退化的形势严峻。三是环境管理体制不够健全是生态问题的重要原因。GDP 的提升被视为衡量地方政府表现的主要标准，但并没有将资源的浪费和环境的破坏纳入考量，也没有构建出一套有效的环保评估体系。一些地方政府为了追求经济增长，大力引进高污染、高排放、高能耗的项目，导致环境问题日益严峻。在我国的环境法律体系中，政府对环境管理职责的定义并不明确，各部门之间的职责分工也不清晰。同时，一个完整的生态系统被划分到不同部门管理，权力的分散和部门间利益冲突相互碰撞，使得达成统一的管理目标共识变得困难。由于机构改革的不彻底，环境管理机构的职能出现了交叉或重叠等问题，都导致环境管理体制不够健全而引发生态问题。

3. 生态保护理念与举措不断完善

面对环境污染渐渐成为社会公害，中国迫切需要职能定位明确的国家行政部门实施环境保护职责。1982年，环境保护局成立，归属当时的城乡建设环境保护部。1984年，成立相对独立的国家环境保护局，仍归城乡建设环境保护部领导。1988年，国家环境保护局脱离归属部委，成为副部级的国务院直属机构。1998年，环境保护机构再度升格为国家环境保护总局，成为国务院直属正部级机构。2008年，环境保护机构地位进一步提升，成为国务院组成部门[1]。这一期间，环境保护部门从无到有、从小到大、从弱到强，展现了环境保护意识的不断提升和力度不断强化的进程。基于环境问题的反思，生态保护举措也开始从更多层面进行探索，不仅开展了以防治工业污染为重点的环境保护工作，也逐步关注对生态系统的维护与建设，还将环境保护规划纳入国民经济和社会发展规划，确定了生态环境保护在经济社会发展中的战略地位。

在生态法治思想的指导下，邓小平同志主张要解决好生态环境问题，就必须有政策的积极引导和严格的法制法规的约束。他在1978年中央工作会议闭幕时强调，集中力量尽快制定森林法、草原法、环境保护法等生态环境保护法律法规，以确保我国环保事业的不断前进和长远发展。随后，一大批环境保护的法律制度陆续颁布，我国的环保事业从人治走向法治，结束了生态环境无章可循的尴尬局面。生态环境保护的法律、法规、标准和机构的日趋完善，标志着我国的生态环境建设开始步入了用基本国策和配套法制来保护

---

〔1〕 参见蔡昉、潘家华、王谋：《新中国生态文明建设70年》，中国社会科学出版社2020年版，第11页。

的新时期。

　　为响应全球对可持续发展的呼吁，江泽民同志在党的十五大正式提出："促进人和自然的协调和谐、坚持实施可持续发展战略"[1]。可持续发展成为国家重要发展战略。鉴于我国人口庞大但自然资源有限的基本国情，江泽民同志提倡要节约资源，充分发挥科学技术在资源生产过程中的作用，提高资源利用率和生产效能，坚决摒弃粗放型生产模式，提出走新型集约化的工业道路，推动新型工业化朝向绿色化、减量化、资源化方向发展。与此同时，江泽民同志在国际生态交流合作时强调，要积极学习发达国家将高端技术运用到生态保护中，但又不能完全依赖国外先进资源技术，更要时刻警惕"引进来"洋垃圾和可能造成重大污染的项目。鉴于日益严重且全球化的生态问题，江泽民同志指出："中国作为一个发展中国家，愿意在公平、公正、合理的基础上，承担与我国发展水平相适应的国际责任和义务，为促进全球环境和发展事业做出应有的贡献"，[2]但"发达国家对其在工业化、现代化过程中造成的生态环境恶化是欠了债的，理所应当地应对环境保护作出更大贡献"。[3]

　　胡锦涛同志意识到要在经济发展和生态保护中寻找一种平衡状态，于是在党的十六届三中全会提出了科学发展观。从人们的生态需求、权益及安全角度出发，协同推动环境保护和经济高质量发展。党的十六届五中全会强调建设资源节约型、环境友好型社会。党的十七大首次提出建设生态文明，至此，生态文明建设被提至国家战略层面。紧接着党的十七届四中全会明确了生态文明建设的理念和途径。胡锦涛同志指出："要着力推进绿色发展、循环发展、低碳发展，形成节约资源和保护环境的空间格局、产业结构、生产方式、生活方式。"[4]这不仅体现了党的生态文明理论的深化，也充分体现了生态文明实践在推动现代化的过程中所发挥的重要导向作用。

　　可见，中国共产党历届领导集体在带领人民不断推进社会主义现代化进

---

　　[1]　江泽民：《高举邓小平理论伟大旗帜 把建设有中国特色社会主义事业全面推向二十一世纪——在中国共产党第十五次全国代表大会上的报告》，载《人民日报》1997年9月22日。

　　[2]　中共中央文献研究室编：《江泽民论有中国特色社会主义（专题摘编）》，中央文献出版社2002年版，第295页。

　　[3]　《江泽民文选》（第1卷），人民出版社2006年版，第480页。

　　[4]　胡锦涛：《坚定不移沿着中国特色社会主义道路前进为全面建成小康社会而奋斗——在中国共产党第十八次全国代表大会上的报告》，载《人民日报》2012年11月18日。

程中，根据不同历史时期的社会状况制定了各种方法和策略开展生态建设的探索，积极改善和优化人与自然关系，在认知上从战天斗地改造自然转向尊重自然保护自然，在实践中走向在保护中发展、在发展中保护的可持续发展之路，从而奠定了实现人与自然和谐共生现代化的坚实实践基石。

（三）"美丽中国"社会主义现代化的生态目标

党的十八大以来，中国特色社会主义进入新时代，面对世界百年未有之大变局，以习近平同志为核心的党中央紧密结合新的时代条件和实践要求，以全新的视野深化对共产党执政规律、社会主义建设规律、人类社会发展规律的认识，团结带领中国人民砥砺前行，决胜全面建成小康社会、进而全面建设社会主义现代化强国，进一步拓展和深化中国式现代化道路。此一时期，经济社会发展与资源环境内在张力也在加剧，"生态文明建设正处于压力叠加、负重前行的关键期，已进入提供更多优质生态产品以满足人民日益增长的优美生态环境需要的攻坚期"〔1〕。在这个挑战与机遇并存的关键期与攻坚期，习近平总书记"着眼于中国的可持续发展、中华民族的未来"〔2〕谋划发展，建设"美丽中国"成为了社会主义现代化新的目标追求。

1. 中国式现代化开创人类文明新形态

2012 年，党的十八大确定了建设中国特色社会主义的总任务是实现社会主义现代化和中华民族伟大复兴。围绕实现这个总任务，以习近平同志为核心的党中央统筹"五位一体"总体布局，协调"四个全面"战略布局，全力推进中华民族伟大复兴。2013 年，习近平总书记认识到："我国现代化同西方发达国家有很大不同。西方发达国家是一个'串联式'的发展过程，工业化、城镇化、农业现代化、信息化顺序发展，发展到目前水平用了二百多年时间。我们要后来者居上，把'失去的二百年'找回来，决定了我国发展必然是一个'并联式'的过程，工业化、信息化、城镇化、农业现代化是叠加发展的。"〔3〕2015 年，党的十八届五中全会针对如何叠加发展现代化提出了贯彻

〔1〕 习近平：《习近平在全国生态环境保护大会上强调 坚决打好污染防治攻坚战 推动生态文明建设迈上新台阶》，载《党建》2018 年第 6 期，第 4~6 页。

〔2〕《总书记心中的"国之大者"》，载《人民日报》2021 年 11 月 9 日。

〔3〕 中共中央文献研究室编：《习近平关于科技创新论述摘编》，中央文献出版社 2016 年版，第 24~25 页。

落实创新、协调、绿色、开放、共享的新发展理念。

2017 年，党的十九大报告把"两个一百年"奋斗目标贯通设计，对未来 30 多年的奋斗目标作出了"两步走"的战略部署，擘画了从全面建成小康社会到基本实现现代化，再到全面建成社会主义现代化强国的宏伟蓝图和实现路径。同时，在战略目标上增加了"美丽"这一新的内容，强调把我国建成富强民主文明和谐美丽的社会主义现代化强国。2018 年，习近平总书记基于中国的现代化实践成果强调了现代化和人类文明形态的多样性，他指出："中国人民的成功实践昭示世人，通向现代化的道路不止一条，只要找准正确方向，驰而不息，条条大路通罗马"。[1]2019 年，他在调研时指出："在五位一体总体布局中生态文明建设是其中一位，在新时代坚持和发展中国特色社会主义基本方略中坚持人与自然和谐共生是其中一条基本方略，在新发展理念中绿色是其中一大理念"[2]。随着认识的深化，2021 年 7 月 1 日，在庆祝中国共产党成立 100 周年大会上的讲话中，习近平总书记首次提出"中国式现代化道路"概念，他指出："我们坚持和发展中国特色社会主义，推动物质文明、政治文明、精神文明、社会文明、生态文明协调发展，创造了中国式现代化新道路，创造了人类文明新形态。"[3]之后在党的十九届六中全会再次强调中国式现代化道路："拓展了发展中国家走向现代化的途径，给世界上那些既希望加快发展又希望保持自身独立性的国家和民族提供了全新选择。"[4]

2022 年，习近平总书记在党的二十大报告中全面系统阐述了中国式现代化的五大特征、九条本质要求和前进道路上必须牢牢把握的五条重大原则，系统规划了全面建成社会主义现代化强国总的战略安排。他指出："中国式现代化，是中国共产党领导的社会主义现代化，既有各国现代化的共同特征，更有基于自己国情的中国特色"[5]。中国式现代化具有人口规模巨大、全体人民共同富裕、物质文明和精神文明相协调、人与自然和谐共生、走和平发

〔1〕《习近平出席博鳌亚洲论坛 2018 年年会开幕式并发表主旨演讲》，载《人民日报》2018 年 4 月 11 日。

〔2〕《习近平总书记在参加内蒙古代表团审议时强调　保持加强生态文明建设的战略定力　守护好祖国北疆这道亮丽风景线》，载《人民日报》2019 年 3 月 6 日。

〔3〕习近平：《习近平著作选读》（第 2 卷），人民出版社 2023 年版，第 483 页。

〔4〕习近平：《习近平著作选读》（第 2 卷），人民出版社 2023 年版，第 9 页。

〔5〕习近平：《习近平著作选读》（第 1 卷），人民出版社 2023 年版，第 18 页。

展道路等五大特征[1]。2023 年,习近平总书记指出,"概括提出并深入阐述中国式现代化理论,是党的二十大的一个重大理论创新,是科学社会主义的最新重大成果"[2]。他强调,"党的十八大以来,我们党在已有基础上继续前进,不断实现理论和实践上的创新突破,成功推进和拓展了中国式现代化"[3],并且对中国式现代化的科学内涵、重大意义、领导力量、依靠力量、中国特色、本质要求、重大原则、实现路径等一系列重大理论和实践问题都进行了深入探索和理论概括,初步构建中国式现代化的理论体系,让我们认识到"中国式现代化走得通、行得稳,是强国建设、民族复兴的唯一正确道路"[4],它打破了'现代化 = 西方化'的迷思,展现了现代化的另一幅图景,拓展了发展中国家走向现代化的路径选择,为人类对更好社会制度的探索提供了中国方案"[5],彰显了中国共产党推进中国式现代化的时代价值、世界意义和历史贡献。

2. 生态文明建设呈现四个重大转变

一是从重点整治到系统治理的重大转变,生态环境质量持续改善。十八大以来,以习近平总书记为核心的党中央从解决突出生态环境问题入手,扎实推进"山水林田湖草沙一体化保护和系统治理"[6],注重点面结合、标本兼治,着力补齐陆生生态、水生生态、水土流失等生态短板,持续深入打好蓝天、碧水、净土保卫战,推动生态环境质量明显改善。从 2012 年到 2021 年,森林覆盖率和森林蓄积量连续 10 年保持"双增长";全国荒漠化、沙化、石漠化土地面积持续缩减;水污染防治向推进水资源、水环境、水生态统筹治理转变,全国地表水优良水质断面比例不断提高。大气污染治理向系统治理、源头治理转变,全国地级及以上城市空气质量优良天数比率持续提升。

---

[1] 习近平:《习近平著作选读》(第 1 卷),人民出版社 2023 年版,第 18~19 页。

[2] 《习近平在学习贯彻党的二十大精神研讨班开班式上发表重要讲话强调　正确理解和大力推进中国式现代化》,载《人民日报》2023 年 2 月 8 日。

[3] 《习近平在学习贯彻党的二十大精神研讨班开班式上发表重要讲话强调　正确理解和大力推进中国式现代化》,载《人民日报》2023 年 2 月 8 日。

[4] 《习近平在学习贯彻党的二十大精神研讨班开班式上发表重要讲话强调　正确理解和大力推进中国式现代化》,载《人民日报》2023 年 2 月 8 日。

[5] 《习近平在学习贯彻党的二十大精神研讨班开班式上发表重要讲话强调　正确理解和大力推进中国式现代化》,载《人民日报》2023 年 2 月 8 日。

[6] 习近平:《习近平著作选读》(第 1 卷),人民出版社 2023 年版,第 41 页。

与此同时，坚持减污降碳协同增效，清洁能源消费量占比达到 25.5%。这些成效说明我们已经避免了"先污染再治理"的弯路，并能在多重目标系统中寻求发力点、平衡点和增长点，推动生态环境治理水平和效能显著提高。

二是由被动应对到主动作为的重大转变，绿色发展提速增效。十八大以来，坚持党对生态文明制度建设的全面领导，创新性地形成了一系列制度成果。《中共中央国务院关于加快推进生态文明建设的意见》和《生态文明体制改革总体方案》相继出台，建立健全自然资源资产产权和有偿使用、"多规合一"的国土空间规划体系、环境保护"党政同责"和"一岗双责"等一系列法规制度。2018 年，环境保护与生态建设机构融合，组建生态环境部，其功能拓展、职责强化。党委领导、政府主导、企业主体、社会组织和公众共同参与的"大环保"工作格局逐步形成，不断提升生态文明领域国家治理体系和治理能力现代化水平。与此同时，着力推动资源高效利用和绿色低碳发展，建设人与自然和谐共生的现代化经济体系。特别是将碳达峰碳中和纳入经济社会发展和生态文明建设整体布局，倒逼生产方式和发展方式转型，推动经济发展质量变革、效率变革、动力变革。此外，注重引导人们生活方式的绿色转向，倡导简约适度、绿色低碳的生活方式。

三是从实践探索到科学理论指导的重大转变，生态文明建设潜力无限。党的十八大以来，以习近平同志为核心的党中央深刻把握生态文明建设在新时代中国特色社会主义事业中的重要地位和战略意义，大力推动生态文明理论创新、实践创新、制度创新，坚持把马克思主义基本原理同中国具体实际相结合、同中华优秀传统文化相结合，提出一系列新理念新思想新战略新要求，系统形成习近平生态文明思想。这一重要思想系统回答了建设什么样的生态文明、怎样建设生态文明等重大理论和实践问题，为新时代生态文明建设提供了根本遵循。在习近平生态文明思想指引下，我们全方位、全地域、全过程地加强对生态环境的治理，通过法律、体制、机制等各个层面，系统性地探索协同性的政策执行以及多元化的治理举措，共同推动碳排放的降低、污染的减少、绿色的扩大以及经济的增长，构建起一个绿色低碳的循环发展经济体系，这也成就了经济的飞速发展以及社会的持久稳定两大成就。我国经济发展动能正在发生根本性转变，生态文明建设呈现加速发展新局面，且后发优势和潜力无限。

四是从全球环境治理参与者到引领者的重大转变，中国生态文明建设的理念和实践得到国际社会高度认同和赞誉。面对全球生物多样性锐减、气候异常变化、环境污染严重等问题，中国一直站在对人类文明负责的高度，致力于构建全球生态命运共同体、探索各国协作治理全球生态环境问题。近十年来，我们引领全球气候治理进程，推进绿色"一带一路"建设，对全球植被增量的贡献比例居世界首位，创造了让世界刮目相看的"绿色奇迹"等。2016年，联合国环境规划署发布《绿水青山就是金山银山：中国生态文明战略与行动》报告，中国还率先发布《中国落实2030年可持续发展议程国别方案》。伴随着中国国际话语权的不断提升，中国作为全球生态文明建设的重要参与者、贡献者、引领者，扮演的角色越来越重要，为治理全球气候问题、共建清洁美丽世界贡献着不可替代的中国智慧和中国力量。

总的来说，现代化在我国建设过程中从优先发展重工业到以经济建设为中心，再到"五位一体"总体布局，整个发展过程被高度浓缩，在创造经济发展奇迹的同时，也叠加了各种各样的生态环境问题，这不仅成为我国社会主义现代化建设中的短板，也成为反映最为强烈的民生问题。尽管这些年我国一直把坚决打赢蓝天、碧水、净土这三大保卫战作为重要任务攻坚，但是，由于生态环境治理的复杂性和长期性，以及长期以来生态环境方面的欠账太多，全社会形成绿色生产方式、绿色生活方式和绿色消费方式，也是一个需要不断推进的较长时期的发展过程。所以党的十九大对我国生态文明建设的判断是"生态环境保护任重道远"，[1]党的二十大对我国生态文明建设现状的判断是"资源环境约束趋紧、环境污染等问题突出"。[2]这些判断都是十分客观和切合中国实际的，可见，我国生态文明建设任务依然艰巨，人与自然关系紧张引发的生态环境问题依然是影响国计民生的重大政治问题和重大社会问题。因此，要实现到2035年生态环境根本好转、美丽中国目标基本实现以及到21世纪中叶建成富强民主文明和谐美丽的社会主义现代化强国的奋斗目标，必须立足当前生态文明建设的客观现实，对生态文明形态提升提出更高要求，以促使我国生态文明建设迈上更高台阶。

---

〔1〕 习近平：《习近平著作选读》（第2卷），人民出版社2023年版，第8页。
〔2〕 习近平：《习近平著作选读》（第1卷），人民出版社2023年版，第5页。

三、中国式现代化生态建构的逻辑理路与实践进路[1]

党的十九大报告指出："我们要建设的现代化是人与自然和谐共生的现代化。"[2]党的二十大报告指出"中国式现代化是人与自然和谐共生的现代化",[3]并要求"以中国式现代化全面推进中华民族伟大复兴"。[4]可见,人与自然和谐共生的现代化是中国式现代化的生态维度,这是基于对传统现代化的生态反思,同时回应世界现代化发展模式生态转型而作出的历史选择,其根本目的是实现经济发展与环境保护之间的双赢。因为"生态环境保护的成败,归根结底取决于经济结构和经济发展方式",[5]所以中国式现代化的生态建构,就是基于中国实际寻求现代化过程中对现代性危机的克服,即破解经济发展与生态环境保护的历史矛盾与现实困境,为人与自然、人与自身两大关系的和解和谐以及人的自由全面发展开辟道路。

（一）解构经济发展与环境保护矛盾对立的历史难题

在传统现代化发展模式下,经济发展造成生态环境退化,保护生态环境则会阻碍经济发展,这看似是一种现实困境,实则是提出了转变发展理念和发展模式的要求。是什么样的、怎样的经济发展损害了自然生态环境?经济发展、生产力发展的内涵和标准是什么?——是单纯的交换价值、GDP 增长吗?可以肯定的是,以资本获利为核心的交换价值指标不能科学地界定经济发展程度,更不能标识人类社会物质财富的增长,因为物质财富不是由交换价值,而是由使用价值来定义的——"使用价值即物质财富"[6];以资本获利为核心的"大量生产—大量消耗—大量排放"或"大量生产—大量消费—大量废弃"的发展模式直接造成资源环境生态危机,将这种发展模式视为生产力发展、经济发展,是人类社会在特定历史发展阶段的异化表现,不是人类社

────────────────

〔1〕 本部分著述源自课题组成员杨英姿教授的前期成果。杨英姿:《中国式现代化的生态建构》,载《城市与环境研究》2023 年第 3 期,第 14~28 页。

〔2〕 习近平:《习近平著作选读》(第 2 卷),人民出版社 2023 年版,第 41 页。

〔3〕 习近平:《习近平著作选读》(第 1 卷),人民出版社 2023 年版,第 19 页。

〔4〕 习近平:《习近平著作选读》(第 1 卷),人民出版社 2023 年版,第 18 页。

〔5〕 中共中央文献研究室编:《习近平关于社会主义生态文明建设论述摘编》,中央文献出版社 2017 年版,第 19 页。

〔6〕 《马克思恩格斯文集》(第 5 卷),人民出版社 2009 年版,第 56 页。

会发展永恒的不二选择。当扬弃异化的发展阶段到来的时候，再固守这样的发展标准和发展模式，就因不合时宜、违背规律而变得十分荒谬了。正是在这个意义上，国际社会曾提出用发展（development）代替增长（growth）的主张，意味着单纯的 GDP 增长并不能涵盖人类社会的发展，一味地片面追求经济数量的增长，有时反倒会损害、阻碍人类社会发展。认识到传统现代化发展模式是造成资源环境生态危机的主要原因，是解构经济发展与环境保护对立冲突历史难题的第一步。

认识到经济发展、生产力发展的标准和内涵不是一成不变的，而是应该遵循历史发展客观规律适时、及时地修正标准、充实内涵，是解构经济发展与环境保护对立冲突历史难题的更进一步。在生产力落后的条件下，人们会更看重经济发展，而随着生产力发展的突飞猛进、物质财富的日益丰富以及生产力作用于自然界的力量越来越大，环境保护逐渐进入人们视野和生产生活中，经济发展和环境保护的关系成为必须予以关注和处理的重要对象。同时，不同的生产关系形成不同的社会制度，不同的社会制度形成不同的劳动关系、分配关系、利益关系等，这些都会影响和左右人们对于经济发展与环境保护关系的看法，进而在发展经济和保护环境之间做出取舍。

认识到传统现代化发展模式及其经济发展、生产力发展的标准和内涵是在资本逻辑主导下为资本逐利服务的，则找到了经济发展与环境保护对立冲突的根源，找到了解构经济发展与环境保护历史难题的枢纽。以资本逐利为目的的资本主义、传统现代化和不触及资本逻辑的西方生态现代化，不会做出牺牲资本利益来保护生态环境的价值选择，不可能从根本上达成经济发展与环境退化脱钩的目标。以人民为中心的中国特色社会主义和中国式现代化则不能、不会选择以牺牲生态环境为代价换取经济的一时发展，而是会从根源上去破解经济发展与环境保护对立冲突的历史难题，去建构经济发展与环境保护协调双赢的内在逻辑和发展格局。而创新绿色发展理念、开创中国式现代化的生态向度，则是开启了经济发展与环境保护协调双赢的建构之路。

（二）建构经济发展与环境保护协调双赢的逻辑理路

内在逻辑不是脱离实际、违背规律的主观臆想，而是现象背后的本质、历史事件背后的历史必然。建构内在逻辑，是在深入观察、研判人类实践活动的基础上，对人类社会发展历史规律的科学把握和深刻揭示。资本逻辑是传统现代化的内在逻辑，是造成经济发展与环境保护对立冲突的根本原因。中国式现代化的生态建构、人与自然和谐共生的现代化建设，要有本质上区别于资本逻辑的内在逻辑支撑。因此，建构经济发展与环境保护协调双赢的内在逻辑，旨在重新审视经济发展和环境保护的内涵以及二者之间的本质关系，寻求二者协调双赢的客观依据和历史必然。

习近平生态文明思想的生态历史观、生命共同体理念以及对生产力内涵、对经济发展与生态环境保护之间关系的重新界定，正是在深刻洞察历史发展规律的基础上，对问题的本质和关键的准确把握，成为实现经济发展与环境保护协调双赢、建设人与自然和谐共生现代化的内在逻辑。习近平生态文明思想总结历史、立足现实、放眼未来，将马克思主义基本原理与当下实际相结合，洞察到生态环境兴衰在人类社会发展中具有举足轻重、至关重要的作用，创造性地提出了"生态兴则文明兴，生态衰则文明衰"[1]的生态历史观，将生态环境兴衰演替纳入人类社会发展进步的内在规律之中，从历史观维度建构起经济发展与环境保护协调双赢的内在逻辑。习近平生态文明思想摒弃西方近代以来将人类世界与自然世界隔绝对立起来的二元论世界观，继承发展马克思关于自然史与人类史实践统一的思想，创造性转化、创新性发展"天人合一""物我一体"等中华优秀传统生态文化，形成了"人与自然是生命共同体"的理念。这一理念将人与自然看作是共生共在的生命有机体，为建构经济发展与环境保护协调双赢的内在逻辑提供了本体论、存在论支撑。习近平生态文明思想的绿色生产力观指出，"保护生态环境就是保护生产力，改善生态环境就是发展生产力"。[2]经济发展的核心是通过生产力创造使用价值和物质财富，以此改善人民生活境况，提高人民生活质量，丰富人民生活内涵。随着物质生活水平不断提高，人们对健康安全的需求越来越迫切，优美生态环境也成为生活必需，这使得传统现代化发展模式下的生态负效应以及相应的环境保护问题成为关注焦点。因此，将保护和改善生态环境纳入保

---

〔1〕　中共中央文献研究室编：《习近平关于社会主义生态文明建设论述摘编》，中央文献出版社2017年版，第6页。

〔2〕　中共中央文献研究室编：《习近平关于社会主义生态文明建设论述摘编》，中央文献出版社2017年版，第20页。

护和发展生产力的内涵中，进而提出"绿水青山就是金山银山"[1]绿色发展观，既是对生产力理论、经济学理论的重大创新发展，也为经济发展模式、现代化发展模式的生态转型提供了根本依据，"绿水青山就是金山银山，阐述了经济发展和生态环境保护的关系，揭示了保护生态环境就是保护生产力、改善生态环境就是发展生产力的道理，指明了实现发展和保护协同共生的新路径"。[2]

习近平生态文明思想从根基上破解了经济发展与环境保护的对立冲突："生态环境保护和经济发展不是矛盾对立的关系，而是辩证统一的关系。生态环境保护的成败归根到底取决于经济结构和经济发展方式。发展经济不能对资源和生态环境竭泽而渔，生态环境保护也不是舍弃经济发展而缘木求鱼，要坚持在发展中保护、在保护中发展，实现经济社会发展与人口、资源、环境相协调，使绿水青山产生巨大生态效益、经济效益、社会效益。"[3]一方面，传统现代化模式下经济发展造成环境退化，并不意味着经济发展与环境保护是天然对立、不可共生的关系，而是因为传统的经济结构和发展方式出了问题，不再适合历史发展需要。另一方面，经济发展的"竭泽而渔"被历史证明是难以为继的，而生态环境保护的"缘木求鱼"则是违背自然规律和历史发展规律的倒行逆施，生命共同体理念、绿色生产力观、绿色发展观的理论创新，是顺应历史发展趋向、揭示二者历史耦合关系的主动选择。

（三）建构经济发展与环境保护协调双赢的实践进路

习近平生态文明思想的生态历史观、生命共同体理念、绿色生产力观、绿色发展观以及对经济发展与生态环境保护之间关系的重新界定，为解决经济发展与生态环境保护的现实矛盾提供了本质根据。同时，也揭示了推进人与自然和谐共生的现代化，是一个关涉人与自然，内含经济、社会、生态等关系的系统工程。因此在实践中必须以系统观点认知和处理人与自然、发展

---

〔1〕 中共中央文献研究室编：《习近平关于社会主义生态文明建设论述摘编》，中央文献出版社2017年版，第21页。

〔2〕 习近平：《习近平著作选读》（第2卷），人民出版社2023年版，第171页。

〔3〕 中共中央文献研究室编：《习近平关于社会主义生态文明建设论述摘编》，中央文献出版社2017年版，第19页。

和保护的关系，构建有机整体的生态文明体系，即"以生态价值观念为准则的生态文化体系，以产业生态化和生态产业化为主体的生态经济体系，以改善生态环境质量为核心的目标责任体系，以治理体系和治理能力现代化为保障的生态文明制度体系，以生态系统良性循环和环境风险有效防控为重点的生态安全体系"。[1]生态文明建设的"五大体系"构成经济发展与生态环境保护双赢的实践路径。

　　生态文明建设的"五大体系"是相互联系、相互作用的有机整体。其中，生态文化体系是生态文明建设的灵魂，为生态文明建设提供思想保证、精神动力和智力支持。生态文化中蕴含的是人与自然关系的和解，通过倡导人与自然和谐共生的生态文化，形成价值观层面对于生态文明建设的共识，可以凝聚实现中国式现代化生态建构的合力，甚至可以凝聚共建全球生态文明的力量，因此，生态文化体系建设是生态文明建设的核心"软实力"，是构建经济发展与生态环境保护双赢的路径不可或缺的强大推力。生态经济体系是生态文明建设的物质基础，是中国式现代化生态建构的动力来源，其核心是构建经济发展与生态环境保护双赢的绿色发展。绿色发展是中国现代化发展由工业化追赶逻辑向生态化引领逻辑的转变，是对发展理念、发展模式和发展评价的重构。其先进性在于新能源的不断发展为生态经济发展注入动力。与此同时，"双碳"战略融入生态经济体系，为生态经济体系设定了定量化指标。而总的机制安排及实施路径就是产业生态化与生态产业化模式。生态文明制度体系是生态文明建设的重要保障。制度具有根本性、全局性、稳定性和长期性的特点，只有发挥生态文明制度对人类改造自然界行为的调节规约作用，才能破解资源环境制约发展的瓶颈，化解我国的生态难题，以治理体系和治理能力现代化保障人与自然和谐共生的可持续发展。生态目标责任体系是生态文明建设的目标任务，是指挥棒。针对生态文明建设中各地方政府"一刀切""层层加码"等问题，需要从统筹优化生态文明建设领域的考评工作、明晰生态文明建设各主体责任、规范与完善督察问责程序等方面予以改进，新时代要建立以"治理生态问题、提升环境质量、打击污染行为"为目标的生态文明目标责任体系，为推进人与自然和谐共生现代化提供有力抓手。

---

〔1〕　习近平：《习近平谈治国理政》（第3卷），外文出版社2020年版，第366页。

生态安全体系既是生态文明建设的基本底线，也是一种成果体现。生态安全体系的建设对化解生态危机、维护生态系统良性运转、保障民生生态福祉和谋求全人类生态安全具有重要意义。当下，我国的土地安全、粮食安全、水安全、空气安全等受到了重重挑战，国家安全战略要将维持生态系统的平稳运行、精准防控环境风险纳入其中，以改善生态环境质量，保障国家总体安全。总的来说，生态文明建设的"五大体系"是对贯彻"六项原则"的具体部署，也是从根本上解决生态问题的对策体系。它系统界定了中国特色社会主义生态文明体系的基本框架，更是实现人与自然和谐共生现代化的主要路径。

综上所述，为经济发展注入生态力量，为环境保护注入源头活水，进而创新现代化的生态内涵，构建现代化建设的生态向度，建设人与自然和谐共生的现代化由此成为中国式现代化生态建构的历史定位，成为世界现代化生态转型的历史趋向。也即是说，人与自然和谐共生的现代化实质上是在纠正传统现代化偏颇和拨正现代化航向中不断地创造人类生态文明新形态的现代化。以人与自然和谐共生的现代化创造人类生态文明新形态是世界现代化史上和人类文明发展史上的空前壮举。充分认识以人与自然和谐共生的现代化创造人类生态文明新形态的紧迫性和重大价值，深刻领悟以人与自然和谐共生的现代化创造人类生态文明新形态的基本内涵和本质要义，牢牢把握以人与自然和谐共生的现代化创造人类生态文明新形态的实践路径，才能不断地推进人类文明形态的发展。

第二章

人与自然和谐共生现代化的理论逻辑

人与自然和谐共生现代化是将马克思主义关于人与自然关系的思想作为基本遵循、结合中国优秀传统生态文化、借鉴西方生态理论、继承中国共产党历届领导集体的生态治理经验、立足于党和人民的事业谋划的绿色发展道路。实现人与自然和谐共生现代化要求我们全面贯彻习近平生态文明思想，时刻秉持初心使命的政治责任感，增强生态兴则文明兴的历史紧迫感，坚持人与自然和谐共生的自然观、绿水青山就是金山银山的发展观、良好生态环境是最普惠民生福祉的价值观、山水林田湖草是生命共同体的系统观、用最严格制度最严密法治保护生态环境的治理观、共谋全球生态文明建设的全球观，依靠技术、制度与生态思维构建一条超越经济建设与环境保护之间的"二元悖论"的总体性现代化道路。这不仅为实现中华民族永续发展标定了前进方向，而且为创造人类文明新形态提供了中国智慧。

一、人与自然和谐共生现代化的理论渊源

人与自然和谐共生现代化是中国提供的解决传统现代化引发的生态危机的新方案，也是中国特色社会主义生态文明建设的新实践，更是中国式现代化的鲜明特征。它的理论渊源彰显出中国式现代化基于国情的本土特性和创新精神，全球视野下的批判性和包容性，以及延续历史的连贯性和融合性。

（一）扎根马克思主义关于人与自然关系的思想

习近平总书记曾在纪念马克思诞辰 200 周年大会上强调："学习马克思，就要学习和实践马克思主义关于人与自然关系的思想。"[1]马克思主义理论中蕴含着丰富的人与自然关系的思想，为人与自然和谐共生的中国式现代化道路的创造和发展提供了理论依据。

在《1844 年经济学哲学手稿》中，马克思集中阐发了人与自然关系的存在论意蕴，认为人类不仅是大自然的一部分，而且大自然也是"人的无机的身体"，[2]人与自然的关系是感性、对象性的，是自然的人化与人的自然化双向运动与生成的结果。在《德意志意识形态》中，马克思强调从"现实的个人"[3]前提把握人与自然关系，即人类活动不仅有"人改造自然"的生产力部分，而且有"人改造人"的交往关系部分，二者的矛盾运动产生了既依赖又独立于自然界的人类社会。因此，马克思指出："历史可以从两方面来考察，可以把它划分为自然史和人类史。"[4]自然史和人类史，二者相互渗透又相互制约。马克思基于历史唯物主义的视野，进一步阐述并论证了人与自然之间的相互创生与辩证统一，人类通过实践活动实现人与自然之间的物质变换，只有自然环境资源的可持续性才能带来物质变化的可持续性，即社会的发展。资本主义生产关系下的工业化生产造成了人与自然之间物质变换的裂缝，即资本主义的大工业虽然提高了劳动的生产效率，但"它同时破坏了一切财富的源泉——土地和工人"[5]，造成了作为资本主义现代性危机的生态危机，这实质上是资本主义生产方式对人的异化的外延，是人的类本质在资本主义所开启的工业文明中的异化，这说明资本主义生产具有不可持续的内在原因。

马克思主义关于人与自然关系的思想基于对资本主义工业文明的深度审视，从世界历史视野来看，尽管资本主义工业文明引领着人类社会的现代化步伐，但它却持续加剧了资本的内部矛盾和现代性危机。在《资本论》中，

---

〔1〕 习近平：《在纪念马克思诞辰 200 周年大会上的讲话》，载《人民日报》2018 年 5 月 5 日。

〔2〕 《马克思恩格斯文集》（第 1 卷），人民出版社 2009 年版，第 56 页。

〔3〕 《马克思恩格斯文集》（第 1 卷），人民出版社 2009 年版，第 519 页。

〔4〕 《马克思恩格斯文集》（第 1 卷），人民出版社 2009 年版，第 516 页。

〔5〕 参见《资本论》（第 1 卷），人民出版社 2004 年版，第 580 页。

马克思从资本逻辑的角度指出了资本主义工业化以及资本剥削的生态外延是引发生态危机的必然。这意味着生态也是资本剥削的对象，生态危机是贫困问题在资本逻辑中的生态呈现。正如马克思在分析工人贫困状况的恶化时指出的："生产资料越是大量集中，工人也就越要相应地聚集在同一个空间，因此资本主义的积累越迅速。工人的居住状况就越悲惨。"[1]恩格斯也指出："资本主义生产方式日益把大多数居民变为无产者。"[2]又由于资本主义自身无法克服生态危机，这推动了马克思恩格斯去探讨解决生态问题的社会主义方案。他们认为，人与自然和解，即"社会化的人……合理地调节他们和自然之间的物质变换，……靠消耗最小的力量，在最无愧于和最适合于他们的人类本性的条件下来进行这种物质变换"。[3]具体表现为生产以满足社会成员真正的需求为目的，"按照统一的总计划协调地安排自己的生产力"，[4]不盲目生产、重复生产，也不对自然界和人自身的自然作无节制的索取。"通过城市和乡村的融合"，[5]克服物质变换的断裂，排除"现在的空气、水和土地的污染"，[6]从而积极保护自然生态的良性循环，平衡利用自然资源与承担生态责任之间的关系，让人在最无愧于人类本性的原则上，实现人类与大自然间的物质变换。人与人的和解，即社会成员共同公平地占有生产资料以及合理地享有劳动产品。正是基于社会生产力的高度发展，单个自然人实现了世界交往基础上的联合，成为"自由人联合体"[7]组成部分，人们将平等地享有社会生产力，以及平等地拥有对生产资料的支配和使用权，更平等合理地享有劳动成果。在生产资料公有制下，生产摆脱了私有制，也就摆脱了为少数人实现利益目标的束缚，它将所有劳动者和社会生产资料进行有效的结合，进而谋求了所有社会成员的共同利益和整个社会的整体利益。

马克思恩格斯基于历史唯物主义视角，对人与自然关系、人与人的关系

---

[1]《马克思恩格斯全集》（第44卷），人民出版社2001年版，第757页。
[2]《马克思恩格斯文集》（第9卷），人民出版社2009年版，第297页。
[3]《马克思恩格斯文集》（第7卷），人民出版社2009年版，第928~929页。
[4]《马克思恩格斯文集》（第9卷），人民出版社2009年版，第313页。
[5]《马克思恩格斯文集》（第9卷），人民出版社2009年版，第313页。
[6]《马克思恩格斯文集》（第9卷），人民出版社2009年版，第313页。
[7]《马克思恩格斯文集》（第5卷），人民出版社2009年版，第96页。

做了判断与展望。"完成的自然主义"〔1〕即共产主义理想的最终实现要解决的问题是扬弃人与自然的对立与分离,是一个人与自然和解之后踏上的崭新征程。而现如今,随着现代工业社会向生态文明社会的转化,也使人和自然的关系有了阶段性的提升,尤其人与自然和谐共生现代化的历史性实践,使得马克思主义关于人与自然关系的思想得以充分而科学地展开。

（二）结合中华优秀传统生态文化

习近平总书记指出:"如果没有中华五千年文明,哪里有什么中国特色?如果不是中国特色,哪有我们今天这么成功的中国特色社会主义道路?"〔2〕中华民族向来尊重自然、热爱自然。中华优秀传统生态文化积累了许多人与自然和谐共处的经验和准则,是中华民族数千年生生不息的重要因素,其核心要义包括"天人合一"的整体世界观、"道法自然"的方法论、"赞天地之化育"的价值追求。

"天人合一"是中华传统文化思想的一个核心理念,代表中国古代哲学的"主要基调",〔3〕在我国探索人与自然关系的诸多学说中影响最为深远。《周易》点明包括人在内的一切生命都是自然孕育的产物,"天地之大德曰生"〔4〕"天地絪缊,万物化醇"〔5〕等经典表述体现了中国古代朴素的唯物主义世界观。"与天地合其德与日月合其明,与四时合其序,与鬼神合其吉凶。"〔6〕则强调了人在与自然交往时应该遵循客观规律。应该说,儒、释、道作为中国传统思想的主要流派,尽管在具体观念上有差异,但都讲求万物一体,无不以仁爱万物、天地人相和谐为其思想旨归。

关于儒家的生态思想,一是强调人道与天道同一,人道需符合天道。如孔子的"知命畏天",孟子的"顺天者存,逆天者忘"等。二是万物平等而又各得其所的思想。如孟子的"仁民而爱物",张载的"乾父坤母""民胞物与"等。三是讲求对自然资源和环境的保护。孔子的《论语·述而篇》写道:

〔1〕《马克思恩格斯文集》(第1卷),人民出版社2009年版,第187页。
〔2〕习近平:《习近平谈治国理政》(第4卷),外文出版社2022年版,第315页。
〔3〕季羡林:《季羡林谈义理》,人民出版社2010年版,第59页。
〔4〕冯国超译注:《周易》,华夏出版社2017年版,第388页。
〔5〕冯国超译注:《周易》,华夏出版社2017年版,第400页。
〔6〕黄寿祺、张善文译注:《周易》,上海古籍出版社2001年版,第21~22页。

"子钓而不纲，弋不射宿"；《礼记·祭义》写道："树木以时伐焉，禽兽以时杀焉"。孟子的《孟子·尽心上》写道："不违农时，谷不可胜食也；数罟不入洿池，鱼鳖不可胜食也；斧斤以时入山林，材木不可胜用也"等。总的来说，儒家面对天道造化自然之大功至巧，以敬畏之心自觉生发出一种责任担当与道德意识，并将对待天地万物作为自身涵养道德人格的基本内容。

关于道家的生态思想，老子的"道"是顺应天地万物本性的"自然而然"，按照生命存在和发展方式"无为而为"。老子说："有物混成，先天地生。寂兮寥兮，独立而不改，周行而不殆，可以为天地母。吾不知其名，强字之曰道。"[1]可见，在道家的直觉体验中，自然万物与人又是一体的。他主张善待万物，与万物和谐相处，秉持知足寡欲的生活态度；庄子则具有"以道观之，物无贵贱"[2]"万物一齐"的平等观、"天在内，人在外"的人性观、"独与天地精神往来"的自由观和"同与禽兽居"的生活态度。总的来说，在道家视域下，天道本于自然而合乎自然，站在道的高度才能理解万物自身各有其合理性，每一种生命存在都各有其所长同时也都现其所短，因此每一种生命形式皆可全其性葆其真成为属于自己的生命存在，应该让每一种生命存在契合天道自然之律，按照自己朴素的本性活出属于自己的真实状态。

关于中国佛教的生态思想，一方面主张万物因均有佛性而平等，"一切众生皆有佛性"。另一方面倡导珍视生命的价值和尊严，"诸罪之中，杀罪最重；诸功德中，不杀尤要"。这些思想均在各朝各代的环境保护立法和制度中有所呈现。

总的来说，深耕农业几千年的中国人在辉煌的历史中积累了大量朴素的生态智慧，这些智慧不仅蕴含在感悟人与自然内在统一的"天道"中，还蕴含在"照之于天"的伦理德性完善中，贯通儒、释、道的发展，历经秦汉、隋唐、宋明的演变，成为贯穿中华文化历史叙事的重要主题主线，影响着中国古代政治经济和社会生活的方方面面，亦作为中华优秀传统生态文化成为人与自然和谐共生现代化的重要文化"基因"。

(三) 借鉴西方生态理论

人与自然和谐共生现代化是中国共产党合理借鉴了诸如生态学马克思主义

---

〔1〕 苏南注评：《道德经注评》，江苏古籍出版社2001年版，第48页。
〔2〕 参见陈鼓应注释：《庄子今注今译》，中华书局2016年版，第487~513页。

等西方生态理论，在超越生态中心主义和现代人类中心主义的生态思潮的基础上，结合了当前全球生态治理的现状，提出的独到的中国方案和共建美丽清洁世界的现实途径。

在对人与自然关系的讨论中，生态中心主义与现代人类中心主义产生了巨大的分歧。生态中心主义的生态思想是以生态科学所揭示的有机论和整体论的哲学世界观和自然观为基础的，其专注的是如何建构人类应当承担保护自然、亲近自然的责任和义务的伦理原则。具体而言，生态中心主义以建立生态中心主义价值观为前提，以保持生态系统的整体协调性作为目标，抵制科技的革新和应用，抵制人们对于经济增长的渴望，抵制人们任何对自然的利用和改变，事实上，将生态文明的核心视作人们对自然的服从，用牺牲个体的价值作为代价去保持人与大自然的协调。这其实就是基于反对进步并且依赖后现代主义的观点去诠释并理解人与大自然的和谐共生关系。现代的人类中心主义坚持的是近代的主体、客体二元对立的机械论的哲学世界观和自然观。尽管它肯定了科技革新及其使用、以及经济增长在处理生态问题上的关键作用，但这些都是为了满足资本追求利润和资本主义经济可持续发展的。他们将生态文明的核心理念理解为保障资本主义的再生产自然条件的环境保护，同时也将人类与大自然的和解视作为为达成资本主义的经济的可持续发展，必须履行的环境保护职责。但资本追逐利润的本性又决定了必然会不断扩张其生产体系，这使得人类与自然之间的和谐共生关系难以达成，并可能加剧生态问题。尽管生态中心主义和现代人类中心主义的生态观念在理解生态文明的核心以及人与自然的和谐共生关系上有所差异和争议，但它们的理论基础都是割裂自然观和历史观的辩证统一。

西方生态文明理论还有着一支以历史唯物主义关于自然观和历史观辩证统一的生态共同体思想为基础的流派，即生态学马克思主义。生态学马克思主义的基本特征是："运用马克思主义立场、观点和方法研究人和自然关系为主题的西方马克思主义新流派。它把资本主义制度及其生产方式看作是当代生态危机的根源，揭示了资本主义制度下技术非理性运用的必然性，强调解决当代生态危机的途径在于实现社会制度和道德价值观的双重变革，实现生态社会主义社会。"[1]概括来说，"生态学马克思主义"提出了一种观点，即资本主义制度在本性上是反生态，它指出当前的生态危机主要源于资本主义制度和生产方式以及资本的全球化运动。这种基于物质欲望和追逐利润的资本主义价值观会加剧环境恶化，而资本贪婪求利的特性也使得科学技术沦为操控人类和自然资源的手段。为了缓解这一生态困境，我们必须推翻非正义的资本主义制度和生产方式，创造一种既符合生态逻辑，又能保障贫困人群基本生活需求的生态社会主义社会。同时，我们也应该确立一种以全人类利益和长期利益为核心的真实的人类中心主义价值观，或者是建立反对违背生产本性的具有反资本主义性质的生态中心主义价值观。关于生态文明的核心问题，生态学马克思主义主张，生态文明的目标并非将我们引回贫穷的境地，也没有彻底否定工业化的趋势。相反，它提倡一种超越传统的新的思维模式、自然理念、进步途径以及生活习惯。这种理念的实现，就是利用工业化的科学进步来释放我们的思维，使我们避免陷入过度消费的生存陷阱，从而使得工业文明的技术革新和经济效益能够更好地满足人类的全面自由发展的需求。

可以看出，基于历史唯物主义中的自然观和历史观辩证统一的关系，生态学马克思主义致力于阐释人与自然和谐关系，主张要达到这种平衡状态，首先，要调整好人与人之间的生态环境利益分配，确保环境正义；其次，技术进步和经济发展应以遵循生态理性并满足贫困人口最基本生存需求为基础。因此，人与自然的和谐共处实际上是依赖于人与人之间的和谐互动及符合生态逻辑的技术革新和经济扩张。"虽然国外马克思主义者坚持了马克思主义的实践性，坚持了社会主义方向，但他们对于科学社会主义的反思，对于现实社会主义实践的批判和未来社会主义的探索，并没有实践经验的支持，不少只是观念的演绎，只是激进的批判理论，没有现实的可操作性，但我们可以从中汲取合理成分，丰富和巩固中国社会主义理论。"[2]

（四）继承中国共产党历届领导集体的生态治理经验

人与自然和谐共生现代化的理论渊源，还有一个维度是基于中国共产党历

---

[1]　王雨辰：《生态学马克思主义与生态文明研究》，人民出版社 2015 年版，第 5 页。

[2]　陈学明：《论当代西方马克思主义》，载《西南林业大学学报（社会科学）》2017 年第 1 期，第 1~14 页。

届领导集体带领全国人民推进社会主义现代化建设过程中的经验教训总结而来的。如果我们在"大历史观"视野中审视这段发展历程，在思想进程中抛弃偶然性，以逻辑的必然性把握历史，我们发现坚持党的领导是根本所在、坚持社会主义制度是方向所在、坚持人民为中心是目的所在、坚持坚持党创新理论是旗帜所在、坚持改革开放是动力所在。这些深刻的历史启示对深入探讨人与自然和谐共生的内涵与实质，助力建设和谐美丽的中国式现代化具有重要的理论和实践价值。

1. 坚持党的领导是根本所在

中国特色社会主义最本质的特征是中国共产党领导，中国特色社会主义制度的最大优势是中国共产党领导，坚持和完善党的领导，是中国革命、建设、改革不断取得胜利最根本的保证。我国的生态文明建设之所以能够坚持不懈、成效显著，就是因为它是在党的领导下进行的。生态文明建设是一项系统工程，涉及整体与局部、长远与短期、不同群体与阶层之间的利益博弈，这需要一个极高政治权威的政党进行协调，而这正是中国共产党的绝对优势。中国共产党具有强劲的政治领导力、思想引领力、群众组织力和社会号召力。历史和现实都证明，没有中国共产党，就没有生态文明建设的辉煌成就。在我们这个人口众多、人均自然资源极其有限的国家，中国共产党不仅解决了人民的温饱问题，还带领人民进入全面小康，实现了从站起来、富起来到强起来的历史转变。与此同时，还把生态环境也作为基本民生问题，从思想、法律、体制、组织等方面进行统一谋划实施，从整体目标、制度体系、体制改革、重大举措等方面进行全面部署推动，力求为人民群众提供良好的生态环境。新时代以来，党中央围绕大力推进生态文明建设开展了一系列根本性、开创性、长远性工作。从国家主体功能区战略的组织实施到以国家公园为主体的自然保护地体系的创建，从打赢打好污染防治攻坚战到开展中央生态环保督察，从加快生态文明体制改革到积极参与全球环境和气候治理等，美丽中国建设的整体战略有序推进，体现了我们党加强生态文明建设的坚定意志和坚强决心，充分证明党的领导是生态文明事业不断发展的根本保证。

坚持党的领导是生态文明建设的根本保证，这条从实践中总结出来的宝贵经验必须毫不动摇地坚持下去，只有充分发挥党总揽全局、协调各方的巨大政治优势，把党的领导落实到美丽中国建设各方面各环节，生态文明建设才会行稳致远，才能够确保良好的生态环境不仅能惠及当代，还能延及子孙。

2. 坚持社会主义制度是方向所在

无论搞革命、搞建设、搞改革，道路问题都是最根本的问题。社会主义道路是党带领全国人民走出的一条正确道路，这条坚持独立自主走出的道路是不断推进社会主义现代化全部理论和实践的立足点，也是我们党百年奋斗得出的基本结论，它不仅让我们创造出人类历史上前无古人的发展成就，还具有了能够集中力量办大事的社会主义制度优势。生态文明建设的成功，在很大程度上得益于社会主义制度的优势。新中国成立后，在面对各类环境污染、生态破坏成为民生之痛时，生产资料公有制有助于国家通过宏观调控手段将有限的资源集中建设完成一批国家需要的重大项目，如丹江口水利枢纽工程、三峡工程、南水北调工程等重大水利水电工程，以及"三北"防护林体系建设工程等，有效解决了资源危机和环境恶化等问题。在面对发展与环保之间的矛盾时，公有制推动产业转型升级和实现高质量发展方面的引领作用更为突出。而按劳分配原则兼顾生态公正与社会公正，有利于缩小贫富差距、推进共同富裕，这恰恰也是实现人与自然和谐共生的基础。可见，中国特色社会主义制度为生态文明建设提供了坚实的制度基础和广阔的发展空间，在促进绿色技术革新、推动社会公平和生态正义、完善生态环境法治保障、加快经济社会发展全面绿色转型、加快推进人与自然和谐共生的现代化等方面展现出其独特的价值和深远的意义。

3. 坚持以人民为中心是目的所在

中国共产党自成立以来始终与广大人民站在一起，代表了中国最广大人民的根本利益，坚持全心全意为人民服务。中国共产党开展生态文明建设之所以能够持之以恒、久久为功，就是因为其始终把人民对富足和美好生活的向往作为奋斗目标，为了人民进行生态治理，依靠人民进行生态治理，通过生态治理为人民谋幸福。坚持以人民为中心是党领导人民进行生态文明建设的根本立场，它与实现"人与自然和谐相处"的理念在本质上是一致的。

新中国成立以来，为了满足人民日益增长的物质和文化需要，党领导人民大力开展农林水利建设。从上世纪 70 年代的北京官厅水库治污工程到上世纪 90 年代的"三河""三湖"水污染防治，再到 21 世纪初大力推进主要污染物总量减排，我国污染防治力度持续加大，努力为人民群众创造良好生产生活环境。特别是党的十八大以来，坚决向污染宣战，全面推进蓝天、碧水、净土保卫战，解决了一大批关系民生的突出环境问题，人民群众生态环境获得感幸福感安全感持续增强。加强生态文明建设虽然是人民群众追求高品质生活的共识和呼声，但美丽中国建设离不开每一个人的努力。从植树造林开始，我们一直实行全党动员、全民动手，地方和部门一起抓，发挥机关、部队、企业、学校和各行各业的作用，共同参与。经过长期努力，国土绿化工作已经取得显著成就，河北塞罕坝更是创造了荒原变林海的人间奇迹。新时代以来的生态文明建设，也生动验证了广大人民群众不仅是受益主体，更是参与主体。但当前，我国生态环境同人民群众对美好生活的期盼相比还有较大差距，因此必须牢记坚持良好生态环境是最普惠的民生福祉，持续改善生态环境质量，提供更多优质生态产品，不断满足人民日益增长的优美生态环境需要。必须始终坚持以人民为中心的发展思想，始终站稳人民立场，把握人民愿望，尊重人民创造，激发人民力量，不断实现人民对美好生活的向往。

4. 坚持党创新理论是旗帜所在

把马克思主义基本原理同中国具体实际相结合创生出的党的理论体系是指引党和人民沿着中国特色社会主义道路实现中华民族伟大复兴的正确理论，也是立于时代前沿、与时俱进的科学理论。中国共产党在生态文明建设过程中，继承发展了马克思主义关于人与自然关系的思想，并进行了理论创新。从毛泽东同志要求保护生态环境、提高资源使用效益，到邓小平同志强调走人与自然协调发展道路，再到江泽民同志提出在现代化建设中必须实施可持续发展战略，再到胡锦涛同志要求贯彻落实科学发展观，我们党对生态环境保护的认识和理念不断深化。党的十八大以来，习近平总书记围绕生态文明建设做出一系列重要论断，深刻回答了为什么建设生态文明、建设什么样的生态文明、怎样建设生态文明等重大理论和实践问题，系统形成习近平生态文明思想，把我们党对生态文明建设规律的认识提升到一个新高度。习近平生态文明思想这一创新理论将历史、现实与未来三重视角统一起来，从人类史与自然史的相互关系中揭示了生态兴则文明兴的生态史观，体现了生态文明建设的必然性。同时将马克思主义关于人与自然关系的思想、中华优秀传统文化中的生态智慧以及中国共产党人的生态文明建设经验结合起来，有效回应和解决了中国现代化进程中的生态环境问题。习近平生态文明思想是一种与时俱进、与实践同行的鲜活理论，为生态文明建设注入深厚的文化内涵和创新动力，它也将随着新时代生态文明建设实践的持续推进而不断创新完备，因为不断谱写马克思主义中国化时代化新篇章，是当代中国共产党人的庄严历史责任。

5. 坚持改革开放是动力所在

改革开放致力于增强社会主义现代化建设的动力和活力，是实现中华民族伟大复兴的关键一招，也是建设生态文明和美丽中国的真正驱动力。因为生态文明是人类文明形态的一场重大革命，是发展理念、发展方式的根本转变，涉及政治、经济、文化、社会建设方方面面，并与空间格局、产业结构、生产方式、生活方式，以及价值理念、制度体制紧密相关，是一项全面而系统的工程，是一场全方位、系统性的绿色变革。生态文明建设一路探索至今，从 1973 年的32 字环保方针到八项环境管理制度，再到建立生态文明制度体系；从 1979 年环境保护法颁布试行，到基本形成覆盖大气、水、土壤、自然生态等主要环境要素的法律法规体系；从 1984 年在城乡建设环境保护部设立环境保护局，到 2018年组建生态环境部，我国生态环境保护的法律制度体系和体制机制不断完善，最严格制度和最严密法治保障正是基于实践，通过不断改革慢慢实现的。生态文明建设是一项前无古人的开创性事业，必然会遇到各种难以预料的困难挑战，必须自觉把改革摆在更加突出位置，敢于斗争并善于运用改革的法宝，紧紧围绕推进生态文明建设进一步全面深化改革，不断提升生态环境治理体系和治理能力现代化水平，充分利用综合、互补和协调的发展和保护方法，统筹保护和发展，实现人与自然和谐共生的高质量发展。

可见，中国共产党历届领导集体在带领人民不断推进社会主义现代化建设进程中，根据不同的历史时期的社会状况来制定各种方法和策略以开展相关的生态探索与实践，积极改善和优化人与自然关系，从而奠定了实现人与自然和谐共生现代化的坚实实践基石。提出生态文明建设，这是中国共产党面对日益严峻的生态问题反思后的有力回应。把生态文明建设纳入"五位一体"总体布局，提升到全面建成小康社会的价值诉求的战略位置，继而"坚持人与自然和谐共生"[1]，并在全面建成小康社会后指出，"中国式现代化是人与自然和谐共生的现代化"。[2]这都是中国共产党对建设什么样的生态文明、怎样建设生态文明的深入探索。我们要将中国共产党历届领导集体的生态治理经验继承发

---

〔1〕 习近平:《习近平著作选读》（第 2 卷），人民出版社 2023 年版，第 20 页。

〔2〕 习近平:《习近平著作选读》（第 1 卷），人民出版社 2023 年版，第 19 页。

扬下去，努力完成建设生态文明、建设美丽中国的战略任务，开创社会主义生态文明新时代，赢得中华民族永续发展的美好未来。

二、人与自然和谐共生现代化的科学内涵

近年来，有关人与自然和谐共生现代化的研究成果颇丰，主要聚焦在人与自然和谐共生、中国式现代化、社会主义生态文明等主题，涉及对人与自然和谐共生现代化的理念内涵、基本特征以及方法路径的研究。但总体来说，各方面的研究都尚不充分深入，理论成果尚不能满足指导实践的现实需求。因此，进一步深化对人与自然和谐共生现代化基本内涵的理解，有助于探寻出人与自然和谐共生现代化的科学构建路径。

（一）澄清前提概念

人与自然和谐共生的现代化作为一个理论命题，这里面涉及到的相关概念如何界定，概念之间的联系和制约如何把握，只有做好最基础的理论前提的澄清，才能全面、科学、准确地阐释出人与自然和谐共生现代化的理论内涵。

1. "现实的人"

人类思想史上对人的存在的理解观点各异，马克思认为人是"现实的人"[1]。"现实的人"首先是自然属性的人，但如果仅仅把人理解为自然属性的人，则是对人的降格。在马克思看来："当人开始生产自己的生活资料……人本身就开始把自己和动物区别开来。"[2]这就是说，人开始独立生产出自身需要的物质生活资料之时，才是一个人真正开始获得了人之所以能成为一个人存在的最根本的规定条件之时。只有当人超越纯粹的自然定在，开始把自己和自然当作活动对象的类意识出现之后，人才成为类存在，成为一种在不同形式的社会生存条件下不断地完成自身再生产过程的社会存在物。从人的社会历史性方面来分析人的本质，人的本质是"一切社会关系的总和"[3]，具体的社会环境决定了社会关系的变化性，这也就揭示了根本不存在被人抽象出来的，且永恒不变的"类本质"。也就是说，人并不是一种具有"现成性"

---

〔1〕《马克思恩格斯文集》（第1卷），人民出版社2009年版，第218页。
〔2〕《马克思恩格斯文集》（第1卷），人民出版社2009年版，第519页。
〔3〕《马克思恩格斯文集》（第1卷），人民出版社2009年版，第501页。

特征的社会存在，而是一种"生成性"的社会存在，人通过自己的物质资料生产活动，不仅生成了属人的自然界，还不断地实现自身的迭代和发展。因此，人的自我规定的"生成性"也决定了它的"历史性"和"现实性"。

2. "现实的自然界"

关于"自然"的概念理解主要有两种：一种是与人无关的、人尚未可知"自在自然"，一种是烙印着人类意志的"人化自然"。人化自然与人的实践活动密切相关，是相对于"现实的人"的"现实的自然界"[1]。马克思不仅从现实的人出发去解释人，而且从现实的人出发去解释自然。自然是随着现实的人的历史发展变化着的"现实的自然"，而不是抽象的自然。这种现实的自然总是在特定的历史条件下、在特定的生产力水平中人们认识和改造的自然，是此时此刻的现实的人生活于其中的自然。基于实践基础，人会"认识到自身和自然界的一体性，那种关于精神和物质、人类和自然、灵魂和肉体之间的对立的荒谬的、反自然的观点，也就越不可能成立了"[2]。所以，从实践出发理解人与自然，自然是在实践中向人涌现意义上的"现实的自然界"，人与自然在实践中相互生成与统一。

3. 人与自然和谐共生

人与自然的和谐共生的命题汲取了"天人合一"这一优秀传统文化的思想，将人与自然视为一个相互关联、相互影响的整体。其中，"和"与"谐"两者实质具有同一性。《说文》解释："和，相应也"。《尔雅》解释："谐，和也"。"共生"意为人与自然同存同荣，是生命共同体。"和谐共生"作为一种思想，是我们行动的指南和追求的目标，它对于妥善处理人与自然的关系具有重要的影响；而"和谐共生"作为一种实践，则是这个思想的延伸和发展，使人类不断接近于人类社会的理想状态。可见，人与自然的和谐共生这一命题不仅是理论与实践的具体的历史的统一，也是对中华优秀传统文化创造性转化和创新性发展的逻辑必然。

在马克思看来，人与自然的关系、人与人的关系是人类社会最基本的两大关系。人类历史的首要前提就是"现实的人"的存在和"个人的肉体组织

---

〔1〕《马克思恩格斯文集》（第1卷），人民出版社2009年版，第218页。

〔2〕《马克思恩格斯文集》（第9卷），人民出版社2009年版，第560页。

以及由此产生的个人对其他自然的关系"。[1]马克思所追求的目标就是实现：
"人类与自然的和解以及人类本身的和解"，[2]即人与自然的和谐共生及人与
人的和谐相处。因为，"人创造环境，同样，环境也创造人"，[3]当我们把人
理解为生成中的人，把自然把握为生成性的自然，这样就赋予了人与自然关
系以巨大的历史感。人与自然的关系经历了敬畏自然、征服自然，再到和谐
共生的历史演进。这个过程中人类意识到如果不从生命共同体的角度考虑生
存与发展，人类自身的可持续发展根本无法获得有效保障。于是人与自然之
间的关系从人作为主体主宰自然客体转向强调人与自然是生命共同体，追求
人与自然的和谐共生。总的来说，人与自然和谐共生揭示了马克思主义自然
观的科学内核，是马克思主义自然观的中国表达。

4. 传统与现代、普遍与特殊融汇的现代化

现代化是一场深刻的社会革命，是人类社会从传统的农耕文明向现代工
业文明转型的历史过程，也是以资本和科技为支撑的世界市场推进"世界历
史"的一种必然性进程，更是冲击经济、社会、文化、思想领域并塑造维度
丰富、多阶段、多层次的"现代性"的历史过程。毫无疑问，起源于西方的
工业文明正是引发人类与自然界的矛盾及生态环境问题的源头。这种人与自
然关系的紧张和生态问题主要来自过度开发的生产观、异化的消费观以及扭
曲的价值观，其根本在于资本主义制度下的生产方式及其资本逻辑打开了资
源耗竭、环境灾难、生态危机的"潘多拉魔盒"。历史事实表明，西方资本主
义现代化道路并不具有普适性，中国式现代化批判反思了西方资本主义传统
现代化道路，扬弃并超越了西方资本主义传统现代化的一元化模式，打破了
资本主义传统现代化不可持续的藩篱，明确了生态化在整个现代化进程中的
特殊重要性，要求建设人与自然和谐共生的现代化。人与自然和谐共生现代
化扬弃了传统现代化人与自然的对立，秉持既合理利用自然又反对人类中心
主义、既保护生态环境又反对生态中心主义的理念，为实现人与自然的真正
和解铺设了一条新路。

人与自然和谐共生现代化是以马克思主义基本原理为前提，在世界现代

---

[1] 《马克思恩格斯文集》（第1卷），人民出版社2009年版，第519页。
[2] 《马克思恩格斯文集》（第1卷），人民出版社2009年版，第63页。
[3] 《马克思恩格斯文集》（第1卷），人民出版社2009年版，第545页。

化的进程中，在中国实现社会主义现代化的民族复兴进程中，对现代化理论的深化认识和实践总结，是探索生态文明建设的一种高度自觉。建设人与自然和谐共生的现代化要全面贯彻习近平生态文明思想，积极推动中国式现代化发展。

（二）划定内涵界限

人与自然和谐共生的基本内涵，简单说就是遵循马克思恩格斯"两大和解"理论，基于现时代的实践样态，努力构建人与自然的和谐关系，践行"人与自然是生命共同体"[1]和"人类命运共同体"[2]的理念原则，实现人、自然、社会高度和谐统一的社会历史的生态文明形态，而这种社会历史的生态文明形态在现时代的具体呈现就是实现生态可持续和人全面发展的中国式现代化。具体而言，人与自然和谐共生现代化需要坚持人与自然和谐共生的自然观、坚持绿水青山就是金山银山的发展观、坚持良好生态环境是最普惠民生福祉的价值观、坚持山水林田湖草是生命共同体的系统观、坚持用最严格制度最严密法治保护生态环境的制度观、坚持共谋全球生态文明建设的全球观，以达成生态化与现代化的辩证统一。

1. 坚持人与自然是生命共同体的科学自然观

在论述人与自然关系时，习近平总书记明确指出："人与自然是生命共同体，无止境地向自然索取甚至破坏自然必然会遭到大自然的报复。"[3]在"人与自然是生命共同体"的语境中，促进人与自然和谐共生，是既要保护好自然生态环境，也要推进社会高质量发展，在保护生态和改善环境的过程中，不断提升人民的生活质量和生活水平。这意味着，人类在改造自然推进社会发展的过程中，要自觉遵守自然规律，避免因自然的报复而使人类社会走向毁灭。所以习近平总书记提出："尊重自然、顺应自然、保护自然，是全面建设社会主义现代化国家的内在要求。"[4]它表明树立科学的自然观是由社会主义的基本原则和现代化发展的必然趋势所决定的。因此，必须坚持节约资源和保护环境的基本国策，走生产发展、生活富裕、生态良好的文明发展道路，构建人与自然和谐发展的现代化建设新格局。

---

〔1〕 习近平：《习近平著作选读》（第2卷），人民出版社2023年版，第170页。

〔2〕 习近平：《习近平著作选读》（第1卷），人民出版社2023年版，第561页。

〔3〕 习近平：《习近平著作选读》（第1卷），人民出版社2023年版，第19页。

〔4〕 习近平：《习近平著作选读》（第1卷），人民出版社2023年版，第41页。

2. 坚持绿水青山就是金山银山的绿色发展观

习近平总书记提出了"绿水青山就是金山银山"[1]的"两山论"。这一论断比较科学地阐述出了当代马克思主义生态经济学的基本观点,为我国坚持绿色可持续发展战略奠定了理论基石。"两山论"理论上要求平衡处理好发展和保护的关系,实践指向是构建和完善生态经济体系,即建立和健全以产业生态化和生态产业化为主导的生态经济体系。一方面是要求生态要产业化。如果我们能够把"生态环境优势转化为……生态经济的优势"[2],那么生态价值就会等同于经济价值,发挥经济价值的作用;生态效益就会统一于经济效益,发挥经济效益的作用。让生态发挥最大价值,让其促进经济效益的发展,"那么绿水青山也就变成了金山银山"[3]。另一方面还要求产业要生态化。基于生态科技的飞速发展,生产力生态化发展已经成为世界先进生产方式形成的一个明显标志。生态化生产力的核心指向就是指在各个生产环节中贯彻实现人与自然和谐共生的生态化准则,实现生产要素、环节、目标等的生态化转型,最终达成整个经济运行体系的生态化转型。构建人与自然和谐共生现代化的经济体系,既是贯彻新发展理念、实现区域平衡发展、优化产业结构的主旨所在,也是建成高质量现代经济体系的重要组成部分,从而实现经济、社会与环境的协调和可持续发展。

3. 坚持良好生态环境是最普惠民生福祉的民生价值观

习近平总书记提出"良好生态环境是最公平的公共产品,是最普惠的民生福祉"[4],这指明了人与自然和谐共生现代化建设的价值取向,即坚持以人民为中心,满足人的全面性需要,促进人的全面发展。作为马克思主义政党,中国共产党始终坚持以人民为中心的根本宗旨,在生态文明建设过程中,努力践行生态为民、生态利民、生态惠民。

从社会生产来看,建设人与自然和谐共生的现代化要使社会生产不再单纯围绕利润而展开,而是让人的真实需要成为社会生产的重要取向。不仅强

---

[1] 中共中央文献研究室编:《习近平关于社会主义生态文明建设论述摘编》,中央文献出版社2017年版,第21页。

[2] 习近平:《之江新语》,浙江人民出版社2007年版,第153页。

[3] 习近平:《之江新语》,浙江人民出版社2007年版,第153页。

[4] 中共中央文献研究室编:《习近平关于社会主义生态文明建设论述摘编》,中央文献出版社2017年版,第4页。

调代内能够平等地享有作为公共产品的自然生态环境，而且还要求生态福祉实现良性循环和代际传递，确保子孙后代依旧能够有"天蓝、地绿、水清的生产生活环境"。[1]这是在人与自然和谐共生现代化建设中切实遵循以人民为中心的价值取向的具象表达。虽然目前我国生态文明建设成效显著，但对标人民美好生活的生态需要，生态文明建设依然任重道远。人与自然和谐共生不仅仅是单纯的环保问题，抑或经济问题，而且也是影响社会和谐稳定、关系党和国家前途命运的重大政治问题。借助人与自然和谐共生现代化建设的有益成果，充分保障人民对美好生活日益增长的期望与要求，进一步彰显了生态文明为民和惠民的根本目标，这是党对人民幸福美好期许的兑现。从社会生活来看，反对奢侈浪费和不合理消费，使人摒弃物欲化，构建一种简约适度、绿色低碳的、超脱"单向度"的、进而达成自由而全面发展的、全新的人的生活方式。同时，坚持以人民为中心除了为了人民，还有一个重要维度是要"依靠人民"，所以要培育广泛的社会动员机制，充分发挥人民的创造性，让实现人与自然和谐共生现代化成为全体人民共建共治共享的伟大事业。

4. 坚持山水林田湖草是生命共同体的系统治理观

习近平总书记指出："山水林田湖是一个生命共同体"[2]，深刻阐述了自然内部要素之间共存共荣的关系，强调事物的普遍联系性、自然的系统性和整体性。这也就意味着在生态治理的过程中，不能人为地割裂自然生命共同体的诸要素，而"要统筹山水林田湖草沙系统治理，实施好生态修复工程，加大生态系统保护力度，提升生态系统稳定性和可持续性"[3]。这首先需要建立系统治理的认知体系，明晰各要素在生态系统和经济社会发展系统中的重要价值，充分重视这些要素自身有限的承载能力、系统承受能力，以及经济、自然和生态的相关规律。然后以此为基础，充分考虑生态系统的整体性和系统性，再对生态系统进行统筹规划、全面治理。与此同时，还应充分考虑生态治理的地区差异性以及意识到一个完整的生态系统也时刻处在矛盾运

---

〔1〕　中共中央文献研究室编：《习近平关于社会主义生态文明建设论述摘编》，中央文献出版社2017年版，第20页。

〔2〕　中共中央文献研究室编：《习近平关于社会主义生态文明建设论述摘编》，中央文献出版社2017年版，第55页。

〔3〕　习近平：《论坚持人与自然和谐共生》，中央文献出版社2022年版，第197页。

动之中，因此需要有针对性地对不同生态系统实施最符合当时当地的生态修复和保护方案，宜封则封、宜造则造、宜保则保、宜用则用、宜乔则乔、宜灌则灌、宜草则草、宜田则田。总之，统一保护、系统治理、统筹优化山水林田湖草沙各生态要素，对人类健康生存与永续发展具有重大意义，是推进绿色发展、建设美丽中国、实现人与自然和谐共生的中国式现代化的重要途径。

5. 坚持用最严格制度最严密法治保护生态环境的严密法治观

习近平总书记指出："生态环境是关系党的使命宗旨的重大政治问题，也是关系民生的重大社会问题。"[1]因此，要充分发挥党的领导和我国社会主义制度能够集中力量办大事的政治优势，坚持用最严格制度和最严密法治保护自然，统筹推进人与自然和谐共生现代化建设与生态治理现代化建设。习近平总书记指出："保护生态环境必须依靠制度、依靠法治。只有实行最严格的制度、最严密的法治，才能为生态文明建设提供可靠保障。"[2]这要求必须按照源头严防、过程严管、后果严惩的思路，建立有效约束开发行为和促进绿色低碳循环发展的生态文明制度体系，坚决制止和惩处破坏生态环境行为，让保护者受益、让损害者受罚，为生态文明建设提供体制机制保障。因此要"尽快把生态文明制度的'四梁八柱'建立起来"，[3]从体制设计、政府的绿色转型以及环境法治建设等顶层设计上为生态文明建设提供科学指导，为人与自然和谐共生现代化建设实践提供政治保障。十八大以来，我们制定了《生态文明体制改革总体方案》，推动了生态文明领域的体制改革，促进生态、资源和环境治理的科学化、有序化，同时加强了生态文明领域的法治建设。中国共产党一直以高度的政治担当，在推进全面建成社会主义现代化的进程中，不断提升生态文明建设的政治力度，致力于开创建设人与自然和谐共生现代化的新局面。

6. 坚持共谋全球生态文明建设的全球共赢观

习近平总书记指出："坚持推动构建人类命运共同体。"[4]人类只有在自

---

〔1〕 习近平：《习近平著作选读》（第2卷），人民出版社2023年版，第169页。

〔2〕 中共中央文献研究室编：《习近平关于社会主义生态文明建设论述摘编》，中央文献出版社2017年版，第99页。

〔3〕 中共中央文献研究室编：《习近平关于社会主义生态文明建设论述摘编》，中央文献出版社2017年版，第109页。

〔4〕 习近平：《习近平著作选读》（第2卷），人民出版社2023年版，第21页。

然生态安全的基础之上才能实现永续发展，因此从生态文明的角度来看待人类命运共同体，意味着我们需要站在人类文明进步的历史高度，增强不同文明间的交流借鉴，推动人类社会由竞争走向合作，加强生态环境治理的多主体参与和全球性统筹，共同谋划全球生态文明建设，共建清洁美丽世界、共建地球生命共同体。习近平总书记明确指出："我们要解决好工业文明带来的矛盾，以人与自然和谐共处为目标，实现世界的可持续发展和人的全面发展。"[1] 目前，生态危机伴随着工业文明成为全球挑战，没有哪个国家可以置身事外，独善其身。国际社会应该携手同行，构筑尊崇自然、绿色发展的生态体系，保护好人类赖以生存的地球家园。但西方个别国家打着自己的小算盘，用"甩锅""污名化""退群"等小伎俩逃避全球环境治理责任。与此形成鲜明对比的是，中国作为世界上最大的发展中国家，正积极推进人与自然和谐共生现代化建设，不仅定期定量的碳达峰碳中和庄严承诺的践行改变着中国，造福中华民族、惠及子孙后代，全球气候、一带一路等国际合作，也对世界产生了良好的引领作用和示范效应，中国已经成为全球环境治理的无私奉献者、主动参与者和积极引领者。中国正在推进的这场影响深远、意义深邃的人与自然和谐共生现代化建设，是中国秉持人类命运共同体理念，为建设和谐清洁美丽世界、维护全球生态安全、推动全球人与自然和谐共生、人类文明永续发展担当的国际责任、作出的世界贡献，极大地彰显了人与自然和谐共生现代化建设的世界意义。

总之，人与自然和谐共生的现代化，是基于习近平总书记生态文明的指引，追求人类社会与自然的和谐共存共生共荣，以推动经济社会的全面绿色变革为导向，以满足人民日益增长的优美生态环境需要，达成人的全面发展为目标，构建具有中国特色的和谐美丽的现代化家园的发展道路。人与自然和谐共生的现代化在生态维度上赋予了现代化新的内涵，在人的全面发展高度上建立起了人与自然新的和谐关系，实现了现代化与生态化的有机统一。

（三）把握基本特征

建设人与自然和谐共生的现代化，在组织领导上，体现为离不开党的领

---

〔1〕　中共中央文献研究室编：《习近平关于社会主义生态文明建设论述摘编》，中央文献出版社2017年版，第131页。

导；在目标导向上，体现为以建设美丽中国为目标引领；在发展方法上，体现为生态理性规范和引导经济理性的绿色发展；从构成领域来看，体现为将生态原则贯穿于"五位一体"的现代化中，实现社会主义生态文明与社会主义现代化的统一。

1. 组织领导体现为离不开党的领导

坚持党对人与自然和谐共生现代化的全面领导既是中国特色社会主义最本质的特征，也是中国特色社会主义制度的最大优势。习近平总书记强调，"各级党委和政府要提高政治判断力、政治领悟力、政治执行力，心怀'国之大者'，担负起生态文明建设的政治责任"。[1]因为生态文明建设关涉我们党的宗旨使命，也决定着中华民族的永续发展。公平供给生态公共产品、普惠增进生态福祉等生态环境问题的解决，都必须借助强大的国家力量。中国共产党具有强大的政治领导力、思想引领力、群众组织力和社会号召力，坚持党对人与自然和谐共生现代化建设的全面领导，着眼建设的长远效应，追求公共利益，有效避免了西方政党轮番执政追求的短期效应和局部利益，大大增强了建设的执行力和整体效能，为其他国家尤其是发展中国家提升绿色发展能力和治理效能提供了中国智慧和中国方案。坚持和加强党的全面领导，要充分发挥党在价值引领、利益协调、资源整合、监督问责等方面的作用，通过顶层设计、制度创新和基层组织建设引领人与自然和谐共生现代化稳步实现。

2. 目标导向体现为建设美丽中国

党的十八大以来一直强调建设美丽中国，并要求"以美丽中国建设全面推进人与自然和谐共生的现代化"，[2]这表明建设美丽中国是推进人与自然和谐共生现代化的题中之义。建设美丽中国是为了解决生态领域不平衡不充分发展问题的现实需要，即致力打造一个宜人的生产生活空间，并提供优质的生态产品，以持续满足公众对良好生态环境的需求。客观来说，人与自然和谐共生现代化建设目前仍然面临着资源约束趋紧、生态问题叠加暴发等多重压力，因此必须加速推进生产生活模式转向绿色低碳，推动自然环境持续改

---

〔1〕 习近平：《习近平谈治国理政》（第4卷），外文出版社2022年版，第366页。

〔2〕 习近平：《以美丽中国建设全面推进人与自然和谐共生的现代化》，载《求知》2024年第1期，第4~7页。

善。党的二十大报告做出了全面建成社会主义现代化强国的战略安排，提出了未来五年美丽中国建设要取得显著成效的阶段性目标，2035 年要"生态环境根本好转，美丽中国目标基本实现"[1]的中长期目标，美丽中国建设将通过制定时间表、划定路线图在实践中逐步贯彻落实，它是人与自然和谐共生现代化的外在形式和阶段性目标导向。

3. 根本方法体现为推动绿色发展

党的二十大报告中明确指出，要"推动绿色发展，促进人与自然和谐共生"。[2]因为"生态环境问题归根结底是发展方式和生活方式问题"。[3]，所以促进人与自然和谐共生，必须立足马克思主义自然观，破解经济发展与生态保护之间的难题，倡导同人与自然和谐共生相匹配的绿色生产方式和绿色生活方式。绿色生产方式需要牢固树立"绿水青山就是金山银山"[4]理念，彻底规避以牺牲资源环境为代价换取发展的短视行径，集成科技赋能和创新驱动合力，"协同推进新型工业化、信息化、城镇化、农业现代化和绿色化"[5]。消解绿色发展运行中由工业化、信息化、城镇化、农业现代化的"并联式"发展带来的叠加式环境、生态、资源问题，兼顾经济效益、社会效益和生态效益。另一方面，倡导绿色生活方式，坚决抵制物欲主义、消费主义、享乐主义等社会异化现象，提振生态文明理念、强化和谐共生意识，重塑新时代人与自然和谐共生现代化建设的新氛围。总的来说，绿色发展作为新时代的一种新发展理念不仅可以助推社会高质量发展，而且也是促进人与自然和谐共生的根本方法。

4. 构成领域体现为将生态原则贯穿于"五位一体"总体布局

人类社会是一个有机整体，在当代中国社会主义的"五位一体"总体布局中，形成了推动社会结构全面建设发展和社会整体文明和谐进步的有机系统。其中，经济结构是社会其他构成结构的重要物质基础，带动了我国社会

---

〔1〕 习近平：《习近平著作选读》（第 1 卷），人民出版社 2023 年版，第 20 页。

〔2〕 习近平：《习近平著作选读》（第 1 卷），人民出版社 2023 年版，第 41 页。

〔3〕 习近平：《习近平著作选读》（第 2 卷），人民出版社 2023 年版，第 171 页。

〔4〕 中共中央文献研究室编：《习近平关于社会主义生态文明建设论述摘编》，中央文献出版社 2017 年版，第 21 页。

〔5〕 中共中央文献研究室编：《十八大以来重要文献选编（中）》，中央文献出版社 2016 年版，第 486 页。

物质文明的全面发展；政治结构是社会其他构成结构的重要制度性保障，推动了我国社会政治文明的全面进步；文化结构是社会其他构成结构的灵魂，促进精神文明进步并以强大的软实力奠定综合竞争力；小社会结构是社会其他构成结构的根本，展现了社会和谐的文明成果；在这些结构中，生态环境一直处于前置位置，相比其他结构具有前提性地位，是促进其他结构稳定发展的基础条件，为实现我国的社会整体文明水平提升打下了扎实可靠的自然基础。总的来说，我国的特色社会主义事业就是立足切实地维护发展好广大人民群众应该享有的各项经济权益、政治权益、文化权益、社会权益、生态权益等，"推动物质文明、政治文明、精神文明、社会文明、生态文明协调发展"，[1]不断实现和满足人民群众美好生活的伟大事业，是不断促进人与自然和谐以及人与社会和谐的可持续发展的伟大梦想。

总之，人与自然和谐共生现代化是中国共产党立足初心使命，对人民群众日益增长的美好生态环境需求的回应，是对社会主义现代化强国建设美丽中国目标要求的践行，更是对建设清洁美丽世界的愿景追求。

三、人与自然和谐共生现代化与中国式现代化和社会主义生态文明的关系

人与自然和谐共生作为中国式现代化的本质特征之一，在生态维度上拓展了现代化的新内涵，在更深层次上构筑起了人与自然的新联结。展现了与西方资本主义国家现代化进程的本质区别，以及坚持生态文明价值旨归的正确性与必要性，为今后我国生态文明建设和现代化发展均指明了方向。

（一）人与自然和谐共生现代化是中国式现代化的本质要求

中国式现代化是人口规模巨大的现代化，意味着人与自然和谐共生的现代化是资源环境紧约束下的现代化，意味着满足人民美好生态环境需要这一普惠民生福祉目标实现的艰巨性。推动人与自然和谐共生的现代化，必须基于中国庞大的人口基数以及约束愈发趋紧的资源，并结合后发现代化的发展规律与实际，做到像保护眼睛一样保护资源环境，坚持人口与资源环境相适应的原则，做出根本性、全局性、长远性的部署和谋划，从而确保实现人与

---

〔1〕 中共中央党史和文献研究院编：《习近平关于中国式现代化论述摘编》，中央文献出版社2023年版，第286页。

自然和谐共生的现代化之路行稳致远。中国式现代化是全体人民共同富裕的现代化，意味着人与自然和谐共生的现代化是生态财富可持续供给和普惠性共享的现代化。自然资源作为人类生存之基和国民经济循环系统之源，对推进全体人民共同富裕具有十分关键的作用。在自然资源管理视角下"做大蛋糕"就是厚植共同富裕的生态底色，建立健全共富型生态治理机制，在先发展的地区扩大绿色基础设施、公共服务等民生福祉的建设力度，同时在基础薄弱的地区、后发展的地区做好基础保障工作，拓宽"绿色发展"通道。同时要在代内与代际间公平合理配置资源，既要满足和实现当代人的生态共同富裕，又要同时满足和实现子孙后代的价值。中国式现代化是物质文明和精神文明相协调的现代化，意味着人与自然和谐共生的现代化是物质文明与精神文明相得益彰的现代化。一方面要以物质资料生产为主的物质文明为人与自然和谐共生提供物质基础。贯彻新发展理念，坚持节约资源和保护环境的基本国策，同时加强绿色创新发展，保障现代化建设的物质全面丰富。在追求经济增长和生态环境的协调发展的过程中，加速建立具有中国特色的生态文化体系，提升生态系统文化服务的供给能力，营造一种积极倡导生态文化和共同打造美好家园的社会风尚，助力实现现代化建设中人的全面发展最后，中国式现代化是走和平发展道路的现代化，意味着人与自然和谐共生的现代化是彰显生态治理中国智慧的现代化。中国要积极宣传中国在生态文明建设和生态环境保护方面的进展，提升生态文明治理的全球影响力与倡导优势，坚持共谋全球生态文明建设之路，共建人类命运共同体和地球生命共同体，努力实现全人类对清洁美丽世界的共同愿景。

习近平总书记对于全球形势的深刻见解是，当今世界正面临百年未有之大变局。其中，"变"体现了国际政治经济格局的激荡多变与深刻调整，而推进中国式现代化成为我国的根本应对之"道"。当前，我国是世界上最大的发展中国家的基本国情并未改变，仍处在工业化和城镇化的进程中，产业结构和能源结构仍有待调整，因此，持续探寻一条既能减少资源耗费又能减轻环境压力且对生态系统影响最小的现代化之路，是我们构筑符合中国特色、展现中国智慧、体现中国责任的生态管理解决方案的关键之举。中国式现代化在"人与自然和谐共生"理念的指引下开辟了一条有别于西方现代化的可持续发展道路，它有效避免"先污染后治理"的弊端，做到合理利用自然资源，推动生产发展绿色转型，统筹推进社会主义生态文明建设和现代化建设协调发展。实现人与自然和谐共生的现代化，"人与自然和谐共生"必须与"人口规模巨大""全体人民共同富裕""物质文明和精神文明相协调""走和平发展道路"之间相互协同，只有坚持全面性与协调性相统一，才能努力达成人与自然和谐共生的新格局。

（二）人与自然和谐共生现代化是社会主义生态文明的必由之路

习近平总书记指出："我们坚持和发展中国特色社会主义，推动物质文明、政治文明、精神文明、社会文明、生态文明协调发展，创造了中国式现代化新道路，创造了人类文明新形态。"[1]中国式现代化新道路的鲜明特征是建设人与自然和谐共生的现代化，而人类文明新形态的鲜明特征是建设中国特色社会主义生态文明。人与自然和谐共生现代化是在"社会主义生态文明"和"社会主义现代化"的立体语境中，作为中国式现代化的重要特征，走出的一条将生态化与现代化相统一的新道路。

社会主义生态文明的初级目标就是强调保护和改善人类生存发展的生态根基。习近平指出："生态环境是人类生存和发展的根基，生态环境变化直接影响文明兴衰演替"[2]。生态环境不安全，必然会影响社会经济的健康发展，导致人民生活质量下降，也会使政党和政府的公信力受损。在这种情况下，是无法谈论建设和谐社会和文明形态发展问题的。因此，统筹发展和安全，就是要协调好人与自然的关系以及人与社会的关系，于是建设美丽中国成为社会主义生态文明的中级发展目标。美丽中国是社会主义现代化建设"五位一体"中的一个部分，习近平曾指出："把生态文明建设放在突出地位，融入经济建设、政治建设、文化建设、社会建设各方面和全过程，努力建设美丽中国，实现中华民族永续发展"[3]。可见，美丽中国建设是把人与自然和谐共生置于中国社会主义现代化发展语境中，基于切实满足人民美好生活需要，实现发展与环境的互利双赢。在这一维度，人与自然和谐共生现代化将"社会主义生态文明"和"社会主义现代化"进行了高度整合。生态文明最广义

〔1〕 习近平：《习近平著作选读》（第2卷），人民出版社2023年版，第483页。
〔2〕 习近平：《论坚持人与自然和谐共生》，中央文献出版社2022年版，第2页。
〔3〕 中共中央文献研究室编：《十八大以来重要文献选编（下）》，中央文献出版社2018年版，第30~31页。

的概念是继工业文明之后的人类社会文明新形态。习近平指出："生态文明是人类社会进步的重大成果。人类经历了原始文明、农业文明、工业文明，生态文明是工业文明发展到一定阶段的产物，是实现人与自然和谐发展的新要求。"[1]只有坚持人与自然和谐共生的现代化，才能推动人类生态文明发展进而促进人类整体文明提升。党的二十大报告明确指出中国式现代化进程要积极推行人与自然和谐共生的现代化，使得生态文明建设的成果能够在新的人类文明形态中得到展现，并以此彰显中华民族现代文明。

概而言之，推动人与自然和谐共生现代化是社会主义生态文明建设的重要价值目标和价值追求，这不仅界定了中国式现代化的内涵新在何处，又为通过促进生态文明高质量发展而创造人类生态文明新形态指明了方向。它引导我们正确地理解并处理人与自然、人与社会之间的关系；正确处理社会主义现代化进程中的经济发展与生态环境优化之间的关系；正确处理传统现代化道路与中国式现代化道路、以及中国现代化与世界现代化之间的关系。可见，坚持人与自然和谐共生的现代化，建设社会主义生态文明，是创造并展示人类文明新形态的必由之路，是促进中华文明形态全面提升和世界文明形态极大发展进程的美好图景。

---

〔1〕 习近平：《论坚持人与自然和谐共生》，中央文献出版社 2022 年版，第 29 页。

第三章

人与自然和谐共生现代化的实践逻辑

实现人与自然和谐共生的现代化是一项复杂的系统性工程，其现实路径是将"生态化"原则全面贯彻到经济、政治、文化、社会、生态等各领域，在"五位一体"总体布局中，追求五个文明协调发展，一体化推进中国式现代化，创造社会主义生态文明。习近平总书记在第八次全国生态环境保护大会上强调，要加快构建生态文明体系，"加快建立健全以生态价值观念为准则的生态文化体系，以产业生态化和生态产业化为主体的生态经济体系，以改善生态环境质量为核心的目标责任体系，以治理体系和治理能力现代化为保障的生态文明制度体系，以生态系统良性循环和环境风险有效防控为重点的生态安全体系"，[1]使人与自然和谐共生，建成美丽中国。

一、健全生态文明制度体系

所谓生态文明制度，主要指的是一系列用于引导、支撑和保障生态文明建设的规范和准则。生态文明制度建设即运用一系列规范和准则调整人与人、人与自然之间的关系，为实现人与自然和谐共生目标，推进生态文明建设提供政治保障。生态文明制度建设关涉到我国推进生态文明建设的一系列规划性、开创性和根本性的长远布局，因此也是生态文明领域国家治理体系和治

---

〔1〕 习近平：《习近平谈治国理政》（第3卷），外文出版社2020年版，第366页。

理能力现代化的综合体现。

自党的十八大以来，党中央对生态文明制度体系建设作了纲领性、系统性和全局性的安排，在具体推进落实过程中配套建立了一系列生态保护和环境治理的制度，但现有的制度总的来看尚需不断优化和完善。其一，体现生态文明要求的资源环境法律法规体系有待健全，一些重点领域尚未完全覆盖，覆盖的相关领域，单项制度较多，且适用范围交叠，导致管理主体多元化、管理关系复杂化；其二，体现生态文明建设的目标体系、考核办法、奖惩机制有待完善；其三，生态环境方面的管理机构多头管理、职责交叠、权责不清、部分领域权责缺失等问题仍然存在；其四，环境监管的主体单一，且监管能力有限，市场化监管手段运用不足，社会监督机制缺乏。所以目前就构建生态文明制度体系而言，首先应当继续完善现有的单项制度，加快推进重点领域制度建设，同时在制度创新的过程中妥善处理好新旧制度的衔接。从更宏观的角度看，生态文明制度体系还应当与经济、文化、社会领域实现协同联动，形成全面覆盖、合力共治的制度簇，确保制度体系的系统性、整体性、协同性和可操作性。

（一）基于治理功能的生态文明制度体系建设

生态文明制度体系，需要构建能够实现生态系统稳定、资源/能源供给永续和环境功能良好的保障性制度。依据生态文明制度功能的不同，我国生态文明制度框架可以被细分成强制性制度、选择性制度、引导性制度三个层面。

1. 强制性的生态文明制度

强制性的生态文明制度，作为一种具有强制性和制约力的制度，是党和政府为了保障和推动生态文明建设所制定的一系列必须无条件遵守和执行的规定。它涵盖了自然、环境、气候三个方面的资源制度，以及生态安全制度。自然资源制度是为了加强保护和合理利用自然资源这种公共产品，具体包括自然资源产权制度、耕地资源保护制度等。环境资源管理制度是为了维护国家生态安全和可持续发展，包括总量控制、环境标准制度、生态红线制度、环境问责制度等。气候资源管理制度是为了促进我国气候资源的可持续管理，为应对全球气候变化作出贡献。主要包括碳权、碳排放控制、超排放惩罚等制度。

用最严格的制度、最严密的法治保护生态环境，需要完善生态文明法律法规体系建设，总的来说要完善立法体系，形成宪法、法律和地方法规有效衔接、相互配合的生态环境法律法规体系。具体而言，一是健全完善生态环境法律体系，国家立法机关应加快单项环保法律的"立改废"进程。二是健全完善生态环境保护的法规体系，地方立法机关可制定若干地方性法规。三是不断完善环境资源纠纷解决制度。与此同时，还需不断增强生态文明执法手段、严格生态文明司法程序、完善生态环境保护行政执法与刑事司法的衔接机制。

2. 选择性的生态文明制度

选择性生态文明制度是对强制性生态文明制度的补充和拓展，主要是运用市场手段达成合理利用资源和保护环境的目的。选择性生态文明制度主要有两大类，即生态文明产权制度和生态文明财税制度。生态文明财税制度是指与生态文明建设相关的财政收入制度和财政支出制度。一方面是国家征收与生态环境相关的税，一方面是国家通过税收给与相应生态补贴补偿，目的都是促进资源节约、生态保护，以及助推产业结构调整，鼓励企业发展节能环保产业、开发节能技术。生态文明产权制度是目前生态文明制度建设需重点创新推进的部分，涉及产权总量控制、初始产权的界定和分配、产权保护制度、产权价格机制、产权交易机制等系列产权相关制度以及整体实现机制。

3. 引导性的生态文明制度

引导性的生态文明制度相对于强制性的生态文明制度，更强调道德自律和自我的生态觉悟，是基于人们自愿，通过对人们进行生态教育，使之具有生态理念、行为自发遵守生态道德的一种非正式的制度。它包括小到生活垃圾分类制度，大到环境公益文化引领制度、环境宣传教育制度、环境保护公共参与制度等。引导性制度不仅是一种客观制度的内化过程，还是一个民族文化的延续进程。

（二）基于治理过程的生态文明制度体系建设

党的十九届四中全会指出"源头严防、过程严控、后果严惩"是生态文明制度体系建设的重点任务。只有源头治理制度建设、过程管控制度建设与追责惩处制度建设前后衔接、统筹兼顾，才能实现生态文明建设全过程、全方位、科学化的系统治理。

1. 建立源头严防的生态文明制度体系

源头预防和治理是推进生态文明建设的根本之策。具体而言，一是优化国土空间规划制度。严格按照主体功能区定位划定生产、生活、生态空间开发管制界限。二是落实生态保护红线制度。坚持遵循严要求高标准的生态准入原则，加快构建自然资源利用上线、环境质量安全底线、生态功能保障基线三大体系，将环境风险防范、环境污染控制、环境质量改善有机衔接起来。三是建立资源高效利用制度。确立归属清晰、权责明确、监管有效的自然资源产权制度，建立和健全资源有偿使用、节约与循环利用等制度体系。

2. 建立过程严管的生态文明制度体系

过程严管是推进中国特色生态文明建设的关键。生态过程严管制度要求通过制定明确的法律规章来约束和监管生产发展过程中各类主体的行为，保证生产发展过程的有序性和有效性。加大生态治理力度，对生态环境的保护和对自然资源利用的监测管理是过程管控的主要内容。一是健全完善生态环境治理制度体系。通过生态保护和修复、污染防治区域联动、污染物排放许可等一系列机制和制度，达成过程严控的目的。二是健全完善环境资源承载能力预警监测制度。完善自然资源总量管理、用量监测和用途管制等一系列制度，实现环境资源用途用量实时预警。三是健全完善生态保护与环境治理的市场体系。培育出更多的环保企业，推行用能权交易、排污权交易、碳排放权交易制度，构筑一致的绿色商品供给平台。

3. 建立后果严惩的生态文明制度体系

生态后果严惩制度要求要建立健全责任追究制度，坚决反对用巨大的生态环境代价换取经济社会效益。追责惩处制度主要指破坏生态环境行为的评定、追责和惩处。具体而言：一是健全完善科学的后果评价制度。健全目标评价考核制度，针对不同主体实行差别化的考核评价制度。二是健全完善生态损害追责制度。探索建立自然资源资产负债表、领导干部任期内审计和终身追责制度，为落实生态环境责任提供有力支撑。三是健全完善生态补偿和损害赔偿制度。坚持谁受益、谁补偿原则，推动地域之间形成横向生态补偿制度，加快建立配套的生态环境损害调查制度与鉴定评估制度。对造成生态环境破坏的各类主体，依据情节轻重必须进行追责和严惩。要用最严格的制度为人与自然和谐共生的现代化保驾护航，让制度成为不可触碰的"高压线"。

（三）基于治理主体的生态文明制度体系建设

生态文明建设是一项周期长且任务复杂艰巨的系统性工程，只能在党的领导下，以政府为主导、以法治为保障、以市场为驱动、全社会共同参与协同推进的过程。因此，生态文明制度体系建设应是一个整合政府监管、法治规范、环保市场培育，公众积极参与的整体制度建设推进过程。

1. 政府监管制度建设

政府通过制定生态环境保护制度，形成监管制度体系，发挥监督监察和防护管理的作用。一是健全完善决策程序与决策制度。各级政府需努力改进生态文明建设中的协商协作机制，明确协商协作规则与程序，同时，建立第三方环境影响评估参与机制，使环境评估成为整体决策的一部分。二是强化环保督察制度。进一步规范生态环境保护督察工作，构建督政问责监管体系。三是健全完善生态环境监测管理联动机制。结合主体功能区管理体制，探索建立上下联动、区域统筹的生态环境监管机制。

2. 市场运行制度建设

构建并维护生态环境保护市场的核心在于通过政府宏观调控，依靠价格杠杆和竞争机制实现要素高效合理分配，培育和规范生态环保产品、技术和服务的交易市场。具体而言：一是健全完善资源环境使用权交易制度。建立资源环境使用权交易平台，配套测量与核准体系和交易价格机制，充分发挥市场机制与企业的主体作用。二是健全完善绿色金融制度。完善绿色金融机构、税收制度与法律体系建设，积极推行绿色保险、金融、证券和信贷业务，配套建立环境破坏信息披露机制。三是健全完善自然资源与生态环保产品的标准化体系建设。探索自然资源标准化体系建设的同时，要不断完善绿色产品认证与标识的标准体系建设，提升绿色产品的有效供给。

3. 公众参与制度建设

公众不仅是生态文明建设成果的享有者，更应是参与者、建设者。只有充分调动起公众参与环保的积极性，生态文明建设才具有内生动力。具体而言：一是健全完善公众参与平台与激励机制。通过建立健全听证制度、增加监督举报渠道等方式拓宽参与交流平台，同时创新激励机制，鼓励公众积极主动参与环保决策和活动，引导社会组织在环境治理中努力发挥协同作用。

二是健全完善信息共享制度。政府应建立信息沟通机制，将生态文明建设领域的信息共享制度化。三是健全完善生态文明宣传教育制度。引导公民的生态文明价值取向，推行生态文明教育，形成全社会的生态保护自觉。

总之，实现生态文明领域国家治理体系和治理能力现代化，必须建立系统而完备的生态文明制度体系。完善生态文明制度体系，必须以习近平生态文明思想指导制度设计，通过制度规范引导行为方式，从而形成共建共治共享的新格局，不断提升生态环境治理能力，持续发挥制度优势，为世界生态文明建设提供中国智慧。

二、健全生态经济体系

传统的经济体系是由政府和市场共同调控构建的，但现今，人类的经济活动越来越给生态环境造成压力，为了保住生存之基，现在的经济体系必须将生态系统的演化规律和承载能力作为考量条件，统筹协调生态系统与经济系统的规律发展，这就产生了生态经济体系。它要求在不影响生态系统平衡稳定健康发展的基础上保持经济水平高速增长，以满足人民的美好生活需要。这也就是说，从现实必然性来看，生态经济体系是资源环境生态约束的必然选择。而从宏观发展角度来看，生态经济体系首先是现代化经济体系的必然一环，同时它也是生态文明建设的经济组成部分，它既承接着传统现代化创造财富的物质文明，也创建着以绿色发展为核心的生态文明，并通过两个文明的融汇实现高质量发展，最终建成人与自然和谐共生的现代化。

（一）从人与自然和谐共生的高度谋划发展

人与自然和谐共生理念下的高质量发展，从质的层面来说就是追求优化产业结构、推广绿色生产方式、提升发展效益。从量的层面来说就是追求经济增长规模以及生态价值保持合理增长，所以"协同推进降碳、减污、扩绿、增长"就是要求环境污染防治、生态系统修复、碳达峰碳中和的实现也要同时高标准推进。当然，衡量质量的标准不是一层不变的，但它的制定和调整都要依据所处的发展阶段，要与发展阶段相适应，要在生态环境治理的边际成本和经济效益的边际效用之间寻找合理的平衡点。目前，我国的资源、环境、生态对经济发展的制约发生了重大变化。一是时间上由短期制约向长期制约转变。资源约束已经从以技术和经济限制为特征的流量约束转变为以资源存量接近耗竭为特征的存量约束，随着不可再生资源的存量下降，未来长期的资源短缺将是常态。二是空间上由局部制约向全局制约转变。资源短缺已经从资源禀赋差的地区扩展到资源禀赋好的区域，从东部沿海发达地区扩展到了西部欠发达的内陆省区。三是种类上由少数制约向多数制约转变。矿产、水、土地等资源形势均不乐观。基于此，习近平总书记指出要从人与自然和谐共生的高度谋划发展，具体到经济建设层面就是要构建"以产业生态化和生态产业化为主体的生态经济体系"[1]。习近平总书记重塑了产业与生态的二元对立统一关系，从追求经济的一维发展，到以"人与自然和谐共生"为基本原则，以"两山"转化为重要路径，以创新驱动为主要手段，搭建生态经济体系，促进经济、自然、社会统筹复合发展。与此同时，以有为政府为主导，以市场调节为主体，协同推进"五位一体"的高质量发展，并实现人民富裕、国家富强、中国美丽。近年来，中国通过打造一系列国家生态文明建设示范区或国家生态文明试验区，不断积累构建生态经济体系的实践经验，进而不断完善中国特色社会主义的生态经济体系。

（二）产业生态化与生态产业化是构建核心

落实到具体实践中，就是建立健全以产业生态化和生态产业化为主体的生态经济体系。通过不断探索"两山"转换路径，既提高经济的高质量发展，实现资源的高效合理利用，又实实在在地为人民群众提供更多优质生态产品。具体而言：一方面，要加快推进产业生态化。通过对传统的第一、二、三产业进行绿色化改造，实现产业体系绿色转型升级。具体就是指在一、二、三产业中构建绿色、低碳、循环的发展方向，利用绿色技术促进资源和能源的节约使用，对产业的整个生产流程进行生态化组织和管理，进而实现生态效益和经济效益双赢。另一方面，要大力推进生态产业化。生态产业化是"绿水青山就是金山银山"[2]的理论印证。它的重点在于通过构建生态产品价值实现机制打通生态与市场，并在保护好绿水青山做大自然资本的基础上，运用市场化手段积极转化生态要素，发展优势生态资源产业，提供优质生态产

〔1〕 习近平：《习近平谈治国理政》（第3卷），外文出版社2020年版，第366页。
〔2〕 中共中央文献研究室编：《习近平关于社会主义生态文明建设论述摘编》，中央文献出版社2017年版，第21页。

品和服务，进而以市场带动生态资源的保护性利用与保值、增值。我们要根据区域生态资源的布局，按照生态保护优先、合理有序开发的原则逐步实现生态产业化发展。与此同时，要注意我国经济增长在技术进步、产业结构和消费结构升级等方面展现出来的结构性发展潜能。在经济结构方面，从需求侧看，涉及投资、消费、出口"三驾马车"，首先，我们必须通过绿色投资来促进绿色生产和生态恢复；其次，我们必须大力支持并引导环保消费；最后，通过绿色出口带动供应链全链条绿色转型。从供给侧看，关键要从要素市场发力，尤其是要在引导土地、劳动力、资本、技术和数据五大要素围绕绿色发展目标进行配置基础上，落实好资源环境要素市场化配置体系，提高资源环境要素对经济发展的贡献率。

（三）促进科技创新与制度创新良性互动

人与自然和谐共生的现代化，必须转变发展方式、优化经济结构、转换增长动力，推动经济发展质量、效率、动力全方位变革，提高全要素生产率。而这其中绿色科技和创新是第一推动力。习近平总书记强调："科技是第一生产力、人才是第一资源、创新是第一动力。"[1]无论是产业生态化，还是生态产业化，都离不开创新。当前是我国顺应发展阶段规律，推动从要素、投资驱动转向创新驱动的关键时期。创新驱动包含科技创新和制度创新。要想通过创新驱动提高绿色全要素生产率，必须将科技创新与制度创新置于绿色发展的前置环节，并促进科技创新与制度创新良性互动，实现所有创新成果都符合绿色发展的标准要求。从科技创新来看，科技创新是提高绿色生产力的关键。绿色高质量发展的实质就是要实现生产力进步对生态环境的正向回馈。因此，构建全方位绿色创新支撑体系，可以突出信息互联网等高新技术在支撑绿色发展中的重要作用。除了新型能源、零碳电力等领域需要颠覆式创新，也需要基于现有能源结构、产业结构的持续性创新、耦合性创新。从制度创新看，我们需要以问题为中心，关注当前制度构建和执行的不足和弱点，特别是需要将生态文明的建设与其他四大建设以及政府间的协作相结合，以提高制度的目标一致性，并加强制度的整合统筹。

总之，生态经济体系有着深厚的理论逻辑，在实践中，构建生态经济体

---

〔1〕 习近平：《习近平著作选读》（第1卷），人民出版社2023年版，第28页。

系，需要构建可以反映生态要素稀缺性的市场体系、以高新技术为支撑的生态产业体系、以生态经济效益为引领的绩效评价体系等等，并需要配套生态经济体系的制度建构，保障和促进经济绿色转型，进而实现我国生态保护和社会经济相得益彰的协调发展，实现人与自然和谐共生现代化的美好愿景。

三、构建生态文化体系

推进人与自然和谐共生现代化建设需要加快完善以生态价值理念为基本准则的生态文化体系。生态文化的实质在于反映人与自然的互动关系，生态文化的繁荣发展是因为人们在经历了工业时期的生态危机之后，开始审视反思人类社会的可持续发展问题。习近平总书记曾经指出："要化解人与自然、人与人、人与社会的各种矛盾，必须依靠文化的熏陶、教化、激励作用，发挥先进文化的凝聚、润滑、整合作用。"[1]人与自然和谐共生现代化建设的主体是社会公众，如果能激发社会公众的积极性和主动性并形成社会合力，不但可以降低政府的治理成本，还能促进人与自然和谐共生现代化建设水平的提升。因此，生态文化的发展意义重大，而丰富和发展生态文化需要构建生态文化体系。习近平总书记曾指出，"加快建立健全以生态价值观念为准则的生态文化体系"。[2]因此，生态文化体系应是涉及生态价值观和生态道德等要素的综合体系，是人们在实践中如何对待生态文明的态度和行为。构建生态文化体系对增强公民生态意识、培育生态价值观、倡导生态行为等具有重要意义，还可以把生态价值观念贯穿、融入生态文化事业、产业、建设机制等方面，从而能在全社会更好地开展环境治理和人与自然和谐共生现代化建设。

（一）生态文化彰显社会主义核心价值体系时代内涵

生态文化的兴起源于对传统工业文化负面效应的反思。20世纪中叶，环境"公害"事件集中爆发，这引发了公众的极度恐慌和忧虑，人们开始反思资本主义生产和生活方式带来的资源消耗、污染泛滥和生态环境破坏等问题。经过对工业文明中的资本、技术和制度等方面的探索，人们认为要想改变现状，把人类从生态危机中拯救出来，必须进行文化价值观念的革命，即用生

---

〔1〕 习近平:《之江新语》，浙江人民出版社2007年版，第149页。
〔2〕 习近平:《习近平谈治国理政》（第3卷），外文出版社2020年版，第366页。

态文化扬弃工业文化，引导人们构建一直基于生态学理论指导之下的新型价值观和生产生活模式。

在我国，"生态文化"概念由余谋昌先生首次提出，他认为文化是人与自然关系的尺度，世界生态环境退化是文化上的熵污染。他把"以人类中心主义为价值取向，以人统治自然为指导思想"的文化统归为"传统文化"，虽然这种文化确实推动了物质与精神的繁荣，但它却在持续激化着人类与大自然之间的矛盾与冲突，进一步引发了一系列生态环境问题。要立刻解决这种文化上的熵危机对人类的损害，必须"转变文化发展的方向"[1]。而这种转向必然形成一种新的文化形态，即"生态文化"。生态文化是人与自然关系新的价值尺度的一种反映，指向人和自然和谐共生。

建设生态文化是人类文明生态转向以实现持续发展的时代必然，是社会主义生态文明建设的重要组成部分。换句话说，生态文化是社会主义生态文明的思想文化形态表征，而社会主义核心价值体系的基本内容和开放本性决定其必然内涵生态文明理念，生态文化的时代指向性决定其必然成为社会主义核心价值体系的时代内涵。构建生态文化建设体系，旨在充实和完善社会主义核心价值体系，在社会核心价值观念的高度上表明生态文明理念的重要性，从而更好地指导社会主义生态文明建设和人与自然和谐共生现代化建设实践，引领社会走上永续发展的道路。[2]

（二）生态文化体系内容构建

习近平总书记强调"生态文化的核心应该是一种行为准则、一种价值理念"，[3]体现的是人们如何衡量和践行生态文明。因此，构建生态文化体系的核心就是构建能处理好人与自然关系的生态价值观念体系。首先要构建生态价值观的真。即树立人与自然和谐共生的科学生态价值观，培育"尊重自然、顺应自然、保护自然"[4]的生态理性，形成构建人与自然和谐共生的现代化

---

〔1〕　余谋昌：《生态文化：21世纪人类新文化》，载《新视野》2003年第4期。

〔2〕　参见杜明娥：《生态文化：社会主义核心价值体系的时代内涵》，载《社会科学辑刊》2010年第1期。

〔3〕　习近平：《之江新语》，浙江人民出版社2007年版，第48页。

〔4〕　中共中央文献研究室编：《习近平关于社会主义生态文明建设论述摘编》，中央文献出版社2017年版，第20页。

的生态自觉。具体而言，就是在坚持马克思主义生态观、遵循习近平生态文明思想的同时，还可以深入挖掘五千多年中华文明所蕴含的传统生态文化。构建出促进生态系统与社会系统协调、永续发展的先进生态文化。其次要构建生态价值观的善。即人类"要像对待生命一样对待生态环境"，[1]构建具有生态正义的生态道德，推动全社会履行生态责任。具体而言，就是要将生态价值观念上升为主流价值观，融入社会主义核心价值体系，成为民众爱护环境和保护生态的行为准则。最后要构建生态价值观的美。即实现青山绿水、碧海蓝天，"还自然以宁静、和谐、美丽"，[2]人与自然的关系达到和谐共生的最高境界。具体而言，就是要贯彻落实创新、协调、绿色、开放、共享的发展理念，持续推动绿色发展方式和生活方式的革命，树立生态文化自信，引领世界生态文明。

此外，生态价值观念体系真善美需要通过具体的载体才能得以展现。生态文化产业、生态文化事业、生态文化建设机制作为生态价值观念体系的载体，也是生态文化体系的另一部分内容，为丰富和完善生态文化体系发挥着良好的保障和促进作用。因此，要着力推进生态文化事业、繁荣发展生态文化产业，夯实生态文化建设机制保障。

（三）生态文化体系路径构建

习近平总书记指出："我们衡量生态文化是否在全社会扎根，就是要看这种行为准则和价值理念是否自觉体现在社会生产生活的方方面面。如在产业发展中，是否认真制定和实施环境保护规划；在城市建设中，是否全面考虑建筑设计、建筑材料对城市生态环境的影响；在产品生产中，是否严格执行绿色环保和质量安全标准；在日常生活中，是否自觉注意环境卫生、善待地球上的所有生命等。"[3]应该说，目前我国政府唯 GDP 论英雄的政绩观还在发挥作用，企业追求规模扩张忽视节能、追求经济效益忽视社会责任，进而导致污染环境的问题依然屡见不鲜，社会公众消费观念仍向奢侈浪费演化，环保观念意识相对淡薄。低碳发展、绿色发展、循环发展停留在口号上居多，

---

〔1〕 中共中央文献研究室编：《习近平关于社会主义生态文明建设论述摘编》，中央文献出版社2017 年版，第 8 页。

〔2〕 习近平：《习近平著作选读》（第 2 卷），人民出版社 2023 年版，第 171 页。

〔3〕 习近平：《之江新语》，浙江人民出版社 2007 年版，第 48 页。

低碳出行、绿色生活还有很大提升空间。因此，认真践行习近平生态文明思想，构建生态文化的路径至少涵盖以下两个方面的内容。

1. 将生态文化贯穿于国民教育全过程。生态文明教育是解决生态环境问题的文化思考，我国自 1972 年加入国际环境教育潮流后，不断探索适合自身的生态文明教育途径和方法，当前我国生态文明教育已经覆盖了国民教育体系，但还应该将生态文明教育推向更宽阔的领域和更高的形态，为国际环境教育贡献中国智慧。首先，持续推进生态文明进学校。生态文明教育进学校不能仅停留在课堂里的知识普及，应该积极主动构建以生态文化整体孕育的绿色学校或绿色大学。在推进这一项目时，需要更加清晰绿色学校或绿色大学的内涵，完善构建绿色学校或绿色大学的理念，明确其核心是对人的生态教育和生态人格培育的人文视域，更重要的是开展生态文化建设，担负起向社会传播生态文化的重任，而不是简单地等同于环保行动和环境绿化。这需要学校将办学理念、人才培养、教学科研、文化建设、校园环境、社会服务等作为一个整体，系统规划设计，全员、全程、全方位持续推进。其次，持续推进生态文明教育进社区。绿色社区是生态文明城市、美丽乡村构建人与自然和谐共生现代化的有力保障。生态文明教育是全民性教育，所以应该覆盖到全体公民。而在社区开展生态文明教育有助于促进政府、学校、环保社团、家庭和公众之间形成互动，凝聚各种力量形成合力，最终更有效地推进生态文明教育向前发展。最后，持续推进生态文明教育进干部教育体系。党的十八大以来，习近平总书记多次在政治局常委会集体会议以及政治局集体学习、全国环保大会等重要场合谈及建设生态文明的重要性，强调党员领导干部高度重视生态文明建设的必要性。培养和树立党员领导干部保护环境的使命感以及建设生态文明的责任感，有利于强化生态治理能力、提升生态文明建设水平。

2. 将生态文明建设渗透于精神文明建设各环节。首先，就是要创造生态文化产品满足人民群众需求。坚持继承和发展并举，深入挖掘传统生态文化资源，加强生态文化的理论探讨和文艺创作，推动各民族、各地区生态文化的兴盛与进步。如系统、准确地向人民群众解读阐释名胜古迹、著述名篇、文学作品中的生态元素，加强人们对中华优秀传统文化中生态文化的理解和认同。同时充分利用新媒体技术畅通并拓宽生态文化的传播渠道，为人们提供更多样、更便捷的选择方式。依托互联网多媒体行业的流量，通过短视频等数字技术高效传播并有效普及自然知识和生态价值观念，推动生态文化以人们喜闻乐见的形式出现。其次，就是要加强生态普法和环保宣传，不断提升公众的生态道德意识和生态法治意识，构建起崇尚生态文明的基本社会共识。最后，就是要大力加强生态文化传播体系和公共服务体系建设。要求全民参与绿色行动，引导人们树立节约资源、保护环境的自觉意识，在衣食住行等方面坚持绿色原则，主动选择低碳生活方式，积极参与生态文明实践活动和生态环境保护工作，以实际行动担当人与自然和谐共生现代化家园的绿色守护者和建设者。可以充分发挥榜样示范作用，加大对积极践行生态文明观的典型人物、典型事例的宣传力度，强化正确生态价值观与消费观的培养，在社会上掀起绿色生活的浪潮，引导人们追求可持续的生活方式。同时，建设覆盖城乡的生态文化基础设施，充分利用新媒体、新技术，增强生态文化的传播力和影响力。

总之，人与自然和谐共生的现代化，是全体人民共创共建共享的现代化。生态成果惠及全体人民的必要基础和前提是全社会能集中力量参与现代化共建，这就要求全体人民凝聚人与自然和谐共生现代化道路共识，以新发展理念引领新的生产生活方式，自觉实现绿色变革。

四、构建生态目标责任体系

构建生态目标责任体系是推进生态治理能力现代化的重要内容，而生态治理能力现代化是国家治理能力现代化的题中应有之义。国家治理能力现代化的有力保障是形成多元主体自觉，生态治理能力现代化自然也是要求多元主体积极参与，并自觉承担起自身的目标责任，构建复合型环境治理体系，只有这样，才能为建设人与自然和谐共生现代化提供重要支撑。复合型环境治理体系就是以整体环境的综合治理为基调，明确各自生态目标责任，鼓励多元主体之间采取多种形式协作治理，克服传统管理中的主次矛盾，达成整体系统的生态治理目标。可见，加强主体统筹、实现多主体有序参与需要首先构建生态目标责任体系。因为在生态环境问题上各主体有共同利益，而利益问题背后的核心是责任如何划分的问题。2020 年 3 月，中共中央办公厅、国务院办公厅印发《关于构建现代环境治理体系的指导意见》，提出"以坚持党的集中统一领导为统领，以强化政府主导作用为关键，以深化企业主体作用为根本，以更好动员社会组织和公众共同参与为支撑，实现政府治理和社会调节、企业自治良性互动"。[1]这要求构建政府、企业、社会组织和公众权责明确、各司其职、相互协同的治理体系，实现政府、市场、社会叠加的治理效应。

（一）构建政府的主导责任体系打造生态型政府

各级政府要想贯彻落实生态文明建设的"六大理念"，细化"八项制度"，实现绿色化与"四化"的协调发展，就要努力打造生态型政府。具体而言，首先要树立正确的政绩观，实现新旧动能转换，积极推动环境保护、生态产业的市场化改革，推动发展方式的转变。同时建立健全环境保护、生态产业等政策法规体系，建立领导干部环境责任终身追究制。

1. 发挥主导作用的同时做好服务

依据现今我国生态文明建设的发展阶段，目前市场和公众两大责任主体尚未发展成熟，所以今后较长一段时期内的生态文明建设，政府仍需发挥主导作用。发挥主导作用需要打造生态型政府，就是将政府的基本活动全方位纳入自然规律之中，妥善处理好发展和保护的关系，达成人与自然和谐共生。这就要求各级政府，一是确立"党政同责，一岗双责"的责任体系。将生态理念贯穿于政府的发展规划、战略决策、督查惩治和文化教育等执政全过程，从行动方案制定，到行动计划实施，都要起到主导和引领作用。二是建立高效统一的协调机制。这是政府主导作用的重要体现，是生态型政府的重要标志，就是基于共同的生态文明建设理念和目标，政出一门，协调地区、部门、企业之间的利益关系，加强部门合作。这个合作应是全过程全方位的，统一于事前、事中和事后。事前在产业政策、土地规划审核、环境影响评估等各个步骤，以及保障一方生态安全的整体考虑下，所有相关部门都需要以极高的标准和严格的要求进行监管。事中需要进行整体的协同监督，以便及时识别并解决可能存在的问题。同时，也需要进行联合执法，并确保各方的职责得到有效的履行，以避免可能出现的潜在风险。事后对环保审核、品质规范进行了深入的评估，一旦察觉到存在的问题，决不以小团体或者个人的利益

---

〔1〕中共中央办公厅、国务院办公厅《关于构建现代环境治理体系的指导意见》，载 http://www.gov.cn/gongbao/content/2020/content_ 5492489.htm，最后访问日期：2020 年 3 月 3 日。

为重，法律面前人人平等绝不姑息包庇。三是发挥市场主体作用，推进生态产业市场化。政府必须坚持"以市场为核心，以企业为主体"的生态文明建设方针，将传统管制性的政府改革为更加有效的服务型政府，以便于公司能够进行绿色的生产并承担起对环境的生态责任。四是由政府主导扩大绿色开放，协调绿色国际合作。借助"一带一路"倡议，积极地向海外拓展，参与到沿途国家的绿色发展中，推动中国的绿色技术、设备和服务向海外输出。同时，通过绿色开放，吸纳国际上的先进经验和技术，以实现中国的绿色发展，并共享全球的绿色文明成果。

2. 建立生态政绩考评体系的同时促进产业升级

生态文明建设首先要树立科学的绿色发展理念，倡导绿色生产方式和绿色生活方式，在保护生态系统良好的同时，实现人类经济社会的永续发展。那首先就要破除各级政府以 GDP 增速为宗旨的发展惯性，破除政府过度干预资源要素配置，杜绝低水平重复建设和产能过剩，控制制度性交易成本，促进产业转型升级。各级政府一是要通过产业政策的调整，加快促进传统产业的智能化、绿色化和高端化。二是打造优质的商业环境，消除转型升级过程中的各种制度性阻碍，充分利用市场的决策力，逐渐构建和完善以市场为主导的自然资源价值形成机制。强化宏观指导，营造公正公开的竞争环境，营造生态产业发展的良好氛围。促进生态产业集群的管理体制创新，加强对生态产业的技术、标准服务。应大力发展绿色金融，为生态产业提供较多的金融工具，不断创新生态产业投融资模式。深化排污权交易制度改革，建立环境污染治理市场机制。三是建立科学的考核机制。推广引入绿色 GDP 核算，试点推广生态资源价值核算，为生态文明建设打下坚实基础。

3. 建立生态责任追究体系的同时完善法治建设

生态责任追究体系旨在让保护生态环境成为对党政领导干部的刚性约束。2015 年出台的《党政领导干部生态环境损害责任追究办法（试行）》第 12 条规定："实行生态环境损害责任终身追究制。对违背科学发展要求、造成生态环境和资源严重破坏的，责任人不论是否已调离、提拔或者退休，都必须严格追责。"[1] 目前，我国已经探索建立的生态责任追究制度主要包括自然资源

---

[1] 中共中央办公厅、国务院办公厅印发《党政领导干部生态环境损害责任追究办法（试行）》，载 http://gov.cn/zhengce/2015-08/17/content_ 2914585. htm，最后访问日期：2015 年 8 月 17 日。

资产离任审计制度以及生态环境损害责任终身追究制度。此外，还推出了生态红线管控、自然资源资产负债表等多项配套制度，形成了一套行之有效的生态责任追究体系。继续完善这项制度，需要在以下几个方面努力探索。一是因地制宜细化编制自然生态资源资产负债表，做到对当地生态资源心中有数，不触红线。二是通过建立科学的指标体系完善生态离任审计追责机制。构建科学的绿色环境资源价值计算指标体系，可以量化相关破坏造成的损失，为精准问责提供依据。三是健全管理评价机制和发展优化机制。对相关问责个人的责任动机、责任影响等加以总结，不断优化问责管理程序。需要梳理并归纳有关责任追究的个体的行为原因、其所带来的影响，持续改善责任追究的流程。此外，应该设定严格的奖罚制度，对于在维护生态底线上做出重大贡献的领导者应当给予赞扬与激励，这样可以积极塑造全社会在保护生态环境方面的杰出示范，形成良好的氛围。与此同时，应尽快更新现行法律体系不符合生态文明建设要求的相关法律法规，完善生态环境治体系。同时加强生态执法，构建以立法、执法、司法、行政处罚、社会监督有机结合的执法体系。完善社会监督机制，为公众参与环境保护和环境维权提供畅通渠道，有效避免环境群体事件。

（二）构建企业的主体责任体系打造生态企业品牌

企业创造的经济财富是生态文明建设的物质基础。只有企业履行起主体责任，才能转变生产方式，才能减少对生态的破坏，才能将生态文明建设落到实处。因此，调动和培养企业履行生态主体责任的积极性、主动性，是我们在建设人与自然和谐共生现代化的进程中必须攻克的重大课题之一。

1. 构建企业生态责任管理体系

企业生态责任是企业社会责任的重要内容，它要求企业在谋求利润最大化的同时，能合理利用自然资源，降低对自然环境的影响和污染程度，切实承担起与环境保护有关的责任。构建企业生态责任管理体系的核心任务就是将生态理念贯彻到企业管理的全过程，不仅所有规章制度都要体现生态理念，还要贯穿生产经营全过程，树立企业的绿色形象，最终达成资源的有效利用和生态环境的有效保护。具体而言，构建企业生态责任管理体系，就是在企业推行以设计、生产、包装、物流、产品回收、废弃物排放等全环节全过程的绿色化节约型生产方式，营销模式、成本预算、风险防范、财政、文化建设、人力资源管理、绩效评价体系等全方位全覆盖的绿色管理制度，最终建立起有企业自身特色、适应企业可持续发展的生态责任管理体系。

2. 构建绿色生产方式的目标体系

建设生态文明，建设人与自然和谐共生的现代化，必然要选择发展绿色经济，推广绿色生产方式。那么必然就要为绿色生产方式设立发展目标。一是在获取自然生态资源时，要遵循自然规律，守住生态底线，兼顾保护与发展。而要想达成这一目标，企业要将绿色环保理念贯穿到产品功能设计、结构设计、使用设计和废弃回收设计全过程，并且在材料选择上优先选择环保低碳、符合循环经济基本要求的绿色材料，整体提升企业绿色竞争力。二是不断加强科技创新和研发，不断探索生态技术。只有这样才能实现新旧动能转换，通过改进工艺和更新设备，完善企业生态化升级，实现生产流程的绿色化和产品的绿色化，推进低碳循环经济。要想达成这一目标，需要制定科学合理的绿色制造工艺规划，按照节能与环保的原则，在生产过程中，会对有价值的副产品及其剩余物进行回收，并通过重复使用，从而尽可能地增加资源的整体使用效率。同步实施清洁制造。重视把事先规划的全面环保措施不断地融入到制造流程和产品内部，并且在最大限度地降低污染物和废弃物的数目的基础上，实施无毒无害的处置。推动环保包装设计以及包装物资的再利用，进一步在产品的全程中实施环保观念。三是通过构建绿色生产方式，不断提供绿色产品和服务，推动社会生活方式的变革。要想达成这一目标，鼓励企业创建绿色品牌，建立绿色营销服务体系非常关键。致力于在销售前、销售中、销售后都将公司利益、消费者利益和环境保护紧密相连，特别是在处理公司不合格的产品和废品的过程中，严格遵守生态环境保护的规定，确保无污染无害。只有售前、售中和售后整个过程都承担起生态文明建设的责任和义务，才能真正建立和赢得企业绿色竞争力，兼顾保护生态、承担社会责任和企业自身可持续发展的一体化实现。

3. 强化绿色风险管理体系

企业真正承担并履行社会责任的关键是要建立绿色风险管理体系，具体而言：一是建立健全绿色风险管理规章制度。依照国家推动人与自然和谐共生的现代化战略部署，并考虑到企业履行社会责任的需求，应制定健全、系统、全面覆盖的绿色风险管理规章制度。尤其对重大经济合同和重大决策方案，执行绿色风险识别和评估机制，以降低决策的风险性，同时健全环境信息披露制度。更要采取相应的培训方法，对所有人员实施绿色风险预警教育，使得对于防止绿色风险的认知深入到公司的所有生产和经营阶段。这样，所有的领导人和员工就能够对他们在整个绿色风险管理框架下的作用和任务有一个明确的认知，从而确保公司的绿色风险管理框架能够顺利地运作。二是建立绿色风险评估和预警机制。构建绿色风险及其管理的核心在于对绿色风险的评估和预警，其目标是在风险没有真正产生或者造成实质性损害之前，适当地进行相应的管理决策以保护生态系统的健康和安全。相较于以往的末端治理策略，绿色风险管理主张在污染发生之前就采取预防措施。因此，我们可以建立一个绿色风险评估指标体系，以便为绿色风险管理提供科学的支持，并且能够对公司经营、运转和社会活动进行全面、持续的绿色风险预警，以便及时发现并解决问题。三是建立绿色风险应急体系。这个机制的核心目标是能够快速适应国家和社会对绿色风险管理的新趋势和新策略。这样可以帮助我们及时调整公司的运作计划，并承担起处理公司绿色危机的责任，从而尽可能减少公司的绿色社会责任损失，并保持公司的社会形象。

（三）构建社会组织和公众共同参与的责任体系践行绿色生活

从社会公众美好生活的需求考量公众对生态环境问题的应然反应，应该是具有强烈的环境保护意识，具有践行绿色生活方式的生态自觉。但实然是，即便有了较强的生态环境保护意识也不代表能形成自觉践行绿色生活方式的生态自觉。因此，需要进一步明确公众在生态文明建设中的主体地位，清晰、明确地勾勒出公众应承担的主要责任。

1. 明晰公民作为生态文明建设责任主体的定位

通过法律法规、宣传教育等手段，使社会公众意识到自己的建设责任主体定位，明晰在充分利用生态环境资源，享受其带来的益处的过程中，需要对自身的行为进行规范，承担起保护生态环境的责任和义务，实现权责一致和代际公平。具体而言，就是要自觉系统提升自己的生态忧患意识、生态科学意识、生态责任意识、生态道德意识、生态价值意识等，并有能力把这些意识转化为绿色消费观、节约环保观，以实际行动减少能源消耗和污染排放，践行绿色低碳生活方式，为生态环境保护作出贡献。

2. 鼓励社会公众积极主动行使监督权利

社会公众应当积极主动地监督政府、企业和其他社会组织保护生态，改善环境。通过自下而上的监督机制，有效地对政府、企业以及其他社会组织的行为进行监督，并依照公益诉讼制度维护公民合法的环境权益。同时通过参与政府环境决策，为生态文明建设提供建设性的意见和建议，为保护环境、改善生态贡献自己的力量，从而在社会范围内形成有利于生态文明建设的良好氛围。

3. 发挥社会组织在生态文明建设中的独特作用

社会组织是独立于政府、企业的第三方，是代表了社会各阶层和利益群体诉求的非营利组织。社会组织可以从专业人士的专业角度参与政府决策，并以中立的立场对政府和企业的环保履责情况进行监督。可以代表公众对环境违法行为进行诉讼，维护环境公共权益，保护公民的合法权利。同时，可以在水污染和大气污染等公共环保议题上提供环保公共服务。但目前，我国生态环境保护方面的社会组织发展并不成熟，能力相对有限。由于自身的管理机制不健全，社会组织内部乱象丛生，而此时政府强制干预又不利于社会组织的健康发展。为此，发挥社会组织的作用首先需要社会组织增强自身建设，拓宽筹资渠道，建立规范化的内部管理体制机制。另一方面，政府需要积极推动社会组织的进步，构建公平、开放、自由的交流机制和平台；同时，公开环境信息，接受社会组织的监督。

总的来说，三大目标责任主体在生态文明建设中的目标责任体系建设各有侧重，但又不是彼此孤立存在的，通过搭建生态文明建设信息共享平台、建立生态文明联席会议制度等机制创新，实现不同责任体系间的协调配合，进而实现人与自然和谐共生现代化的宏伟目标。

五、构建生态安全体系

生态安全是国家总体安全的重要组成部分，其重点是保证国内生态系统能够实现良性循环，国内外环境风险得以有效控制、重大生态问题能够有效应对，进而能够支撑国家可持续生存和发展，满足国家总体安全需求，充分保障公众生态权益，并彰显人与自然和谐共生。因此，生态安全体系的构建重点应该涵盖生态系统良性循环、生态环境风险有效防控两大目标体系。

（一）构建生态系统良性循环体系

在习近平生态文明思想中，提出统筹山水林田湖草沙系统治理观念，基于这一观念，我们审视自然生态系统，发现它是要素、结构、格局、过程的有机整体。自然生态系统按构成要素可以分为水、土地、大气、生物及矿产资源；按管理领域来分，可以将自然生态系统构成划分为大气、淡水、森林、草原、湿地、农田、土壤、海洋、生物多样性、矿产资源等。生态系统良性循环必然基于自然生态系统的有机整体性，使得各要素之间的物质和能量交换呈现出稳定的螺旋上升趋势。基于此，生态系统良性循环体系的构建需要根据自然生态系统的要素数目、质量保护以及系统的重塑和恢复来设置和执行维护管理的职责任务，确保各个主要的管理职能部门的有效履行，以此来推动相应的规划、计划和政策法规的执行。同时，还应该设置和完善一套专业的评估和追究责任的机制，以此来在系统的维护和管理的基础之上，增强对整个系统的空间综合调控整治等。

1. 优化国土空间开发格局

"国土是生态文明建设的空间载体"，[1]我国在组织和开展生态建设工作的过程中，"要按照人口资源环境相均衡、经济社会生态效益相统一的原则，整体谋划国土空间开发，科学布局生产空间、生活空间、生态空间，给自然留下更多修复空间"。[2]应依托主体功能区战略的执行，明确优化开发区、重点开发区以及禁止和限制发展区的生态保护和修复职责任务，推进生态保护与经济社会发展和建设规划、城乡规划、国土空间规划等"多规合一"的实施，建立健全国土生态空间规划体系，构筑坚实的生态安全体系，尽快形成国土生态安全空间格局体系。

2. 严守生态保护红线

生态保护红线是国家级的生态"安全线"，保障的是国土、人居和生物多样性等多维度的生态安全底线。我国为加强对生态保护红线的刚性约束，已陆续颁布了一系列关于生态保护红线的意见和指南。严守生态保护红线，需

---

〔1〕　中共中央文献研究室编：《习近平关于社会主义生态文明建设论述摘编》，中央文献出版社2017年版，第43页。

〔2〕　中共中央文献研究室编：《习近平关于社会主义生态文明建设论述摘编》，中央文献出版社2017年版，第44页。

要确保生态保护红线的边界和主体职责得以执行，同时增强对生态环境的观察和监督，以此来进一步提升生态环境的维护和恢复的效率。应该将水源保护、生物多样性保护、水土维护、防风固沙等关键生态功能的区域和生态环境敏感脆弱的区域进行叠加，并将其纳入生态保护的红线范围内。所有的省份（区域、城市）都会依照科学的评估标准设立生态防护红线，然后把这些红线应用在诸如河流、森林、山脉、草甸、湿地、沙滩、海洋、沙漠、冰川等的生态领域。生态建设工作要确保实现生态保护红线的保护目标，并坚决对破坏生态保护红线的行为进行打击。必须确保生态保护红线的功能、面积和性质不会被削弱或改变，以此来确保国家的生态安全。

3. 筑牢国家生态安全屏障

为了确保国家生态安全，应该优先执行关键生态系统的保护和修复的大型项目，改进生态安全防护体系，构建生态通道和生物多样性保护网络，以提高生态系统的品质和稳定性。例如，湿地和河流的保护与修复、水土保持与沙漠化的治理、共同保护海洋命运共同体、生物多样性的保护等重大项目。在中国，西部的地形较为陡峭，而东部则相对较为平缓。这种自然生态系统的空间布局具有鲜明的特点。借助中国的陆地与海洋的生态安全结构，我们应该尽快推进生态安全屏障的构建工作，形成以青藏高原、黄土高原—川滇、东北森林带、北方防沙带、南方丘陵山地带为"两屏三带"的陆地生态屏障，以及近岸近海区和12个重点海洋生态区、海南岛中部山区的热带雨林国家重点生态功能区，以及大江大河重要水系骨架，以其他重点生态功能区为重要支撑，以禁止开发区域为重要组成部分的生态安全战略格局。

（二）构建生态环境风险有效防控体系

生态风险是指，在一定区域内，未确定的事故或灾害可能对生态系统及其组成部分造成不利影响，导致生态系统结构被破坏，生态服务功能受到损害，各种环境问题频繁发生，对自然生态、社会稳定和人民群众的生命财产安全构成潜在威胁。生态环境风险包括生态风险和环境风险。生态环境风险有效管控体系应包括风险监测预警系统、风险评估系统、风险调控系统、风险立法体系和风险防范制度系统这五个子体系。生态环境风险可分为三大类：环境污染风险，包括空气、水、土壤、噪声、农药和辐射等污染；资源供应不足风险，包括土地、水资源、农产品、矿产资源和能源等匮乏；自然灾害风险，包括洪水、台风、泥石流、地震、火山和龙卷风等灾害。生态环境风险具有复杂性、动态性、整体性特点，它涵盖了自然、经济、社会的各种系统，并且包括了多种来源、多种形式，不同的系统级别、不同的地理尺度、不同的风险等级以及它们的危害程度，还有它们之间的相互交织和复合的风险和威胁。在全球范围内，我国的环境风险管理仍然相当脆弱，风险防控体系尚未健全。目前，我们需要积极构建风险防范法治体系、风险评估技术标准体系、风险常态化监测督查体系、风险事件应急管理体系。

1. 构建生态环境风险防范法治体系

为了确保人类与自然的和平相处，我们需要从法律角度加强对生态环境的风险预防措施。第一步是修改现有的资源环境法规以包含更全面的环境风险因素，如不同的风险源头、级别、种类等。同时，我们要逐步整理并统一各个领域的立法内容，以便更好地实施跨界合作、地区协作和交叉监管执法。第二步是要加速更新关于自然资源和环境保护的相关法规，包括水质治理、土地净化、噪声控制、生态补偿机制以及自然保护区的建设等方面。第三步则是明确各类环境风险的分类，及时制定新的法律法规来填补空白，例如"突发环境事故处理条例""生态环境责任法"等，还有像"化学品风险管理""危险废物风险管理""核及核辐射风险管理"等，构建一个全面的、严谨的执行法律的管理制度体系。

2. 构建生态环境风险评估技术标准体系

对生态环境风险进行评估是有效管理风险的核心工具和方法，基于风险评估的环境基准和环境标准对环境风险管理有着关键的影响。目前，我国必须主动促进生态环境的风险评估，并把它融入到发展计划、政策构想及开发建设等各领域。此外，还需尽速优化风险评估体系，根据各种风险来源和形式，以风险受体为核心，考虑生物个体、人体、种群群落等层面受损情况；同时在考虑评估风险系统的种类，如景观、农田和城市的生态环境时，还需要关注到流域、空气、水源和土地等生态环境的破坏状况；还需要设定在不同风险受体和区域尺度下的生态环境风险可接受的标准体系，并制定相应的风险预警等级和应对策略。需要建立一个能够预测资源消耗和环境容量是否接近或超过风险可接受标准的机制，并且需要建立一个完整的生态环境评估制度体系、风险管理技术指南和标准体系。

3. 构建生态环境风险常态化监测督查体系

风险监测对于风险评估、预警和督查处置至关重要。首先，要建立全国生态环境监测网络，设立监测点，确保各部门之间、中央与地方之间的数据信息共建共享互联互通平台有效运行，以实现检查督查的常态化和规范化。其次，需要明确且积极开展在重点地区、流域、行业以及资源和领域等方面的监测。针对不同的风险源和风险类型建立健全常态化的环境风险监测，并以"生态保护红线、环境质量底线、资源利用上线和环境准入"为依据完善负面清单。第三，需要探索并建立一个适用于人体、物种和群落等各类受体的健康环境标准，同时设立一个面向公众和社会团体组织的生态环境风险信息公开制度，并设定相应的奖惩措施。最后，需要建立一个针对性强的生态环境突发事件风险点的常态化监测系统，并为提升应急能力提供技术支持。

4. 构建突发生态环境风险事件应急管理体系

重大自然灾害可能导致的环境威胁具有广泛的影响力且破坏性极大，这对社会的安定有着深远的负面效应。因此，我们需要加强迅速地应对危机的管理系统，以提高我们在面对这些问题时的反应速度与效率。其中包括：首先，我们要根据不同的风险源头、种类以及各类的风险接受者和政府管理层次来制定出一套完整的生态环境风险防范策略；其次，在此基础之上，进一步优化并强化我们的应急计划框架；再次，要通过设立国家级到地方级的联动响应机构来增强各级之间的沟通协作，同时还要创建一种能够跨越地区和部门界限的紧急情况处理协同机制；最后，为了更好地应对各种意外事故，我们还需建立起全面的应急救援网络，并且规范信息的上报流程和透明度，以便让公众更有效地了解相关的情况。另外，对于一些关键领域的特殊关注也是必要的，比如那些容易出现严重环境问题的地点或行业，应实施定期性的环境状况检查和潜在损害评价工作，并在必要时及时发布警报，从而尽早发现并预防任何可能出现的危险因素。

总之，生态安全是自然生态系统健康可持续发展的基础，是人类社会生存与发展的保障，是国家总体安全的重要组成部分，是政府管理的重要职责和任务之一。维护生态安全，必须不断满足经济社会进步对生态环境的需求，并确保公众的生态权益得到有效的保护。为此需要科学地设定生态保护红线，以防止经济社会的发展遭受到来自资源和生态环境的限制和威胁。同时，也需要增强生态系统的多样性、稳定性、持续性，以提升应对和解决生态环境矛盾和生态环境危机的能力。

生态文明建设的"五大体系"是相互联系、相互作用的有机整体，它不仅系统界定了中国特色社会主义生态文明体系的基本框架，更是实现人与自然和谐共生现代化的主要路径。"五大体系"的建设内涵，旨在为全面建成人与自然和谐的美丽中国提供理论与实践指导，只有加快构建，才能确保到2035年，生态环境质量实现根本好转，绿色发展方式和生活方式全面形成，人与自然和谐共生，基本实现美丽中国目标。

第四章

海南人与自然和谐共生现代化的历史进程

2013 年 4 月，习近平总书记在视察海南时要求海南闯出一条跨越式发展路子来，争创中国特色社会主义实践范例，谱写美丽中国海南篇章。历史大棋局中的一步落子，只有跨越时空维度，方能看出弈棋者的高瞻远瞩。在历史唯物主义视域中，尤其是在"大历史观"的理论框架内，透视海南三十多年的发展历程，方能在过去与现在、现在与未来的双重对话中认清省情、明晰目标、找到未来的路。只有厘清海南的历史发展进程，总结海南特区发展的经验教训，探寻海南特区发展中的现代性发展规律，方能站在"新时代"的历史方位中澄明海南争创中国特色社会主义实践范例、创建人与自然和谐共生现代化海南范例的发展方向。

在大历史观视域中，利用唯物主义辩证法看待海南三十多年的发展历程，我们看到，海南三十多年来一直发扬敢闯敢试、敢为人先的特区精神，陆续提出了不少发展战略，从贫穷落后的边陲海岛发展成了今天全国人民向往的四季花园。但同时我们看到海南在发展过程中，出现了多次摇摆不定的局面。从"工农贸并举"到房地产一枝独秀，从"以旅游业为龙头"到"一省两地""两大一高"，几经沉浮，终于确立了"生态立省"战略。也正是在这种意义上习近平总书记在建省办特区 30 周年的讲话中要求我们"保持历史耐心，发扬钉钉子精神，一张蓝图绘到底，一任接着一任干"。[1]

一、生态立省：特区发展中的战略转折

海南省拥有中国最大的海域、最丰富的海洋资源、最好的生态环境，自然基础条件极为优越。在占据生态和区位优势的同时，国家也一直给予海南特殊的政策优势。作为最年轻的省份，海南选择并确定什么样的区域发展模式都需要制度保证和发展战略的明晰。三十多年来，海南在一系列艰难的探索中坚守住了生态底线，确立了"生态立省"战略，创新开拓出了一条绿色崛起之路。

（一）建设生态省前的战略反思

1. 作为"国防前哨"的海南（1950年至1978年）

海南解放初期，中央确定海南的发展战略为"国防前哨"和"全国唯一的橡胶岛"。在"国防前哨"这一发展战略指导下，国家没有对海南进行大规模投资建设，使得原本就边远落后的海南与内地的差距逐渐拉大。在把海南建成"全国唯一的橡胶岛"的战略指导下，全岛各个地方开始建立大量的生产建设兵团，他们在丘陵台地上安营扎寨后，便开始砍伐森林、开发荒地、种植橡胶等热带作物。尽管这一时期的橡胶产量非常可观，但却导致了全岛森林覆盖率的缩减、植被的退化、土地的沙化、水土流失以及生物多样性大幅度减少等问题，生态环境遭受了严重的破坏。

2. 作为"开放前沿"的海南（1978年至1988年）

这十年是海南初步开发的阶段，发展战略是"以对外开放促进开发"。这一战略的实施使海南慢慢从封闭状态转变为开放状态，产业也从单一化转变为多元化，经济开始逐步发展，人民生活水平也有所改善。然而，这一战略过分强调经济增长，缺乏明确的可持续发展目标，缺乏对改革开放和建设的成败评估标准。对于环境保护，仅限于治理污染，对保护生态环境缺乏足够的认识和重视，致使在开发过程中生态破坏严重。

---

〔1〕《习近平：在庆祝海南建省办经济特区30周年大会上的讲话》，载《人民日报》2018年4月14日。

3. 作为"经济特区"的海南（1988 年至 1999 年）

1988 年海南建省，发展战略是建设"海南经济特区"。最开始提出"以工业为主导、工农贸商旅并举、三大产业协调发展"的发展战略。但海南省建立初期，其工业基础相对较弱，起步较晚，基础设施相对落后，配套设施也不尽如人意，所以符合海南实际具有海南特色的产业结构难以成型，目标战略也就难以有效实现。1992 年，邓小平"南方谈话"后，国务院正式批准吸引外资开发洋浦经济开发区，与此同时海南的房地产市场也突然火热起来，成了经济领域的"一枝独秀"。1993 年初，针对当时海南房地产"一枝独秀"、产业结构不合理的问题，提出以"旅游业为龙头"推动海南经济腾飞的战略。此战略强调了三大产业的协调进步，并第一次着眼于海南自然资源的优越性，突出发展旅游行业的正确导向。然而，旅游行业受到国际和国内的政治和经济环境的限制，存在不稳定性。尽管 1993 年海南已经基本建立起全面的开放格局，但旅游行业并未能够承载起推动整体经济增长的龙头角色。1994 年 7 月，全省经济工作座谈会提出重点发展基础设施产业、基础工业产业"两个基础产业"和热带农业、旅游业"两个优势产业"。随后，"房地产泡沫"以及金融信用危机使海南 1995 年的经济增长率从全国第一跌至倒数第一。海南经济跌入谷底，较长时间陷入萧条和发展战略艰难选择的困惑之中。随着改革开放的深入，海南省委、省政府吸取经验教训后明确意识到，海南的发展不能以破坏环境为代价，因此提出了"破坏海南的生态就是砸海南的饭碗"，[1]"保护和改善生态环境就是保护和发展生产力"[2]的主张。

在深刻认识到优良的生态环境是海南最大的特色和优势的基础上，海南省委、省政府在 1994 年实施"封山育林"政策，全面禁伐天然林。这一举措使得海南中部热带雨林得到有效保护，为维护生态平衡起到积极作用。1995 年，全省进行了沙化、荒漠化土地普查，发现全省沙化、荒漠化土地面积近 120 万亩，涉及沿海 12 个市县的 80 多个乡镇。为治理这些荒漠化土地，海南编制了《海南省沙化（荒漠化）土地治理方案》，每年投入专款进行治理。1996 年初，海南省委、省政府提出了"建设新兴工业省、热带高效农业基地、

---

〔1〕 刘江等：《海南：生态立省九年路》，载《中国经济周刊》2008 年第 13 期。
〔2〕 刘江等：《海南：生态立省九年路》，载《中国经济周刊》2008 年第 13 期。

热带海岛休闲度假旅游胜地"[1]的"一省两地"战略。"一省两地"战略的目标虽然令人向往，但却脱离海南"三低两弱"（劳动生产率低、城镇化水平低、城乡居民收入水平低，生态脆弱和社会文化薄弱）的实际，难以实现。总的来说，在这个阶段，海南成功地设定了经济发展与环境保护协调发展的战略，并强调不能以牺牲生态环境为代价来推动经济发展。成功地进行了政治和经济体制的改革，创建了社会主义市场经济，实现了经济社会的全面进步，人民的生活质量也有了显著提高。然而，这一时期的战略普遍设定了过快的经济增长速度，并且只关注经济增长的速度和规模，忽视了经济的质量和效益，这导致海南经济的起伏波动较大，对海南社会经济的健康持续发展产生了影响。

综上所述，我们可以清楚地看到，从1950年海南岛解放到1999年建设海南生态省的50年间，海南在不同的历史时期选择不同的发展战略，从"国防前哨""全国唯一的橡胶岛"到"以对外开放促进开发"，再到建设"海南经济特区"，这些战略措施虽然对海南的发展起到了很大的推动作用，并取得了一定的成绩，但其最大的问题在于只关注了经济的发展进步，忽视了生态环境质量的严重退化。海南经济基础较差，生产工艺和设备落后，再加上文化科技水平偏低，发展过程中普遍采用传统的粗放型发展模式，不仅效率低下且消耗大量能源和自然资源，同时也造成部分地区的生态环境被破坏。海南发展了50年，整体还属于工业化水平、城镇化水平、城乡居民收入水平偏低和经济总量小的经济欠发达地区。但不可否认的是，在此阶段，热带农业、旅游业、海洋产业以及资源型工业逐渐崭露头角。与此同时，全球对于可持续发展的强烈呼声启发了海南的发展思路：海南未来真正能给中国发展作出贡献的可能不是工业、不是科技，而是保护和发展好独特的、不可替代的热带自然环境，大特区的探索试验所能引领和示范全国的应当主要是绿色发展的道路和模式。

（二）生态立省是海南可持续发展的战略选择

海南建设生态省没有现成的模式和经验可循，只能是"摸着石头过河"，

---

[1]　阮崇武：《关于海南省国民经济和社会发展"九五"计划和2010年远景目标纲要的报告——1996年2月6日在海南省第一届人民代表大会第四次会议上》，载 https://www.hainan.gov.cn/hainan/szfgzbg/202108/d6eb6ea715b94795827d67841f29dcee.shtml，最后访问日期：2023年2月6日。

但在选择什么样的发展模式的问题上达成了共识，即必须走"低投入、低消耗、无污染、高效益"的可持续发展道路。1999 年 2 月 6 日，海南省第二届人民代表大会第二次会议通过《关于建设生态省的决定》。3 月 30 日，国家环保总局正式批准海南省为我国第一个生态示范省。7 月 30 日，海南省人民代表大会常务委员会第八次会议批准《海南生态省建设规划纲要》。根据《海南生态省建设规划纲要》，生态省建设涉及四个方面："一是加快发展生态经济，推行节约、环保、高效的经济增长方式，实现经济更快地协调发展，为全面实现小康社会和现代化建设目标奠定坚实的物质基础；二是开展环境保护和生态建设，在发展中注重解决好资源和生态环境问题，打造生态环境优势；三是创建具有海南特色的优美人居环境，提高人民群众的生活水平，创造一流的生活与工作环境，提供一流的生活质量；四是推进生态文化建设，在全社会营造爱护环境、保护环境、建设环境的良好风气，为经济持续、快速、健康、协调发展提供精神动力和智力支持。"[1]生态省建设目标是"经过 20 年的努力，把海南建设成为具有良好热带生态系统、发达的生态经济体系、人类与自然和谐共处的生态文化氛围、一流生活环境和生活质量的符合可持续发展要求的省份"。[2]简言之，即继续实施"一省两地"战略，但配套遵循"三不原则"（不破坏资源、不污染环境、不搞低水平重复建设）和"两大一高"（大企业进入、大项目带动、高科技支撑）的工业发展战略，杜绝走"先污染、后治理"的道路。至此，海南走上了生态建省的发展道路。

海南生态省建设在新世纪以后伴随着经济的恢复增长进展迅速，为适应新形势，2002 年，在"生态立省"的基础上提出加速海南发展的"四大战略"，即科技兴琼、优势产业、城市化和可持续发展战略，从而使海南的发展战略更符合海南的具体情况。这一年，海南还开始实施退耕还林工程，以及设定了用 5~8 年时间把全省半数以上自然村建成文明生态村的规划。2003年，海南开始实施"三边"（海边、路边和城边）防护林工程，进一步改善海南省旅游投资环境，促进经济社会健康发展。2005 年，海南省第三届人大常委会会议审议通过了《海南生态省建设规划纲要（2005 年修编）的决定》，将生态省建设推向全面实施新阶段。随后，2006 年海南省发布的《海南省国

---

〔1〕 刘江等：《海南：生态立省九年路》，载《中国经济周刊》2008 年第 13 期。
〔2〕 刘江等：《海南：生态立省九年路》，载《中国经济周刊》2008 年第 13 期。

民经济和社会发展十一五规划纲要》提出："要大力发展循环经济，努力打造独具特色的人居环境，最宜人居的环境特色，把海南逐步建设成气候宜人、环境优美、交通便捷、生活舒适、全国人民心目中理想的'第二居住地'。"[1]2007年4月，海南省第五次党代会明确提出坚持"生态立省、开放强省、产业富省、实干兴省"[2]的十六字方针，要求把海南"建设成一个绿色之岛、开放之岛、繁荣之岛、文明之岛、和谐之岛"。[3]

从1999年率先提出建设生态省到2007年决定实施"生态立省"战略，海南在一步步探索中对未来发展的思路日渐清晰。2007年10月，党的十七大报告正式提出了"建设生态文明"的目标，而海南省的"生态省"建设和"生态立省"战略则成了在科学发展观正确指导下的我国生态文明建设的先行示范。从政府战略决策的高度来看，生态省建设是一项具有前瞻性、开拓性、综合性的伟大系统工程，是可持续发展战略的具体贯彻落实，对全省经济社会稳定和生态环境保护具有全局性、长远性影响。从主要内容来看，生态省建设主要包括环境保护、生态产业发展、人居环境建设、生态文化建设等四个主要方面，涵盖了环保、资源、人口、经济、教育、医疗、农业、林业、水务、城市建设等众多领域。从对策和措施来看，生态省建设要运用现代科学的生态系统的方式方法，坚持在发展中保护，在保护中发展，保证自然资源开发利用速率在合理范围内。"生态立省"和"绿色之岛"明确了生态环境保护之于海南省的重要地位，对于海南省经济健康可持续发展具有重要意义。它强调海南省要充分认识和发挥自身地理环境优势，不能盲目选择传统工业发展模式，要坚持发展生态经济，实现生态环境保护与经济社会发展的"双赢"之路；要建设良好的人居环境，努力提高人民生活质量。按照海南省经济社会发展阶段性目标要求，海南正逐步转变经济增长方式，大力发展生态产业，推动科技进步，宣传生态文化，提高劳动者素质，努力促进经济社会高质量发展和良性循环。

---

〔1〕《海南省国民经济和社会发展十一五规划纲要》，载 https://www.gov.cn/test/2006-02/07/content_181327.htm，最后访问日期：2021年7月19日。

〔2〕卫留成：《海南省第五次党代会上的报告》，载《海口晚报》2007年4月26日。

〔3〕卫留成：《海南省第五次党代会上的报告》，载《海口晚报》2007年4月26日。

（三）生态文明建设的成果不断呈现

生态省建设应该说初步实现了经济社会发展与生态环境保护的双赢。这一时期海南经济得到较快发展、产业结构得到优化，生态环境得到恢复和改善，环境污染得到有效控制，空气质量持续保持国家一级水平，城乡人居环境得到了显著改善。

1. 初步形成了与海南生态环境空间格局相适应的产业分布和生态保护格局，生态型经济又好又快发展。海南充分发挥自身地理区位与生态环境优势，按照与环境功能分区相适应的原则进行产业规划布局。中部山区主要发展生态农业和生态旅游，保障水资源和确保海南生态安全；东部和南部主要发展以观光和度假为主的生态旅游；在环岛台地水土条件较好的区域，主要发展热带高效农业；将工业项目集中布局在海南岛西部局部少雨区域，构建"西部工业走廊"，以便于集中有效处理污染物，将污染降到最低。与此同时，海南要求把环境保护、生态建设、污染控制作为经济社会发展的前提条件，推动经济社会发展与环境保护同步提升。海南生态省建设一方面优先发展生态型产业，一方面在原有产业基础上推动各类产业逐步实现生态化，构筑以生态农业、生态旅游业、生态工业共同发展的生态产业格局。另一方面坚持严格的产业发展标准，减少废弃物排放，控制环境污染。

在旅游业方面，找到了生态环境保护与旅游开发切合点，积极发展生态旅游业，建成一批以生态恢复、生物多样性保护和弘扬生态文化为主题的生态旅游区。成功打造了森林探险游、峡谷漂流、海底观光、农家游等生态游新品牌。在农业方面，大力鼓励发展"绿色"和"无公害"农产品，有效防治农业污染，促使传统农业向生态农业转变。海南省坚持走新型工业化发展道路，坚持"两大一高"产业发展战略，大力发展低污染的清洁型产业，减少废物排放，控制环境污染。洋浦纸浆厂、海南炼化、东方气田、富岛大化肥厂、三亚南山发电厂等一批资源型和清洁生产型生态工业项目，以及生物制药、IT产业、光纤光缆等一批高科技项目先后在海南成功落户，有效促进了海南省产业转型升级。

随着海南新兴工业的崛起，海南经济总量不断扩大。1998年至2005年，海南工业增加值从 55.7 亿元增加到 166.6 亿元，增长 299.1%[1]，发展势头强劲。经过多年的探索与努力，海南已经找到了一条产业发展与环境保护并举的可持续发展之路。至 2007 年海南全省生产总值（GDP）1229.6 亿元，同比上年增长 14.5%，创 1994 年以来经济增长新高[2]。与海南建省初期相比 GDP 增长 21 倍；地方财政收入增长 50 多倍；城镇居民收入增长 11 倍；农民年收入增长 7.6 倍[3]。但更喜人的是经济发展对生态环境的压力比预期要好得多，2007 年海南工业化学耗氧量、粉尘排放量分别比 1999 年减少 64%、62%[4]，环境质量继续保持全国一流水平。

2. 初步完善生态文明建设法规体系。海南运用特区立法权，先后制定并实施了包括森林、大气、水体、海洋、土地等在内的 60 多项生态环境法规，这些法规已经初步构建起了生态省建设的法规保障体系，确保了生态省建设有法可依，依法推进。

3. 持续改善自然生态基础。海南省规划了四个生态功能区，分别是海洋生态圈、海岸生态圈、沿海台地生态圈和中部山地生态区。严格控制和重点保护生态核心区，特别是中部热带天然林、沿海防护林两个生态保障体系。加强重点林区和自然保护区建设，实施严格的封山育林制度，采取自然修复为主、人工修复为辅的方法，最大限度恢复海南森林覆盖率及森林生长质量。2004 年，海南中部山区被原国家环保总局批准为国家级生态功能保护区。2008 年，海南森林覆盖率从建省之初的 38.3% 提升到了 57.1%，远高于全国 19.2% 的水平[5]。

4. 持续改善城乡人居环境。通过生态示范市县、城市生态人居建设工程、农村人居生态建设工程、环境优美乡镇、文明生态村等生态示范项目与工程的建设，大大改善了城乡人居环境。海口与三亚市分别被评为国家环保模范城市、国家卫生城市以及最佳人居环境奖。其中，文明生态村建设更是成效显著。在海南这个农业占绝对优势的省份，生态省建设的成败，关键取决于

〔1〕　参见《海南：创建全国第一生态省的和谐诉求》，载《海南日报》2006 年 12 月 17 日。

〔2〕　参见《2008·海南春天观察之一：海南经验》，载《海南日报》2008 年 5 月 12 日。

〔3〕　参见《海南：在改革开放中发展前行》，载《光明日报》2008 年 12 月 1 日。

〔4〕　参见《海南生态省建设成效显著》，载 https://www.gov.cn/govweb/ztzl/2006-01/01/content_144999.htm，最后访问日期：2006 年 1 月 1 日。

〔5〕　参见《2008·海南春天观察之一：海南经验》，载《海南日报》2008 年 5 月 12 日。

农村。2000 年以来，海南省委、省政府在全省范围内有组织地开展了以"优化生态环境、发展生态经济、培养生态文化"为主要内容的文明生态村创建活动。

文明生态村建设是海南生态省建设的细胞工程，是社会主义新农村建设的综合载体。海南省首先从整治农村人居环境入手，积极开展修路、植树、美化、绿化等工作，改变农村脏乱差的人居环境；其次，发展生态经济，将经济增长与环境改善相结合，积极推进热带高效农业的发展，以提升农民的经济收益；最后，培育生态文化，借助于思想道德教育和科技文化教育，改变农民的思想理念，进而改变他们的生活方式，农民素质和农村文明程度整体得到提升。截至 2012 年底，海南全省已建成文明生态村 13 660 个，约占全省自然村总数的 58.6%。[1]

总的来说，从"封山育林"到"生态立省"，体现出了海南始终把生态文明建设摆在突出位置，加强环境保护与生态建设，并通过采取一系列措施，使海南生态省建设的各项工作稳步推进，在经济、社会和环境建设上均取得可喜成绩，得到全省上下一致认可，是海南建省后提出的多种发展模式中的一种最佳战略选择，是坚持可持续发展，努力建设美丽海南的明智战略选择。

二、生态文明建设示范区："生态立省"战略的崛起

生态省建设对于海南而言，并非脆弱的生态环境难以承受经济发展带来的压力，而是优良的生态环境对经济发展的贡献太小。海南省委、省政府始终坚持发展是第一要务，基于生态省建设取得的成就，充分发挥优越的区位条件、丰富的要素资源、国家赋予的经济特区的开放政策，依托巨大的国内外市场，继续提升发展战略，加快推进旅游要素国际化进程，促进生态文明建设实现新的跨越式发展。

（一）着力打造生态文明建设示范区

2009 年 12 月，国务院发布的《关于推进海南国际旅游岛建设发展的若干意见》（以下简称《意见》），正式批复了"海南国际旅游岛"发展目标，海

---

〔1〕 参见《全力打造"美丽乡村"全省累计建成文明生态村 13660 个》，载《海南日报》2013 年 3 月 14 日。

南建设国家旅游岛正式上升为国家战略。《意见》提出了既凸显海南潜在优势，又适合海南发展的"六大战略定位"，概括起来就是"三地两区一平台"："三地"即世界一流的海岛休闲度假旅游目的地、南海资源开发和服务基地、国家热带现代农业基地；"两区"即我国旅游业改革创新的试验区、全国生态文明建设示范区；"一平台"即国际经济合作和文化交流的重要平台。其中明确把"建设全国生态文明建设示范区"作为海南六大重要战略定位之一，要求"探索人与自然和谐相处的文明发展之路，使海南成为全国人民的四季花园"。[1]2011年，海南开始谋划推进"绿化宝岛"大行动，"绿化宝岛"大行动是省委、省政府决定实施的重大生态民生工程，是推进海南国际旅游岛建设的重要举措。2012年4月，省第六次党代会报告就海南未来的发展提出了"坚持科学发展，实现绿色崛起"战略，进一步丰富和完善了海南生态省建设的内涵，促进了全国生态文明示范区建设。2012年9月，省政府常务会议审议并通过了《海南省绿化宝岛大行动工程建设总体规划（2011-2015）》。其确定的总体目标为："植树造林绿化150万亩，森林覆盖率达到62%以上，各市县城区绿地率达到35%以上，道路绿化达标率达到95%以上。"[2]

2013年4月，习近平总书记视察海南时提出："青山绿水、碧海蓝天是海南建设国际旅游岛最强的优势和最大的本钱"，[3]他希望海南处理好发展和保护的关系，持续在"增绿"和"护蓝"上下功夫，为全国生态文明建设当个表率，为子孙后代留下可持续发展的"绿色银行"，他要求海南以国际旅游岛建设为总抓手，"争创中国特色社会主义实践范例，谱写美丽中国海南篇"[4]。为贯彻落实好习近平总书记2013年视察海南时的重要讲话精神，2014年省委六届五次全会作出取消中部生态核心区4个市县的GDP考核的决定，对中部市县实行生态保护优先的绩效评价。2015年2月，海南省生态环境保护厅挂牌成立，凸显生态立省、环境优先的战略原则；同年6月开始，海南在全国率先开展省域"多规合一"改革试点，全省陆域面积和近岸海域面积均有1/3

〔1〕参见《国务院关于推进海南国际旅游岛建设发展的若干意见》，载《海南日报》2010年1月5日。
〔2〕参见《省政府召开第82次常务会议》，载《海南日报》2012年9月11日。
〔3〕参见《科学认识省情 用足用好优势》，载《海南日报》2013年7月31日。
〔4〕参见《科学认识省情 用足用好优势》，载《海南日报》2013年7月31日。

以上被划入生态保护红线区域；同年7月至8月，海南在全省沿海市县开展为期一个月的海岸带保护与开发专项检查行动，经此行动，基本完成"摸清情况、找准问题、严肃整改"的任务要求，该整改结果充分体现了贯彻法规、推进改革和顺应民意的意义和作用，为建立海岸带保护与开发长效机制奠定了基础。2016年，海南省持续加大生态环境保护力度，积极推进生态文明建设，谋划部署了"深入推进整治违法建筑、城乡环境综合整治、城镇内河（湖）水污染治理、大气污染防治、土壤环境综合治理、林区生态修复和湿地保护"[1]等六大专项整治工作。为开展好这项工作，海南省政府印发了《海南省人民政府关于深入推进六大专项整治加强生态环境保护的实施意见》。2017年4月，省第七次党代会提出要"加快建设经济繁荣、社会文明、生态宜居、人民幸福的美好新海南"[2]。明确海南发展的"三大优势"，提出要通过不懈努力实现"全省人民的幸福家园、中华民族的四季花园、中外游客的度假天堂"[3]的"三大愿景"。同年9月，省委七届二次全会通过《关于进一步加强生态文明建设谱写美丽中国海南篇章的决定》（以下简称《决定》），《决定》指出，进一步加强生态文明建设必须做到"五个坚持"："坚持生态立省不动摇，倍加珍爱、精心呵护海南的青山绿水、碧海蓝天，以生态文明建设引领经济社会发展。坚持绿色发展不动摇，以供给侧结构性改革为主线，加快形成绿色产业体系，不断提高资源利用水平，闯出人与自然和谐发展的新路。坚持正确的政绩观、发展观，始终做到保护和发展并举，任何影响生态环境的项目，即使再多税收也坚决不上，防止急功近利，多做打基础、利长远的工作，努力创造经得起实践、人民、历史检验的业绩。坚持以人民为中心，以最好的资源吸引最好的投资、最好的资源让广大人民共享，让绿水青山成为造福海南百姓的金山银山。坚持改革创新，以解决生态环境领域突出问题为导向，因地制宜大胆探索，充分借鉴国内外先进技术和经验，形成生态文明建设长效机制。"[4]《决定》还提出了未来一个时期的主要目

---

〔1〕 参见《海南生态建设大事记》，载 https://www.hainan.gov.cn/hainan/60878/201703/a8ed0b2f32344270bf9b84a38bd6f57c.shtml，最后访问日期：2017年3月6日。

〔2〕 参见《省第七次党代会报告三大特点详解》，载《海南日报》2017年5月10日。

〔3〕 参见《省第七次党代会报告三大特点详解》，载《海南日报》2017年5月10日。

〔4〕 《关于〈中共海南省委关于进一步加强生态文明建设谱写美丽中国海南篇章的决定〉的说明》，载《海南日报》2017年9月25日。

标，即确保海南的生态环境质量只能更好、不能变差，努力建设全国生态文明示范区，力争生态文明建设走在全国前列。

（二）积极探索绿色崛起之路

海南此时已经明确意识到，绿色崛起是可持续发展的时代要求，是国际旅游岛建设的总体思路，是建设成为全国生态文明示范区的根本战略。绿色崛起强调人与自然、与社会、与自己和谐共处，突出以人为本、环境友好、集约高效、开放包容，是全面、协调与可持续发展条件下实现的经济增长与发展。一句话概括绿色崛起的要义就是以"生态文明"主导海南国际旅游岛建设，力图通过绿色发展步入发达地区行列。因此绿色崛起需要以生态建设为前提，经济建设为核心，文化建设为支撑，社会建设为基础，政治建设为保障，通过尽可能低的成本代价和最适当的资源分配来实现最高的经济与社会收益，进一步促进地方经济的飞速增长。

海南对绿色崛起具体发展模式的初步探索可以概括为"六个最"，即最重要的前提在于科学规划，最核心的支撑在于产业振兴，最根本的出路在于改革开放，最基本的依托是悉心呵护海南得天独厚的生态环境，最终目标是打造中外游客的度假天堂和海南人民的幸福家园，最有力的思想保障是牢固树立科学发展的理念和正确的政绩观。可以说这"六个最"搭建起了"绿色崛起"的"四梁八柱"，而其中最基本的支柱是呵护生态环境，最重要的支柱是产业振兴。

1. 坚定不移地实施绿色产业发展。海南生态资源优势突出、生态环境脆弱的省情，决定了海南只能选择低能耗、低排放、高效益、高科技的绿色产业。具体可以概括为"一岛四业"的产业发展战略，即以国际旅游岛建设为总抓手，优先发展以旅游业为龙头的现代服务业，集约、集群、园区化发展高科技新型工业，做精做优热带特色现代农业，加快发展海洋产业。其中，大力开发海洋资源，优化"蓝色产业"结构与布局，形成以海洋渔业、运输业、油气业、热带滨海旅游业等为先行性产业以及与其他海洋产业协调发展的南海资源综合开发基地，不仅具备优秀的近期收益，还具备长期的可持续性收益。热带农业及其轻加工业以精致、绿色、专业化、规模化为导向，转变传统农业增长方式，突出精细、集约、绿色、环保与品牌概念，全面提升农产品质量，加大农产品出岛出口，增强农产品在国内外市场的竞争力与占有率。海南充分借鉴国内外发展岛屿国际旅游的经验，把休闲度假、商务会展、文化体验、公共关系与海南的良好生态环境结合在一起，做实、做大、做强、做精海南现代旅游业。"一岛四业"实际上就是"六大战略定位"的具体化，体现了海南生态文明与绿色崛起的合理性与可操作性。总体上说海南的主要目标在于在不断优化产业布局的同时，积极改革其经济增长模式，全面考虑各个因素，统筹兼顾，从体力转向科技，从粗放转向集约，从低档次转向高质量，实现强岛富民。

2. 坚定不移地实施绿色环保。生态，是海南最可自豪的自然禀赋。以生态促发展，以发展促生态，将始终是海南发展的关键词。海南实施资源节约、环境保护、生态保护"三大行动"，保护好海南发展的生命线和建设国际旅游岛的重要资源。在资源节约方面，海南省提出资源利用由外延粗放式转变为内涵集约式发展，逐步形成以提高能源资源利用效率为核心，以节能、节水、节地、节材、能源资源综合利用和发展循环经济为重点的，保护生态环境的产业结构、增长方式、消费模式。通过提高节能环保市场的准入门槛，全面取消像立窑水泥和黏土砖这样的落后产能；推进节能减排重点工程，强化储能、变频、建筑节能等环保技术的推广使用；持续关注农业的节水灌溉，并且加强对工业节水技术的改进和推动循环利用水资源；需要完善土地管理体系，加强对土地使用的全面规划和年度计划的管理。在发展循环经济方面，从生产、流通、消费等各个方面着手，打造一个资源的循环利用系统，提升资源的使用效率。通过沼气作为连接点，来推动畜牧业废弃物、糖业蔗渣等的综合使用，进而发展循环农业。将城市和旅游区作为重点，参考国际上的成功经验，建立一个全岛性的再生资源分类回收利用系统，并且发展再生资源行业，以此来推动垃圾的资源化利用，并全方位地推动循环经济的发展。在推动低碳产业方面，构建以减少碳排放为主要特性的工业、建筑及交通系统，促进经济社会向更高的能源效率、更低的能源消耗、更低的排放方式转变；同时大力发展清洁煤、新能源汽车、节能灯等产品，从而推动低碳产业发展。

在环境保护方面，海南省提出四大任务，即着力完成重点流域综合整治、海洋环境保护、城镇环境综合整治、农村环境综合整治。不仅从源头防范环境污染和生态破坏，还加快推进了城镇生活垃圾和污水处理设施建设。密集开展了违建、城乡环境、海岸带、城镇内河湖水污染、林区生态修复和湿地保护、大气污染六大专项环境整治行动。加强海洋环境保护，强化城市海岸带环境保护，严格保护、合理利用岸线、滩涂资源。要求加强水源保护，确保群众饮水安全。优化环境保护的目标管控，积极实现主要污染物的总体降低，增强对于污水处理厂、燃煤电厂以及关键的工业公司等关键的污染源的日常操作的监督，持续促进污水处理厂的配套管道、电力以及水泥等关键领域的烟雾净化设备、大型的家禽养殖场的污染防控设备的构筑。加大对城乡环境的整体治理力度，逐渐在海南省建立一个"户分类、村收集、乡镇转运、市县处置"的城乡综合垃圾处理模式，以提升农村生活垃圾的收集、清理和处理效率。同时，加速城乡污水和垃圾处理基础设施的建设，以推动城乡环境基本公共服务的均等化。

在生态保护方面，海南省要求始终保持森林覆盖居于全国领先地位，把海南岛真正建成全国人民的四季花园。全面推进"绿化宝岛"行动，启动海南省生物多样性保护战略与行动计划，加强自然保护区、重点水源地、重要海域的保护和管理。强化对自然资源的保护，并坚定地保护优先、有序开发，特别是对水源、土地、森林、矿产、海洋等自然资源的保护。率先在全国开展省域"多规合一"改革，将资源利用上限、环境质量底线、生态保护红线作为《海南省总体规划》的底线和刚性约束，要求城镇建设、产业发展和基础设施布局必须以资源环境承载力为基础，最大限度地守住资源环境生态红线。在加快发展、引进项目的同时，坚持"四个决不"，即决不把降低环保和安全门槛作为招商引资的优惠条件，决不在接受产业转移过程中接受污染转移，决不让传统工业集中区成为新的污染源，决不以牺牲环境为代价换取一时的经济发展。充分发挥环境保护对经济增长的优化和保障作用。

3. 坚定不移地加强生态文明制度和法治建设。这一期间，海南生态环境保护措施不断加码，在抓好环境保护问题的同时，不断加强生态文明制度和法治建设。2013 年至 2018 年这五年间，海南省第五届人大及其常务委员会会议审议并通过了五十多件有关资源环境保护的法规，通过立法加强对林地、土地、水域、海域、岸线、矿产、森林等资源的保护。如修订《海南省自然保护区条例》《海南省城乡容貌和环境卫生管理条例》等，制定《海南省机动车排气污染防治规定》《海南省水污染防治条例》《海南省珊瑚礁和砗磲保护规定》等。2016 年 5 月，《海南省党政领导干部生态环境损害责任追究实施细则（试行）》明确提出实行生态环境损害责任终身追究制。同年，海南省人大常委会通过了《海南省人民政府关于划定海南省生态保护红线的通告》，划定陆域生态保护红线总面积 11 535 平方公里，占陆域面积 33.5%，划定近岸海域生态保护红线总面积 8316.6 平方公里，占海南岛近岸海域总面积 35.1%。2017 年 12 月，海南省出台了《海南省人民政府关于健全生态保护补偿机制的实施意见》，明确通过系列举措解决生态补偿工作中补给谁、补多少、如何补等普遍存在的问题，要求逐年加大省级财政生态保护补偿资金投入力度，优化整合资金，建立多元化生态补偿机制。2018 年元旦，海南正式实施新的《海南省市县发展综合考核评价暂行办法》，取消对 12 个市县地区生产总值、工业、固定资产投资的考核，同时把生态环境保护立为负面扣分和一票否决事项。

总之，海南以全面建设国际旅游岛为总抓手，抢抓国家实施"一带一路"倡议重大机遇，加快形成引领经济新常态的体制机制和发展方式，做优做强特色实体经济，坚定不移走科学发展、绿色崛起之路，统筹推进经济建设、政治建设、文化建设、社会建设、生态文明建设和党的建设，确保如期全面建成小康社会。

（三）生态文明建设的成就瞩目

在省委、省政府的正确领导下，海南坚持科学发展、绿色崛起，充分发挥生态环境、经济特区、国际旅游岛三大优势，通过不懈的努力和积极的进取，已经在经济和社会方面获得了显著的进步，并且在建设国际旅游岛的道路上稳健前行。

1. 拥有全国最好的生态环境，大气和水体质量保持领先水平。海南不负习近平总书记嘱托，多年来持续在"增绿""护蓝"上下功夫，以森林覆盖率超过 62%、空气优良率保持在 99% 以上的亮眼成绩获得了习近平总书记的高度评价。习近平总书记在"4·13"重要讲话中总体评价海南"拥有全国最好的生态环境"，[1]"大气和水体质量保持领先水平"[2]。

---

〔1〕习近平：《在庆祝海南建省办经济特区 30 周年大会上的讲话》，载《人民日报》2018 年 4 月 14 日。

〔2〕习近平：《在庆祝海南建省办经济特区 30 周年大会上的讲话》，载《人民日报》2018 年 4 月 14 日。

2. 基本形成以旅游业为龙头、现代服务业为主导的绿色产业体系。海南建省办经济特区以来，经济社会发展发生了翻天覆地的变化。海南 2012 年地区生产总值为 2855.26 亿元，2017 年地区生产总值达 4462.54 亿元，五年间迈上"两个千亿台阶"。在经济持续快速健康发展的同时，海南三次产业结构不断调整优化。2017 年第三产业占比 55.7%，服务业对经济增长贡献率达79.5%。旅游产业年接待游客总人数，从建设海南国际旅游岛之初的 2587 万人次跃升到 2017 年的 6745 万人次，旅游总收入从 257 亿元增长到 812 亿元。2017 年入境游客 111 万人次，提前 3 年完成接待百万人次目标。这一系列数据[1]显示，海南，这个曾经被视作贫困和落后的偏远小岛和传统的农耕地区，现如今已然转变为了全国人民向往的四季花园，以旅游业为龙头、现代服务业为主导的绿色产业体系正在迅速建立。

3. 生态文明建设与民生紧密结合，精准扶贫走出绿色发展之路。海南有5 个国定贫困县，其中 4 个是少数民族市县，集中构成了海南岛中部山区热带雨林国家重点生态功能区。在海南的精准扶贫行动中，中部山区被严格执行了生态红线保护和禁止房地产开发的政策。通过绿色产业扶贫、生态补偿和生态移民扶贫等手段，不仅提升了贫困家庭的收入和脱贫的能力，也维护了当地的生态环境。2012 年以来，全省减少贫困人口 61.9 万人，贫困发生率由12.3%降至 1.5%，517 个贫困村整村脱贫出列。

4. 基础设施日趋完善，绿色生产方式与绿色生活方式形成良性互动。海南自开始建立国际旅游岛，其旅游服务的基础设施逐步健全。现在，海南已经发展成为中国五星级酒店和国际旅游酒店品牌最集中的地方之一。全域旅游正在扩展到偏远的农村，以"农家乐"和"生态游"为核心的乡村旅游业已经初步形成，而且，生态环境保护的制度和措施也在不断推动"人与自然和谐共生"的理念。"路网、电网、水网、电网、气网"五大基础设施的建设取得显著的效果。海南的道路网络已经步入"高速""高铁"的新阶段，从而为绿色出行提供了实际的技术支持。海南电网的 1/3 电力供应是由光伏、风电、水电、核电等环保型能源提供的，这也为实现"节能减排"国家约束性指标的完成提供了实际的技术支持。与此同时，海南还通过推动互联网、物

---

〔1〕　参见《2018 年海南省人民政府工作报告》，载 https://www.hainan.gov.cn/hainan/szfgzbg/201802/140ce5d550184a55a87ac7cae959f8d9.shtml? ddtab=true，最后访问日期：2018 年 2 月 6 日。

联网、大数据、卫星导航、人工智能同实体经济的深度融合，促进绿色生产与生活方式的良性互动。

5. 海南居民的生态文明意识显著提高，内生动力机制基本形成。海南优渥的生态环境不仅是自然禀赋，更是自觉保护的结果。自从海南成为经济特区并开始建立，尤其是在党的十八大之后，海南通过全社会的有序的生态文明教育和生态文化、生态道德的建设，进一步增强了大众的生态文明认知，因此在全省范围内形成了一种充满生态文明建设责任感的"内生动力机制"，并创造了浓厚的生态文明建设气氛，构建了"政府、企业、公众共同参与"的生态文明建设的合力。

总之，海南以加强生态保护、发展生态产业、培育生态文化、建设生态人居为主线，全力推进资源节约型和环境友好型社会建设，在经济社会快速发展的同时，生态环境质量继续保持全国领先水平。海南用自己的绿色发展诠释了"绿水青山就是金山银山"[1]的发展理念，印证了习近平总书记"保护生态环境就是保护生产力，改善生态环境就是发展生产力"[2]的科学论断，在生态文明建设上交出了一份发展和保护双赢的答卷。

三、国家生态文明试验区：自贸港建设中的生态使命

习近平总书记多次强调，海南生态环境是大自然赐予的宝贵财富，必须倍加珍惜、精心呵护，使海南真正成为中华民族的四季花园。要支持海南建设国家生态文明试验区，这是彰显海南资源优势，为全国生态文明建设作表率，为建成中国特色自由贸易港奠定基础的国家战略。"国家生态文明试验区"是对海南国际旅游岛建设中"全国生态文明建设示范区"目标定位的延展和提升，它进一步要求海南以制度保障走出一条"人与自然和谐发展的路子"，[3]为全国生态文明建设探索经验。

---

〔1〕 中共中央文献研究室编：《习近平关于社会主义生态文明建设论述摘编》，中央文献出版社2017年版，第21页。

〔2〕 中共中央文献研究室编：《习近平关于社会主义生态文明建设论述摘编》，中央文献出版社2017年版，第20页。

〔3〕 习近平：《在庆祝海南建省办经济特区30周年大会上的讲话》，载《人民日报》2018年4月14日。

（一）国家生态文明试验区是党中央对海南的新期待

2018 年，习近平总书记在"4·13"重要讲话中对海南建省办经济特区三十年所取得的成就予以了充分肯定，对海南的未来发展作出了重大部署，要求海南"建设自由贸易试验区和中国特色自由贸易港，发挥自身优势，大胆探索创新，着力打造全面深化改革开放试验区、国家生态文明试验区、国际旅游消费中心、国家重大战略服务保障区，争创新时代中国特色社会主义生动范例，让海南成为展示中国风范、中国气派、中国形象的靓丽名片"。[1] 2018 年 4 月，《中共中央、国务院关于支持海南全面深化改革开放的指导意见》颁布，海南又一次成为各地区的试验先行者，这一次是建设国家生态文明试验区，是要以生态环境质量和资源利用效率居于世界领先水平为目标，着力在构建生态文明制度体系、优化国土空间布局、统筹陆海保护发展、提升生态环境质量和资源利用效率、实现生态产品价值、推行生态优先的投资消费模式、推动形成绿色生产生活方式等方面进行探索。

为了不辜负习近平总书记的殷切希望和深情嘱托，海南必须勇于做改革开放的开拓者和实干家，以理论创新和实践创新的新成果不断推进国家生态文明试验区建设。在实践创新方面，中共海南省委、省政府对海南生态文明建设和生态文明体制改革做出重要战略部署。在习近平总书记"4·13"重要讲话一个月之后，5 月 13 日，中共海南省委七届四次全会审议通过的《中共海南省委关于深入学习贯彻习近平总书记在庆祝海南建省办经济特区 30 周年大会上的重要讲话精神和〈中共中央、国务院关于支持海南全面深化改革开放的指导意见〉的决定》在"加快生态文明体制改革，建设国家生态文明试验区"部分，决定实行最严格的生态环境保护制度，筑牢生态安全屏障，推进生态环境治理体系和治理能力现代化，推动形成绿色生产生活方式。4 月 26 日，时任省委书记、省人大常委会主任的刘赐贵在海南省各界深入学习贯彻习近平总书记"4·13"重要讲话精神座谈会上强调，"一切伟大成就都是接续奋斗的结果，一切伟大事业都需要在继往开来中推进"，[2]"海南要以习

---

〔1〕 习近平：《在庆祝海南建省办经济特区 30 周年大会上的讲话》，载《人民日报》2018 年 4 月 14 日。

〔2〕《海南省各界深入学习贯彻习近平总书记在庆祝海南建省办经济特区 30 周年大会上的重要讲话精神座谈会召开》，载《海南日报》2018 年 4 月 26 日。

近平总书记重要讲话和中央文件精神为指引，发挥自身优势、大胆探索创新，努力成为新时代全面深化改革开放的新标杆"，[1]"要在建设国家生态文明试验区上大胆探索创新，确保海南生态环境只能更好、不能变差，产生让人看得见、摸得着、得实惠的生态效益，推动形成人与自然和谐发展的现代化建设新格局"。[2]6月28日，时任省长沈晓明主持召开省政府专题会议，研究生态文明建设相关工作。他强调："要着眼于国家层面需要解决的问题、海南层面需要突破的瓶颈，结合海南自身优势和特点，重点研究探索以下几个方面工作：一是探索绿水青山转化成金山银山的路径方法。要从行政体制、财政机制、金融手段、司法机制、产业联动机制等方面研究生态文明体制改革；二是陆海统筹。要在建立健全陆海统筹的生态系统保护修复和污染防治区域联动机制、开展海洋生态系统碳汇试点等方面进行研究探索；三是处理好保护与发展的关系。保护不是不发展，而是为了更好的发展，要探索协同推进生态优先和绿色发展新路子；四是促进绿色能源发展；五是加快推广清洁能源汽车。"[3]

2019年1月，中央全面深化改革委员会第六次会议审议通过《海南热带雨林国家公园体制试点方案》。2019年5月，中共中央办公厅、国务院办公厅印发《国家生态文明试验区（海南）实施方案》，对海南建设国家生态文明试验区进行了全面部署，明确到2035年，海南生态环境质量和资源利用效率居于世界领先水平，成为展示美丽中国建设的靓丽名片。2019年11月，中共海南省委七届七次全会审议通过《中共海南省委关于提升治理体系和治理能力现代化水平 加快推进海南自由贸易港建设的决定》，坚定践行绿水青山就是金山银山理念，以最严格的制度和措施确保生态环境只能更好、不能变差。

2020年6月，中共中央、国务院印发《海南自由贸易港建设总体方案》，方案明确提出创新生态文明体制机制，"深入推进海南国家生态文明试验区（海南）建设，全面建立资源高效利用制度，健全自然资源产权制度和有偿使

---

〔1〕《海南省各界深入学习贯彻习近平总书记在庆祝海南建省办经济特区30周年大会上的重要讲话精神座谈会召开》，载《海南日报》2018年4月26日。

〔2〕《海南省各界深入学习贯彻习近平总书记在庆祝海南建省办经济特区30周年大会上的重要讲话精神座谈会召开》，载《海南日报》2018年4月26日。

〔3〕沈晓明：《为全国生态文明建设积极探索海南经验》，载《海南日报》2018年6月29日。

用制度。扎实推进国土空间规划体系建设，实行差别化的自然生态空间用途管制。健全自然保护地内自然资源资产特许经营权等制度，探索生态产品价值实现机制。建立热带雨林等国家公园，构建以国家公园为主体的自然保护地体系。探索建立政府主导、企业和社会参与、市场化运作、可持续的生态保护补偿机制。加快构建自然资源统一调查评价监测和确权登记制度。健全生态环境监测和评价制度。"[1]同月，中共海南省委七届八次全会审议通过《中共海南省委关于贯彻落实〈海南自由贸易港建设总体方案〉的决定》，生态环境对海南自由贸易港建设的重要性进一步凸显。2020年12月，中共海南省委七届九次全会对"十四五"作出全局性部署，再次明确建设生态环境世界一流的自由贸易港目标。

2021年6月，第十三届全国人民代表大会常务委员会第二十九次会议通过《海南自由贸易港法》，明确规定海南自由贸易港实行最严格的生态环境保护制度，坚持生态优先、绿色发展，创新生态文明体制机制，建设国家生态文明试验区。2021年10月，包括海南热带雨林国家公园在内的第一批5个国家公园正式设立，海南热带雨林国家公园构建以国家公园为主体的自然保护地体系建设进入了新的历史纪元。2022年4月，海南省第八次党代会确立了自贸港建设的"一本三基四梁八柱"战略框架，其中"四梁八柱"谋划了国家生态文明试验区和生态环境建设，同时明确坚持生态立省，建设生态一流、绿色低碳的自贸港。

2022年4月10日至13日，习近平总书记考察海南时多次就加强生态文明建设作出重要指示："海南要坚持生态立省不动摇，把生态文明建设作为重中之重，对热带雨林实行严格保护，实现生态保护、绿色发展、民生改善相统一，向世界展示中国国家公园建设和生物多样性保护的丰硕成果。"[2]习近平总书记的一系列重要指示为海南在新发展阶段高质量推进生态文明建设指明了方向和路径。与此同时，海南切实提高政治站位，始终保持高度清醒，不折不扣贯彻落实习近平总书记重要指示要求和中央重大决策部署，完整、准确、全面贯彻新发展新理念，坚持生态立省不动摇，始终牢记保护生态环境这个"国之大者"，把生态环境和政策环境、营商环境一起作为自由贸易港

---

〔1〕《海南自由贸易港建设总体方案》，载《海南日报》2023年6月2日。
〔2〕《坚持生态立省不动摇 把生态文明建设作为重中之重》，载《海南日报》2022年4月14日。

建设的三大核心竞争力来打造，狠抓中央生态环境保护督察和国家海洋督察反馈问题整改，开展污染防治攻坚战，大力推进热带雨林国家公园、清洁能源岛和清洁能源汽车、"禁塑"、装配式建筑、"六水共治"和博鳌近零碳示范区等国家生态文明试验区标志性工程，强化全民生态意识培养，推动海南生态文明建设不断迈向新高度。

（二）坚决扛起党中央赋予海南的重大战略使命

建设海南自贸港，是习近平总书记亲自谋划、亲自部署的路子，而坚持人与自然和谐共生，不断筑牢高质量发展的"绿色底板"，为全国生态文明建设探索经验，是海南自贸港建设的内在要求。推动党的二十大精神在海南落地生根、开花结果，要始终胸怀"国之大者"，锚定"一本三基四梁八柱"战略框架，坚决扛起党中央赋予海南的重大战略使命。海南不断深化践行新发展理念，唱好练内功、增动能、引外力的"经济转型三部曲"〔1〕，在保护好生态环境这一最大本钱的同时，摆脱经济对房地产的依赖，构建现代产业体系，推动经济结构转型、发展动能转换，坚定迈向高质量发展。

1. 练内功是指海南始终胸怀"国之大者"保护好生态环境这一"绿色底板"。在推进环境污染防治方面，需要从中央生态环保督察和国家海洋督察反馈的问题出发，积极进行整改，并且不断深化对蓝天、碧水、净土的保护，以更严格的标准来打赢这场污染防治攻坚战。在加大环保基础设施投入的基础上，加强重点行业、重点领域大气污染防治，有力地抑制臭氧和挥发性有机物的产生。需要对乡村的水源、空气、土地及居民生活环境进行全面系统的治理，推动裸土复绿，同时完善以"三线一单"（生态保护红线、环境质量底线、资源利用上线和环境准入清单）为核心的生态环境分区管控体系，落实最严格的围填海管控和岸线开发管控措施。在提升生态系统多样性、稳定性、持续性方面，一体推进山水林田湖草海生态系统保护与修复，筑牢"一心、一环、三江、多廊"生态屏障，积极向世界展示中国热带雨林国家公园建设和生物多样性保护的丰硕成果。建设环岛旅游公路及驿站并"串珠成链"，推进环岛高铁、高速公路沿线绿化、美化、净化，打造自贸港建设的标杆工程和传世之作。

---

〔1〕 参见张成林：《唱响"三部曲"奏出"最强音"》，载《海南日报》2021年3月7日。

2. 增动能是指海南在破除房地产依赖的同时多措并举培育发展新动能。长期以来，房地产业一直是海南的经济支柱，税收近一半来自房地产，破除"房地产依赖症"将直接影响海南并不宽裕的财政收入，影响海南各项经济指标。但海南坚持"房子是用来住的、不是用来炒的"[1]定位，坚定不移破除房地产一业独大的困境。在落实严格的房地产调控政策下，海南坚持以人民为中心的发展思想，积极探索保障房地产市场供应需求的机制，不断完善与自由贸易港发展相适应的住房体系，通过发展公共租赁住房、安居型商品住房、市场化商品住房、市场化租赁住房等，构建多主体供给、多渠道保障、租购并举的住房制度，妥善解决本地居民和引进人才的住房问题。

与此同时，大力发展旅游业、现代服务业、高新技术产业、热带特色高效农业四大主导产业。在旅游业方面，深度整合资源，挖掘文化内涵，突出主题特色，合力打造精品旅游城市、旅游园区、旅游度假区、景区景点、旅游小镇、乡村旅游点和旅游特色街区七类旅游点，努力形成"处处有旅游、行行加旅游"的全域旅游格局。在高新技术产业方面，加快培育"陆海空"三大未来产业，尤其是积极做好吸引境外高端购物、医疗和教育三篇消费回流文章，推动海南经济发展动力从主要依靠房地产和基础设施投资向消费和投资共同发力转变，推动消费取代投资成为拉动经济增长的主引擎。在热带高效农业方面，重点推动农业规模化、产业化、品牌化，提高农业质量效益和竞争力。在发展方式绿色转型方面，巩固拓展国家生态文明试验区标志性工程成果，滚动建设新的标志性工程。建立健全生态产品价值实现机制，推进全省生态系统生产总值（Gross Ecosystem Product，GEP）核算和应用，完善生态保护补偿机制，把资源禀赋变成发展优势，让青山绿水的守护者得到更多实惠。

在推进碳达峰碳中和方面，把碳达峰碳中和纳入经济社会发展整体布局，落实双碳工作政策体系，优化调整产业结构、能源结构、交通运输结构，全面提高资源利用效率，建立健全绿色低碳循环发展经济体系。积极推动关键领域的绿色低碳发展，并主动参与全国碳排放权交易市场，同时也要进行海洋碳汇和森林碳汇的研究试点。实施碳达峰碳中和领域重点工程，推动碳捕

---

〔1〕 习近平:《习近平谈治国理政》（第3卷），外文出版社2020年版，第37页。

集利用和封存（Carbon Capture, Utilization and Storage, CCUS）示范项目建设，推进江东新区和博鳌东屿岛的近零碳示范区建设，并且高标准高水平地建设海南国际蓝碳研究中心。同时，分区域、分领域、分行业开展试点示范和探索实践，创新生态产品价值实现机制，发展热带雨林生态旅游与林下经济，统筹实施流域补偿和环境治理，培育生态产品公用品牌，推动产业生态化和生态产业化，释放"生态能量"，撬动"绿色增量"，争当全国"双碳"工作优等生。通过推进生态一流、绿色低碳的自贸港建设，形成人与自然和谐共生新格局，努力打造新时代中国改革开放的示范。[1]

3. 引外力是指海南优化营商环境，吸引市场主体大幅增加。营商环境和生态环境是海南的两大本钱和核心竞争力。打造一流的营商环境也是海南自由贸易港的重要目标和鲜明特征。海南努力打造法治化、国际化、便利化和公平、透明、可预期的营商环境，不断强化顶层设计和创新工作手段。2022年12月13日，全国首个营商环境建设厅揭牌成立，负责推动全省营商环境、政务服务、数据共享、社会信用系统建设。同时加强法治保障，制定出台了一系列优化营商环境的条例和法规。截至2022年12月，全省存续市场主体239.25万户，同比增长50.14%，增速连续34个月保持全国第一。全国工商联调查显示，海南省营商环境全国排名前移4位。[2]

总之，实践证明"经济转型三部曲"是海南贯彻新发展理念、推动高质量发展的利器，海南正以此为依托把握住了建设现代化经济体系的新机遇，踏上了自由贸易港建设的新征程。

（三）生态文明建设成为海南的"金字招牌"

1. 牢牢守住了生态环境质量底线。2018年以来，海南加大环保基础设施投入，补齐环境基础设施短板，着力提升城镇污水处理能力，加快建设生活垃圾焚烧发电厂，全省新增生活垃圾实现"全焚烧"处理。不断夯实环境监管基础保障能力，全省生态环境监测网络基本实现要素全覆盖、市县全覆盖。优化生态环境执法方式，加大执法力度，提升执法效能。推进"智慧环保"

---

〔1〕 参见赖永生、阳明勇：《坚持人与自然和谐共生推进高质量发展》，载《今日海南》2022年第12期，第20-22页。

〔2〕 参见《蹄疾步稳 蓬勃兴起——海南自由贸易港建设观察》，载《海南日报》2023年2月25日。

建设。2021 年空气质量优良天数比例达 99.4%，细颗粒物（PM$_{2.5}$）浓度 13 微克每立方米，年均下降 1 微克每立方米；臭氧浓度处于近几年的低值，河湖库和近岸海域水质保持优良，化肥施用量和化学农药使用量持续减少。至 2021 年底，第一轮中央环保督察整改任务实现"清零"，第二轮到期完成率达 98.5%，国家海洋督察整改到期完成率达 90.7%。开展超时长、全覆盖、高规格的省级生态环境保护百日大督察，强化督战结合，不断推动生态环境保护工作向纵深发展，解决了一批突出生态环境问题，全省生态环境保护工作取得了显著成就。

2. 顺利推进了国家生态文明试验区标志性工程建设。遵循习近平总书记的嘱托和建设国家生态文明试验区的战略定位，海南省委坚持高位统筹，以上率下，持续推进热带雨林国家公园、清洁能源岛和清洁能源汽车、"禁塑"、装配式建筑、"六水共治"等标志性工程，既发其牵引、示范作用，更彰显海南特色与优势。在建设海南热带雨林国家公园方面，大力推进国家公园体制试点，成立海南热带雨林国家公园管理局，率先探索建立国家公园垂直管理体制；加强热带雨林整体保护和系统修复，公园内热带雨林面积占比达 73.89%、森林覆盖率增长至 95.85%、整合联通原 20 余个保护地、涵盖了海南岛 95% 以上的原始林和 55% 以上的天然林、推进核心保护区生态搬迁、矿产项目已退出或不再开采、小水电有序退出，海南长臂猿种群数量恢复到 6 群 37 只。[1]在清洁能源岛建设和清洁能源汽车推广方面，2021 年，全省清洁能源装机比重达 70%，较全国平均水平高 23%；清洁能源发电量占总调发电量比重进一步提升至 56.5%。[2]连续举办两届世界新能源汽车大会，在全国率先提出"全面禁止销售燃油汽车"，引领带动绿色投资和消费。截至 2022 年 2 月底，全省新能源汽车保有量已达 13.36 万台，占比达 8%。[3]在"禁塑"方面，实施全国首部"禁塑"地方法规，构建"禁塑"领域"法规+标准+名录+替代产品+全程追溯"的全流程闭环管理体系。引进、扶植全生物降解塑料制品产业，新建和转型塑料企业 17 家，其中可生产餐具的企业 5

---

〔1〕　参见本书编写组编：《海南省第八次党代会报告辅导手册》，海南出版社 2022 年版，第 154 页。

〔2〕　参见本书编写组编：《海南省第八次党代会报告辅导手册》，海南出版社 2022 年版，第 154 页。

〔3〕　参见本书编写组编：《海南省第八次党代会报告辅导手册》，海南出版社 2022 年版，第 154 页。

家，形成年设计产能膜袋 4 万吨、餐饮具 1.5 万吨，改性材料 4 万吨，[1]满足岛内对全生物降解塑料制品的需求。在装配式建筑应用和推广方面，引领行业绿色转型。2021 年全省装配式建筑产能增长 1.3 倍，装配式建筑面积 2280 万平方米。[2]在"六水共治"方面，系统推进治污水、保供水、排涝水、防洪水、抓节水、优海水"六水共治"，保护好海南岛的"肾脏"。此外，深入推进生态文明体制机制的市场化改革，积极探索生态产品价值实现机制，发布全国首个国家公园生态系统生产总值（GEP）核算成果，在全国率先划定生态保护红线，建立生态环境分区管控体系。

3. 争当"双碳"工作优等生。海南省通过科学构建"双碳""1+N"政策体系，稳步推进蓝碳创新试点与实践，探索互联网+碳金融碳普惠机制建设，推进适应气候变化工作，创新低碳试点示范，加强国际交流合作。在探索互联网+碳金融碳普惠机制建设过程中，海南省把碳普惠工作纳入国家生态文明试验区建设领导小组统筹协调机制，并印发《海南省碳普惠管理办法（试行）》。依托"海易办"平台优势，海南生态环境厅联合省大数据管理局建设碳普惠系统，完成低碳试点场景的信息化设计，打通碳普惠工作闭环。以碳普惠创新试点助力零碳消博会，通过"绿色电力消费+蓝色碳汇抵消"的方式实现第三届消博会碳中和，实施碳中和的各环节均在海南碳普惠系统进行全流程展示。目前，博鳌东屿岛近零碳示范区建设取得阶段性成果，一期工程 16 个项目建设完成，预计可实现减碳（含抵消措施）9055.8 吨/年，减碳量达到示范区现状碳排放量的 67.4%，[3]为城市更新和零碳建设提供可复制、可推广经验。

这些成果让我们在历史的纵向坐标中，看到了海南 30 多年来取得的辉煌成就。总的来说就是在习近平生态文明思想的指引下，做到了坚持"生态立省"、锚定"绿色发展"、深化"多规合一"、严守"生态红线"、推进"海陆统筹"，让青山绿水、碧海蓝天成为海南永远的"金字招牌"，充分体现了海南一以贯之促进人与自然和谐共生的思想自觉、政治自觉和行动自觉。但与此同时，我们也得清醒地看到，这 30 多年的发展成就与党中央、国务院的期

---

〔1〕 参见本书编写组编：《海南省第八次党代会报告辅导手册》，海南出版社 2022 年版，第 154 页。

〔2〕 参见本书编写组编：《海南省第八次党代会报告辅导手册》，海南出版社 2022 年版，第 155 页。

〔3〕 参见《博鳌东屿岛零碳示范区建设取得阶段性成果》，载《海南日报》2023 年 3 月 22 日。

望值还有一定距离。只有不断积蓄绿水青山的"能量"，才能持续释放海南绿色发展的生态红利。海南根据中国特色自由贸易港建设的新形势和目标要求，坚决履行好使命担当，全面深化践行"人与自然和谐共生"理念，谱写美丽中国海南篇章。

第五章

海南人与自然和谐共生现代化的特色实践

2018 年 4 月 13 日，习近平总书记在庆祝海南省创办经济特区 30 周年大会上明确指出，支持海南建设国家生态文明试验区，鼓励海南省走出一条人与自然和谐发展的路子，为全国生态文明建设探索经验。随后在《中共中央、国务院关于支持海南全面深化改革开放的指导意见》的文件中，将国家生态文明试验区列为海南"三区一中心"战略定位的重要一帧。海南省委遵循习近平总书记的殷殷嘱托，明确海南省建设国家生态文明试验区的重要职责，坚持高位统筹、以上率下、多项并举，持续推进热带雨林国家公园、清洁能源岛和清洁能源汽车、"禁塑"、装配式建筑、"六水共治"、东屿岛近零碳示范区等标志性工程，让其发挥示范引领作用，彰显海南特色与优势，使海南能更好地以国家生态文明试验区建设为抓手，持续推进人与自然和谐共生的现代化建设。

一、海南热带雨林国家公园：标志性工程之首

习近平总书记强调："热带雨林国家公园是国宝，是水库、粮库、钱库，更是碳库，要充分认识其对国家的战略意义，努力结出累累硕果。"[1]建设海南热带雨林国家公园是习近平总书记和党中央赋予海南的重大任务和光荣使

---

[1] 本书编写组：《海南省第八次党代会报告辅导手册》，海南出版社 2022 年版，第 155 页。

命。海南把开展海南热带雨林国家公园体制试点确定为海南全面深化改革开放的 12 个先导性项目之一、国家生态文明试验区的标志性工程之首。目前，已建立统一高效的国家公园管理新体制，开创土地置换新模式，实施生态搬迁，大气力保护热带雨林生态系统原真性和生物多样性，开展海南长臂猿保护研究国际合作和联合攻关，在全国率先开展国家公园范围内的生态系统生产总值（GEP）核算，建设成效不断呈现[1]。

（一）创建背景：建设海南热带雨林国家公园是党中央作出的重大决策

国家公园是由国家批准设立并主导管理，边界清晰，以保护具有国家代表性的大面积自然生态系统为主要目的，实现自然资源科学保护和合理利用的特定陆地或海域。党的十八大以来，以习近平同志为核心的党中央在对我国六十多年的自然保护历史进行全面总结的基础上，借鉴国家公园建设的国际经验，站在为中华民族永续发展夯实生态基础的战略高度，作出建立国家公园体制的重大决策部署。2013 年 1 月 12 日，党的十八届三中全会通过的《中共中央关于全面深化改革若干重大问题的决定》明确提出要"建立国家公园体制"。2016 年 3 月，中共中央办公厅、国务院办公厅正式印发《三江源国家公园体制试点方案》，标志着我国首个国家公园体制试点正式启动。

建设海南热带雨林国家公园是以习近平同志为核心的党中央作出的重大决策。在这之前，为了维护这片雨林，国家以及海南省政府陆续设立了尖峰岭、霸王岭、五指山等多个自然保护区和森林公园。尽管取得了一些成果，但也一直面临着保护地管理过于分散、各自为政等问题。2018 年 4 月 13 日，习近平总书记在庆祝海南建省办经济特区 30 周年大会上强调，海南"要积极开展国家公园体制试点，建设热带雨林等国家公园，构建归属清晰、权责明确、监管有效的自然保护地体系"。[2]2019 年 1 月 23 日，习近平总书记亲自主持召开中央全面深化改革委员会第六次会议，审议通过《海南热带雨林国家公园体制试点方案》。标志着海南正式启动热带雨林国家公园体制试点建

---

〔1〕　关于热带雨林国家公园这一部分未额外标注的数据，载 http://www.hntrnp.com/，最后访问日期：2024 年 1 月 16 日。

〔2〕　习近平：《在庆祝海南建省办经济特区 30 周年大会上的讲话》，载《人民日报》2018 年 4 月 14 日。

设。同年 4 月 1 日，海南热带雨林国家公园管理局正式揭牌成立。

海南热带雨林国家公园在全国 10 家国家公园体制试点中是启动试点工作最晚的一个。在起步晚、时间紧、任务重的情况下，海南以超常规的决心、政策、措施推动试点工作，顺利地完成了各项试点任务。2021 年 10 月 12 日，习近平总书记在昆明举办的《生物多样性公约》第十五次缔约方大会领导人峰会上亲自宣布，中国正式设立海南热带雨林、三江源、大熊猫、东北虎豹、武夷山等第一批国家公园。海南热带雨林国家公园成为习近平总书记亲自宣布的我国正式设立的首批国家公园，是海南生态文明建设史上的里程碑事件，标志着海南生态文明建设翻开了崭新的篇章。

（二）生态概况：我国热带生物多样性保护重要地区

1. 规划范围

海南热带雨林国家公园位于海南岛中部山区，东起吊罗山国家森林公园，西至尖峰岭国家级自然保护区，南自保亭县毛感乡，北至黎母山省级自然保护区，总面积 4269 平方公里，约占海南岛陆域面积的 1/7。范围涉及五指山、琼中、白沙、保亭、乐东、东方、昌江、陵水、万宁 9 个市县，包括五指山、鹦哥岭、尖峰岭、霸王岭、吊罗山 5 个国家级自然保护区和佳西等 3 个省级自然保护区，黎母山等 4 个国家森林公园，阿陀岭等 6 个省级森林公园及相关的国有林场。海南热带雨林国家公园分核心保护区和一般控制区，核心保护区内禁止人为活动，一般控制区内限制人为活动，可以提供科研、教育、游憩等服务。海南热带雨林国家公园核心保护区面积 2331 平方公里，占海南热带雨林国家公园总面积的 54.6%，既是热带雨林国家公园核心资源集中分布区，也是受损热带雨林生态系统及生态廊道重点修复区，实行最严格的保护。

2. 自然资源

海南热带雨林位于热带北缘，是世界热带雨林的重要组成部分，是亚洲热带雨林和世界季风常绿阔叶林交错带上唯一的"大陆性岛屿型"热带雨林，是我国分布最集中、类型最多样、保存最完好、连片面积最大的热带雨林。不仅土地、水、森林、湿地资源丰富，还拥有全世界、中国和海南独有的动植物种类及种质基因库，是我国热带生物多样性保护的重要地区，也是全球 36 个生物多样性保护的热点地区之一。根据初步统计，海南热带雨林国家公园内有野生维管植物 3577 种，隶属 220 科 1142 属，有各类保护植物 432 种，国家一级保护植物 5 种，国家二级保护植物 34 种；共记录脊椎动物 5 纲 38 目 145 科 414 属 627 种，有海南长臂猿、海南坡鹿等国家一级保护野生动物 8 种，国家二级保护野生动物 67 种，海南热带雨林国家公园面积占全国国土面积的比例不足 0.046%，但记录的脊椎动物物种占我国脊椎动物物种数量的 14.06%，其中鸟类 38.6%、爬行类 33%、两栖类 20%、兽类 20%。

（三）目标定位：探索生态文明体制创新维护生物多样性

1. 从主体功能上看，其功能定位是生物多样性维护型。它充分反映了世界热带雨林分布北部边缘的特性，是我国从北至南 18 个森林生态系统植被类型中不可缺少的内容。所以要依托五指山山脉、黎母山山脉、霸王岭山脉和热带气候，保护好我国整体面积最大、保持最完整的热带森林，维护好我国最丰富的物种基因库。使热带物种数量保持稳定，海南长臂猿等重要物种栖息地范围扩大、种群数量增加，濒危物种的生境条件明显改善。同时，作为海南岛的重要水源地，通过加强热带雨林生态系统的保护，最大化发挥其水源涵养功能，充当好海南岛的"绿肺"和良好生态的"稳定器"。

2. 从发展目标上看，一是建设生态文明体制创新的探索区域。建立统一规范高效的海南热带雨林国家公园管理体制，彻底解决交叉重叠、多头管理的碎片化问题，构建归属清晰、权责明确、监管有效的以国家公园为主体的自然保护地体系，逐步健全生态文明制度体系，走出一条生态优先绿色发展的新路子，为当代人提供优质生态产品，为子孙后代留下自然遗产，为海南永续发展筑牢绿色生态屏障。二是要建设中国乃至全球热带雨林生态系统关键保护地，建成大尺度多层次的生态保护体系，热带雨林生态系统的原真性、完整性和多样性得到有效保护，受损的自然景观和生态系统得以修复，科研监测体系不断完善，国家公园的教育、游憩功能得以发挥。

（四）举措创新：实现生态保护、绿色发展、民生改善相统一

海南省委、省政府坚决贯彻落实习近平总书记关于海南热带雨林国家公园建设的系列重要讲话和指示批示精神，与国家林草局联合成立海南热带雨

林国家公园建设工作推进领导小组，由省委副书记担任组长，国家林草局分管领导和海南省政府分管领导担任副组长，33 个省直相关部门和相关市县为成员单位，形成强大的工作合力。海南省人民代表大会常务委员会颁布《海南热带雨林国家公园条例（试行）》和《海南热带雨林国家公园特许经营管理办法》，将国家公园管理纳入法治化轨道。印发实施《海南热带雨林国家公园体制试点方案》和《海南热带雨林国家公园总体规划（试行）》，编印生态保护、交通基础设施、生态旅游 3 个专项规划。制定印发实施国家公园社区发展、调查评估、巡护管护等 10 多项制度、办法和规范。编制并印发《海南热带雨林国家公园权力和责任清单》，划清热带雨林国家公园管理局和地方政府之间的权责。总的来说，海南通过坚持保护为先、创新体制机制、践行绿色发展、讲好雨林故事等具体建设举措，取得显著成效。目前，全球唯一的中国特有长臂猿种群数量由 2003 年 2 群 13 只增至 2023 年的 6 群 37 只，国家一级保护野生动物海南坡鹿数量也从以前的 26 只增加到 700 只左右，植物种类由 3577 种增长到 3653 种，其中包括 9 个植物新种。珍稀动植物种群数量不断增长表明海南热带雨林生态系统的质量和稳定性在稳步提升。

除了在生态系统的原生性和完整性及生物多样性保护等方面取得积极成效外，海南热带雨林国家公园体制试点还取得了一系列具有海南特点的创新性成果，其中不少是全国首创。

1. 创新管理体制机制，实现统一规范高效管理。海南首创扁平化的国家公园管理体制和双重管理的国家公园混合执法管理机制。过去，海南热带雨林国家公园范围内有 20 个不同类型的自然保护地，分属不同的部门管理，导致出现职责交叉、权责脱节、保护管理效能不高等问题。对此，2019 年海南成立热带雨林国家公园管理局，建立统一事权、分级管理的体制机制，整合国家公园试点区内原有的 20 个自然保护地，组建海南热带雨林国家公园管理局尖峰岭、霸王岭、吊罗山、黎母山、鹦哥岭、五指山、毛瑞 7 个分局，实现了由多头管理向统一管理、分块分类保护向系统保护的转变，突破了条块分割、管理分散、各自为政的传统模式，取得了明显效果。

2. 独创国家公园综合执法派驻双重管理机制。海南热带雨林国家公园管理局设置了执法监督处，牵头负责指导、监督、协调国家公园区域内综合行政执法工作；国家公园区域内其余行政执法职责实行属地综合行政执法，由试点区涉及的9个市县综合行政执法局承担，单独设立国家公园执法大队、分别派驻到国家公园管理局各分局，由各市县人民政府授权国家公园管理局各分局指挥，统一负责国家公园区域内的综合行政执法。国家公园区域内的森林公安继续承担涉林执法工作，实行海南省公安厅和海南省林业局双重管理[1]。海南省政府于2021年11月25日授权海南省公安厅森林公安局及其直属分局行使海南热带雨林国家公园区域内林业行政处罚权，共涉及42项林业行政处罚事项。

3. 开创土地置换新模式，实施生态搬迁。为推动热带雨林国家公园核心保护区内村庄和村民的搬迁工作，海南开创生态移民搬迁集体土地与国有土地置换新模式，探索出了一条搬得出、留得住、能致富和生态生产生活"三生互促"的路径。在推进核心保护区里的白沙3个自然村生态移民搬迁过程中，将3个自然村共计5.21平方公里的集体土地，与位于国家公园外的农垦白沙农场3.65平方公里的国有土地进行等价置换，置换后集体土地转变为国有土地，国有土地转变为集体土地，确保村民搬迁后离乡不失地，生产生活条件更便利。搬迁后，原来的行路难、就医难、上学难、就业难等问题迎刃而解，村民走上了稳定脱贫致富的道路。海南率先在全国实现国家公园核心保护区无人居住的目标。

4. 创新设立海南国家公园研究院，加强对国家公园体制机制等方面的研究。2020年1月5日，海南国家公园研究院正式成立。海南国家公园研究院，由海南热带雨林国家公园管理局联合中国林业科学研究院、北京林业大学、海南大学、中国热带农业科学院共同组建，是没有编制、没有行政级别的公益性事业单位，实行全员劳动合同聘用制。研究院实行理事会领导下的执行院长负责制。研究院人员管理实行市场化的运作方式，薪酬机制、用人机制、激励机制和市场接轨。研究院以项目为导向，柔性引进高层次及特需人才，不求所有，但为所用，吸收了一批国际国内生物多样性等领域顶尖人才。[2]研究院成立以来，多次召开海南长臂猿保护国际研讨会等会议，在国内外相关领域产生了积极影响。

---

〔1〕 李军：《高质量建设热带雨林国家公园》，载《今日海南》2022年第3期，第14~17页。
〔2〕 李军：《高质量建设热带雨林国家公园》，载《今日海南》2022年第3期，第14~17页。

5. 成为首个发布"GEP"核算的国家公园。海南热带雨林国家公园还率先开展生态系统生产总值（GEP）核算工作，制定了《海南热带雨林国家公园体制试点区生态系统生产总值（GEP）核算技术方案》，于 2021 年 9 月正式发布 GEP 核算成果。经核算，海南热带雨林国家公园体制试点区 2019 年度生态系统生产总值为 2045.13 亿元，单位面积 GEP 为 0.46 亿元每平方公里。其中，物质产品（包含林业产品、农业产品、畜牧业产品、生态能源等指标）价值为 48.50 亿元，占海南热带雨林国家公园 GEP 总量的 2.37%；生态系统调节服务（包含涵养水源、生物多样性、固碳释氧、洪水调蓄和空气净化等指标）价值为 1688.91 亿元，占海南热带雨林国家公园 GEP 总量的 82.58%；生态系统文化服务价值（包含休闲旅游景观价值等指标）为 307.72 亿元，占海南热带雨林国家公园 GEP 总量的 15.05%。[1]开展生态系统生产总值（GEP）核算，为进一步探索生态产品价值转化提供了基础。

海南热带雨林国家公园体制试点起步最晚，却后来居上，率先完成国家公园自然资源确权登记，创新运用集体土地与国有土地置换模式推进生态移民搬迁。率先在全国开展试点区边界校核，确保规划落地。率先初步构建起覆盖试点区的"森林动态监测大样地+卫星样地+随机样地+公里网格样地"四位一体的监测体系，在一定程度上提高了国家公园的监管能力。在 10 个试点区中脱颖而出，成为首批正式设立的国家公园，这份成绩来之不易。2022 年 4 月，习近平总书记考察海南，深入热带雨林国家公园五指山片区，沿木栈道步行察看公园生态环境。他指出："海南要坚持生态立省不动摇，把生态文明建设作为重中之重，对热带雨林实行严格保护，实现生态保护、绿色发展、民生改善相统一，向世界展示中国国家公园建设和生物多样性保护的丰硕成果。"[2]习近平总书记的肯定和勉励给了海南极大的信心，为海南进一步推进海南热带雨林国家公园建设提供了根本遵循，注入了强劲动力。海南将深入贯彻习近平生态文明思想，同时落实习近平总书记重要指示精神，正确处理保护与发展的关系，加大生态保护力度，深挖热带雨林价值，努力打造更多具有海南特点的国家公园"创新范式"，高标准高质量建设热带雨林国家

---

〔1〕 孙慧：《绿水青山价几何？》，载《海南日报》2022 年 9 月 27 日。
〔2〕 《坚持生态立省不动摇 把生态文明建设作为重中之重》，载《海南日报》2022 年 4 月 14 日。

公园，更好实现"绿水青山就是金山银山"[1]的发展目标。

（五）存在问题：法律不全、机制不畅、资金不足等问题依旧突出

海南热带雨林国家公园总体规划获批后，虽然在管护能力建设方面取得了一定成效，但保护与发展的矛盾仍然突出。法律体系不健全，管理体制机制不畅，因资金和人才短缺，生态保护修复、交通基础设施、生态旅游产业发展、科研监测、自然教育等专项规划尚未出台。"天空地"一体化监测监管体系建设水平不高，系统性科学研究尚处于起步阶段，公园范围内的土地、矿产、森林、湿地等自然资源资产和生物多样性本底情况尚未完全摸清等。可见，海南热带雨林国家公园建设尚需进一步完善提升的空间很大。

1. 法律法规不完善。国家公园相关法律、制度和标准存在欠缺，公园建设的保障条件不足。目前国家层面尚未出台《国家公园法》，已有的《自然保护区条例》等现行法规难与国家公园新的管理要求相适应。海南虽然制定了《海南热带雨林国家公园条例（试行）》，但作为过渡性法规，个别条款已不适应当前工作需要。海南热带雨林国家公园可以学习借鉴国外的国家公园立法经验，结合自身特点构建本土化的国家公园法律体系，推动了国家公园建设的合理性和管理的规范化。

2. 体制机制不顺畅。园区范围内存在多头执法问题，跨区域垂直管理体制与运行机制仍需完善。建立跨区域垂直管理体制试点是一项任务繁重且情况复杂的项目，同时体制改革的难度也相当大。海南热带雨林国家公园管理局下设7个分局，管理涉及多达9个市县、部门，管理范围广泛且其所属关系复杂，如何有效地协调各分局和相关市县的工作，以及如何平衡权力、责任和利益三者之间的关系，是一个巨大的改革创新挑战。

3. 缺乏稳定的资金来源。中共中央办公厅、国务院办公厅于2017年9月印发的《建立国家公园体制总体方案》提出，要建立财政投入为主的多元化资金保障机制，探索多渠道多元化的投融资模式。然而，目前的情况是，海南热带雨林国家公园的资金保障体系改革还有待加速，稳健的筹资和融资体系还没有形成，资金来源主要主要依赖于国家的财政拨款，途径相对较为狭

---

[1]　中共中央文献研究室编：《习近平关于社会主义生态文明建设论述摘编》，中央文献出版社2017年版，第21页。

窄单一。同时，在国家公园的建设过程中，如集体土地的租赁与赎买、生态移民、企业的退出等工作都需要大量的资金投入，数额远超地方政府的财政承受能力，因此，未来必须首先解决的主要问题就是资金的短缺问题。

4. 专业人才和科技支撑不足。由于中国国家公园的建设启动较晚，加之初期的实践经验和理论研究不足，使得科技支持不足和专业人才短缺等问题成为了制约因素。在海南热带雨林国家公园中，管理人员的专业素养也存在不足，甚至有部分管理人员是由保护区周边的农民担任，他们缺乏相应的专业管理知识，并且技术培训也不够完善，这些都导致了相关工作无法得到有效的推进。

5. 民生改善与群众期盼有差距。国家公园在空间上整合了多类型保护地，涉及到周边诸多社区和集体用地，在管理自然保护地的过程中，尽管相关的退耕还林、封山育林等政策并未改变集体土地的所有权和承包权，但它们会对其使用权产生较大的影响，从而扭曲土地产权权益关系，引发事实上的"失地"现象。同时，建设国家公园会限制某些区域自然资源的开发利用，导致这些地区的社区经济受到较大的影响。[1]因此，国家公园建设过程中产生的生态移民及其生计转型问题需要当地政府着重予以关注和保障。

（六）对策建议：专门立法、厘清权责、开发碳汇继续大胆创新

1. 健全自然保护地法律体系，实现长远保护。加快关于海南热带雨林国家公园的专门立法，尽快出台相关的法律、管理条例、实施细则、标准规范等，为完善海南热带雨林国家公园管理体制、机构设置和权责体系等基础制度建设提供法律保障。

2. 突破行政区划壁垒，持续深化国家公园管理机构改革。尽快厘清海南热带雨林国家公园管理局和各分局、国家公园管理机构与辖区地方政府之间在生态资源保护、社会参与、特许经营和宣传教育等方面的职责和权力，协调好生态保护与地方社会经济发展。

3. 不断创新资金筹措机制。探索建立特许经营与协议保护制度，发展生态友好型产业，如以申报世界"双遗产"（"海南热带雨林和黎族传统聚落"

---

〔1〕 李佳灵、秦荣鹏等：《海南热带雨林国家公园管护能力建设现状、问题与对策》，载《热带林业》2022年第2期，第73~76页。

世界文化与自然双遗产）为契机大力探索开发"雨林+现代旅游""雨林+人文""雨林+康养旅游""雨林+科普研学"等新业态发展布局。此外，成立国家公园保护基金会，面向社会募集资金，为国家公园管护能力建设提供充分、多元、可持续的资金来源保障。

4. 加强国家公园管护人才队伍建设。一方面加快专业人才的引进，同时通过开展科技人员的职业培训课程、激励在职进修、委托大学或科研机构代为培养等途径，来提升科研人员和工作人员的专业能力，从而构建一支高素质的管护人才队伍；另一方面，需要深化与全球知名研究机构以及大学的协同合作，以便为海南热带雨林国家公园的发展提供更多的智力服务和人才支撑。

5. 积极探索国家公园"两山"转化新路径，促进生态环境保护与资源开发协调发展。一方面，要坚持保护优先，资源开发项目要有严密可行的生态环境保护措施和应急措施，要进行科学论证和严格审批，综合评价环境资源承载力（或环境容量），杜绝破坏性开发。另一方面，要坚持适度利用，生态旅游能够带来一定的社会经济效益，但在旅游资源开发过程中要建立科学的调查、分类与评价体系，依据资源的重要性、适宜性和敏感性，协调好发展与管护目标，实现热带雨林资源的永续利用[1]。

6. 积极开发碳汇项目，鼓励入市交易。碳汇开发是将生态价值转化为经济价值和社会价值的有效方式。可以增设国家公园碳汇管理机构，在系统梳理全省造林地与森林经营林地的基础上，开发建立林业碳汇交易项目储备库，对海南碳汇资源、碳汇金融、碳汇交易市场进行监督和管理，进而推进雨林生态产品价值转化，产生的收益则可以用回国家公园建设。

二、清洁能源岛和清洁能源汽车：清洁能源优先发展示范区

海南是全国4个国家级生态文明试验区中，唯一被赋予清洁能源优先发展示范区定位的一个。其特殊性，不仅是由于海南客观上具备发展清洁能源的资源禀赋，更是国家支持海南先行先试发展清洁能源，优化能源结构体系，以待形成成熟经验后，复制推广到全国的战略布局。

---

〔1〕 李佳灵、秦荣鹏等：《海南热带雨林国家公园管护能力建设现状、问题与对策》，载《热带林业》2022年第2期，第73~76页。

（一）清洁能源岛：引领世界能源发展的名片

2019 年 5 月，中共中央办公厅、国务院办公厅印发的《国家生态文明试验区（海南）实施方案》提出，海南要建设清洁能源优先发展示范区，建设清洁能源岛。海南建设清洁能源岛，是积极响应全球共同应对气候变化，落实国家碳达峰碳中和以及构建以新能源为主体的新型电力系统，推动海南坚定不移走生态优先、绿色低碳的高质量发展道路的客观要求和必然选择。为此，海南陆续出台了《海南清洁能源岛发展规划》《海南省"十四五"可再生能源发展规划》，计划到 2025 年初步建成清洁低碳、安全高效的能源体系，清洁能源发电装机比重达到 83%；到 2035 年，海南清洁低碳、安全高效的能源体系更加成熟，能源清洁转型基本实现，清洁能源发电装机比重达到 89%，海南清洁能源岛基本建成。

1. 总体情况

海南全岛清洁能源资源丰富，辽阔的南海海域蕴藏着用之不竭的海洋能源，是我国最具新能源开发优势的省份之一。为推动清洁能源岛建设，海南组织编制了《海南清洁能源岛发展规划》，统筹自身能源禀赋和开发现状，加大推行"去煤减油"力度，加快构建以清洁电力和天然气为主体、可再生能源为补充的清洁能源体系。2022 年，海南全省统调装机总容量 1164.8 万千瓦，清洁能源装机占比（含气电）76.3%，实现了新能源电力的全额消纳，且高于全国平均水平。[1]至 2020 年底，全省汽车总保有量 150 多万辆，其中新能源汽车 6.4 万辆，占比 4.3%。全省累计建设换电站 12 座，充电桩（枪）2.5 万个，全省新能源汽车车桩比 2.53∶1，达到国内先进水平。在绿色建筑领域，海南全省装配式建筑项目从 2017 年零起步一路攀升至 2020 年上半年的 842 万平方米，增长迅速。[2]海南能源转型走在全国前列，有望在全国率先实现碳达峰碳中和，建成零碳岛，甚至是负碳岛。计划到 2035 年，海南生态环境质量和资源利用效率居世界领先水平，成为展示我国应对全球气候变化负责任大国形象、引领世界能源发展潮流的一张靓

〔1〕 参见《海南建设"清洁能源岛"》，载《经济日报》2023 年 7 月 30 日。
〔2〕 参见《海南党史百件大事：海南清洁能源岛建设》，载 http://hi. people. com. cn/n2/2021/0614/c231190-34775649. html，最后访问日期：2024 年 4 月 17 日。

丽名片。

2. 具体做法与成效

近年来，国家层面多项政策和规划的推出，对打造海南清洁能源岛给予雄厚的力量支撑。2019 年 5 月，中共中央、国务院印发《国家生态文明试验区（海南）实施方案》，提出将海南建设成为清洁能源优先发展示范区，建设海南清洁能源岛。2020 年 6 月，中共中央办公厅、国务院办公厅印发《海南自由贸易港建设总体方案》，其中提出建设国际能源、航运、产权、股权等交易场所。2020 年 7 月，国家发展和改革委员会印发了《海南能源综合改革方案》，提出要重点发展清洁能源，构建海南清洁能源岛。在省级层面，修订了《海南省节能条例》、印发了《海南省固定资产投资项目节能审查实施办法》《海南省"十三五"节能减排综合工作实施方案》《关于加快推进绿色建筑发展的意见》《海南省绿色航运发展总体方案》《海南省推广合同能源管理实施方案》等系列文件。基于这些顶层设计，海南坚持电源清洁化发展，安全发展核电，积极发展可再生能源，有序发展气电，禁止新建独立小水电项目，研究发展抽水蓄能，严禁新增煤电。核电、气电、风光电将在海南能源结构中占绝对主导地位。此外，天然气、电力领域将迎来比其他省份更大的市场开放度。

（1）清洁能源基础设施建设加速推进。在清洁电力方面，"十三五"期间，海南重点关停、拆除落后产能煤电机组，开工建设、投产重点清洁能源发电工程。截至 2020 年底，海南全省装机 988 万千瓦，较 2015 年提升 47%，根治了困扰海南多年的电源性缺电问题。在天然气方面，到 2020 年底，文昌—琼海—三亚输气管道 283 公里建成投产，标志着海南省环岛天然气长输管网真正形成闭环，天然气安全稳定供应能力进一步增强[1]。

（2）全力推进电网建设脱胎换骨。因受岛屿型地理特征影响，海南的电网建设一度十分薄弱。1990 年海南全省发电量为 13.96 亿千瓦时，仅相当于全国的 0.2%。如今，海南已基本建成覆盖发、输、配、用全环节的智能电网综合示范省，正朝着建设新型电力系统示范省迈进。俯瞰全岛，220 千伏"目"字形双环网主网架勾勒出海南岛的电力轮廓；110 千伏和 35 千伏电网

---

[1] 参见《海南加快构建与自贸港相适应的现代化基础设施体系：筑牢"五网"基础设施 推动区域协调发展》，载《海南日报》2021 年 1 月 17 日。

在各市县及主要乡镇的上空纵横交错；全省配电自动化覆盖率及全省农村居民生活用电和动力电通电率均达到 100%。目前，海南电网公司在配网智能化水平方面明显提升，配电自动化有效覆盖率同比提升 19.6%，遥控成功率、隔离故障准确率均达到 95%以上〔1〕。

（3）清洁能源消费进一步提高。2020 年，海南能源消费总量约 2270 万吨标煤，一次能源生产总量约 500 万吨标准煤，"十三五"期间年均增速分别约为 3.3%和 30.8%，能源自给率 22%，较 2015 年提升 14%。其中，全省非化石能源和清洁能源消费比重分别约为 19.4%和 37.3%，较 2015 年分别提升约12.5%和 11.4%〔2〕。

（4）节能工作成效全方位凸显。节能工作是能源工作的重要组成部分，发展新能源的同时，节能工作也必须同步进行。海南压实节能主体责任，将能耗"双控"目标层层分解，加强节能目标责任评价考核。同时，实施节能重点工程。组织实施绿色照明、绿色建筑、重点用能单位综合能效提升、太阳能利用、新能源汽车推广应用等节能重点工程。在工业节能方面，推动企业开展能效达标对标活动，中海石油建滔化工有限公司成功入选国家 2019 年重点用能行业天然气制甲醇行业能效"领跑者"。在建筑节能方面，推进全省住宅建筑全面实行绿色建筑设计标准，大力发展装配式建筑和推广绿色建材，2016 年至 2019 年，全省累计新增执行绿色建筑标准项目 996 个，建筑面积达到 4400 多万平方米。在交通节能方面，推进港口岸电建设，海口新海港客滚码头、海口港马村港区、海南中海石油码头、三亚鸿洲游艇码头等已完成岸电设施改造并投入使用，提高了交通运输装备的能源利用效率。在公共机构节能方面，"十三五"以来全省累计投入节能技术改造资金 5000 多万元，实施了屋顶光伏发电、节水改造、公共机构既有建筑节能改造等一批试点示范工程，单位建筑面积能耗下降了 9.3%，人均综合能耗下降了 15.1%，人均用水量下降了 11.9%。〔3〕

---

〔1〕 参见《海南建设"清洁能源岛"》，载《经济日报》2023 年 7 月 30 日。

〔2〕 参见《能源·观地方——海南：去煤减油，打造清洁能源岛》，载 http://www.cnenergynews.cn/csny/2021/03/10/detail_ 2021031092808.html，最后访问日期：2024 年 3 月 16 日。

〔3〕 参见《能源·观地方——海南：去煤减油，打造清洁能源岛》，载 http://www.cnenergynews.c-n/csny/2021/03/10/detail_ 2021031092808.htm，最后访问日期：2024 年 3 月 16 日。

3. 存在问题

一是供给保障方面，电力供应转向总体平衡、局部偏紧。高比例新能源接入电网，调节能力不足，系统安全风险增加。二是能源结构方面，新能源虽总量规模大，但消费占比仍然偏低。三是能耗效率方面，电力系统整体效率有待提升，能源供需、质量、成本还不平衡。四是改革创新方面，能源体制改革在"深水区"摸索前进，能源价格、政府职能、公平竞争等改革仍需加快推进。新能源、燃气轮机、数字控制等领域，核心技术持有率有待提升。结合数字经济，探索经营新模式缺少有力成果。

4. 对策建议

海南坐拥优质资源与政策先导，也面临着难得的历史性机遇，但为达成清洁能源岛目标，海南仍有较长的路要走。

（1）坚持多元化发展，有效发挥各类清洁能源协同优势。核电具有明显减碳优势，后续将继续保持核电高比例，同时利用丰富海洋天然气优势，加大气电开发力度，推动超级芦竹植物能源裂解制氢产业化，加快氢燃机试点应用；加大基地化、规模化热带新能源开发，建设大型海上漂浮式风电和海上漂浮式光伏发电；探索海洋潮汐能、波浪能、天然气水化物（可燃冰）的开发利用，抢占新发展机遇。

（2）坚持多层次推进，建设满足不同需求的高效系统。由于风能、太阳能等可再生能源的发电与环境条件有着密切的联系，所以一直面临着间歇性供电以及供电不稳定的问题。为了解决这个问题，海南需要构建一个完备的清洁能源储备及应急系统，并根据各种清洁能源的特性来制定电力储能的方案。另外，合理规划抽水蓄能电站的布局，快速推进氢能的储存、使用和其他相关的产业链技术，并增强其电力的可靠性，这些都是海南需要重点关注的发展方向。

（3）坚持多领域倡导，积极拓宽绿色电力应用范围。主要是加速推动绿色交通的发展，创新电动车的商业模式，建立以换电为主、换电充电相结合的的基础设施系统，并鼓励共享经济与绿色交通的融合。推动工业领域负荷参与电力需求侧响应，加强化工、有色等高载能行业中间歇性负荷的需求侧管理。大力推动对需求侧终端设备的智能化升级以及需求侧响应管理平台的构建，以确保"虚拟电厂"的实施。同时，完善对需求侧响应的激励政策，以此来推动商业模式的创新，并增强清洁能源本地消纳能力。

（4）坚持多维度发力，促进能源全产业链延伸发展。加强循环经济试验区规划布局，完善产业集群，引入清洁能源领域先进制造业，立足1230万千瓦海上风电项目规模，打造海上风电"产业集群+高端研发+母港集散+运维检修"的全产业链，形成自主品牌。扩展循环经济，建立退役风机、光伏电池板、废旧锂电池回收利用产业。推进超级芦竹植物能源产业化，利用盐碱地、荒地滩涂等非耕地大量种植，建设本地植物燃料供应保障基地。探索海上风电与海洋牧场，海上油气，海水淡化，氢能、储能多种能源综合开发利用融合发展，提升海域利用效率。

（5）坚持多举措并用，为我国能源市场化改革提供范本。充分利用国家给予海南的独特政策优势，强化创新思维，通过施行公平合理的能源政策，吸引更多市场主体参与海南能源建设。逐步建立以中长期交易规避风险，以现货市场发现价格，交易品种齐全、功能完善的电力交易市场。探索后补贴时代适应新能源发展的市场模式，促进新能源发展的政策机制。推动建立综合能源管理体制，实行电网、气网统一管理，实现能源综合服务。进一步完善细化能源生产和消费主体参与碳交易和绿证交易的举措，逐步把海南打造成为涵盖国内国际两大市场的国际碳排放交易市场，为将来中国统一的多层次生态权益交易市场建设探索经验，推动节能减排目标的实现。

（6）坚持多方向谋划，提升能源国际化合作水平。着力用好国内国际双循环相互促进理念，打造能源领域新发展格局，把能源合作作为加强海南自贸港建设的重要内容。与国内周边省份加强能源交易合作与政策协同，形成跨省联动创建世界级生态岛。同时，坚持对外开放，用好自贸港税收优势，积极吸引国际主要能源企业来海南研发未来能源、智慧能源技术，推进产业化应用。用好博鳌论坛等对外合作交流机制，定期举办能源产业和绿色经济专项研讨，促进交流互鉴，宣传我国能源领域的创新发展成绩，在更大范围推广，促进我国能源企业、技术、标准走出去。

（7）坚持多主体价值引领，加强政府企业居民绿色教育。以绿色生态文化为价值引领，推动企业绿色创新、政府绿色治理和居民绿色消费理念建设。定期举行关于绿色发展的主题演讲和知识互动，并设立绿色发展优秀个人奖和企业奖以此激励。在监管方面，提高相关工作人员的环保意识，鼓励他们主动配合实现碳减排的目标。引入碳排放达成率测量系统，并将之纳入相关公职人员晋职晋级体系，通过严格的规定和有效的执行来促进节能减排降低污染的步伐。

（二）清洁能源汽车：节能减排的生动典范

新能源汽车作为未来汽车工业的新方向，其在节能减排、优化交通能源消费结构、引领汽车行业发展等方面具有一定的优势。所以，全球各地不仅在热衷于推动各种新能源汽车的销售，同时也在深入探讨和制订符合新能源汽车行业发展进步的政策。我国也开始越来越重视新能源汽车产业政策的研究和实施，加快调整能源消费结构、改善交通运输模式，并投入了大批的人力物力财力进行新能源科技的研发，积极主动宣传环境保护和节能减排新理念，引导和鼓励市场推广新能源汽车，同时还采取了提供补助的措施来激励消费者选择更为节约、更为环保的交通工具，从而全方位地增强对环境的保护。海南要建设清洁能源岛，就要实施碳排放总量控制。2019 年 3 月，海南首次官方声明要在 2030 年全岛禁售燃油车辆，这将使海南有效减少温室气体的产生，将为我国在碳排放等环境保护相关的国际事务上赢得更多的话语权。

1. 总体情况

海南发展新能源汽车产业的优势明显。一是地理优势，海南的地理位置、区域面积和海拔高度都非常适宜新能源汽车的推广和使用。二是体制机制优势。新能源汽车产业作为现代高新技术制造业，符合海南的产业发展定位。自由贸易港巨大的政策利好，让海南能够为新能源汽车产业发展制定更灵活政策和宽松的环境，促进新能源汽车产业快速发展。三是使用成本优势。与内地相比，海南的燃油价格附加了高速路通行费，汽柴油价较内地省份每升高约 1-2 元，因此，海南消费者倾向于选择新能源汽车的几率更大，更容易培养用户的使用习惯。四是能源结构优势。海南全年气温高风量大，拥有丰富的光电和风电资源，同时还设有核电站，这不仅满足了海南的生产和生活用电需求，还能够提供充电的余量。不仅可以满足为新能源汽车充电需求，还能减少剩余电能的浪费，从而提升电能的使用效率。

2. 具体做法

（1）坚持政策引领促进新能源汽车产业发展。2019 年在博鳌举办首届世界新能源汽车大会上，海南郑重向世界宣布 2030 年停售燃油车，将分领域、分步骤推进全省车辆新能源化。围绕这个目标逐步构建了"1+3+N"的政策体系，"1"就是一个总体规划，"3"就是以 1 年、3 年、中长期为周期的三个行动方案，倒排年度推广目标，"N"就是若干个颗粒度不同的配套政策措施。包括在充电桩和充换电站等基础设施建设、充电价格、公共领域电动化、车辆购置、停车、出行、后续服务等各个环节，优先鼓励和支持新能源汽车发展。当前海南政府的新能源汽车产业政策仍以推广政策为主，以提高新能源汽车销量、提升保有量，培养用户习惯，扩大市场规模为工作重点。据统计，"十三五"期间，海南政府累计出台 26 个政策文本，配套 39 项政策或具体措施，涵盖了车辆生产、销售、使用、基础设施建设和道路交通等方面。提出以纯电力驱动为新能源汽车未来发展的主要方向，以公共服务领域的新能源汽车推广应用为切入点，创新商业运营模式，科学规划、加强充电设备等基础设施的建设和运营，构建规范高效的充电服务体系和运行保障体系，积极鼓励个人购买使用新能源车辆，努力推动全产业实现快速发展。总体来说，这些政策在积极扶持和引导产业发展上起到了一定促进作用，海南"十三五"规划的产业发展目标已经完成，在基础设施的建设和运营方面也取得一定进展[1]。

（2）在基础设施建设方面加快推进四张网建设。第一张网是能源补给设施网络，建设了覆盖全岛的充换电基础设施网，通过实施峰谷电价，实现白天开车、晚上充电；第二张网是四通八达的路网；第三张网就是可以在全省环岛旅游高速公路以及行政村，做到 5G 通信网 100%；第四张网是车路云协同的车联网。四张网相互融合，积极探索电动化、智能化、低碳化交通新模式，为新能源汽车全岛畅行提供坚实保障。

（3）打造了一批示范项目。第一是积极申请国家试点，三亚市、海口市先后入选国家换电试点城市、国家公共领域车辆全面电动化先行区试点的示范城市，正是因为试点政策的取得，将助力我省在换电车辆推广、公共领域

---

〔1〕 吴书祥：《海南新能源汽车产业发展政策研究》，海南大学硕士论文 2022 年第 10 期。

电动化等方面进一步发展。第二是支持丰田与海马打造燃料电池乘用车项目。支持吉利在海南建设新能源专用车制造项目。支持康迪跨界车、和合医疗车、平野特种车等制造项目。第三是加快推进环岛旅游公路车联网示范项目建设。第四是支持自动驾驶技术商业化应用。出台《海南省智能汽车道路测试和示范应用管理办法（暂行）》，支持全省全域开放低速功能型无人车"路权"、允许开展智能汽车商业化试点和"无安全员"测试示范等开放包容的管理举措，推动自动驾驶技术在配送、零售及出租车等领域探索商业化应用。目前，海口、琼海等地已落地部署近百辆无人零售车、快递配送车，为群众提供智慧、便利的生活体验。

（4）打造国际交流平台。世界新能源汽车大会已连续在海南举办四届，成为引领汽车领域科技创新和产业转型升级的重要风向标。2023 年 12 月 7 日至 9 日，第五届世界新能源汽车大会举办"海南专场：新能源汽车城市发展论坛"，来自美国加州、荷兰、德国等地的政府官员和专家学者共同探讨新能源汽车城市发展的新趋势和新挑战。同时，还首次设置公众开放日，让更多市民朋友直观感受新能源汽车前沿技术。

3. 主要成效

近年来，在推动新能源汽车市场渗透率、保有量占比、车桩比等保持全国前列，发展基础不断夯实。一是新能源汽车推广保持全国领先。2023 年 1 月至 10 月，海南已累计推广应用新能源汽车 8.2 万辆，同比增长 39%。其中，3 月份以来，全省新能源汽车在新增车辆中的占比超过 50%，也就意味着每销售两辆汽车就有一辆是新能源汽车，这一项占比通常称之为渗透率，达到 50%，目前跃居全国第一。截至 2023 年 10 月底，海南新能源汽车保有量 27.3 万辆，占汽车保有量的 13.87%，高于全国平均水平 1.5 倍以上，这一个数字的排名，在全国跃居第二。[1]二是新能源汽车充电设施建设逐步完善。目前的车桩比达到了 2.5∶1。截至 2022 年 11 月底，全省建成充电站 3400 多座，换电站 63 座。累计建设充电桩 11.68 万个，其中公共桩 4.01 万个。已实现所有高速公路服务区（45 个）和所有行政乡镇（196 个）充电桩覆盖率 100%，基本满足了电动汽车全岛出行的条件。同时全省今年公共桩平均小时

---

〔1〕　参见《今年海南新能源汽车市场渗透率跃居全国第一》，载《经济日报》2023 年 12 月 5 日。

利用率约 10%，年累计充电量 7.2 亿千瓦时，充电次数 0.26 亿次。从大数据统计看，充不上电、排队充电等问题得到较好的解决。2022 年 5 月，海南省发展和改革委员会牵头建设了全省充换电一张网，一张网平台正式上线。截至 2022 年 11 月底，一张网平台累计已接入充电基础设施运营企业超 160 多家、充电站 3400 多座，公共桩和换电站接入率 100%，能较好地方便群众、服务企业。这些数据表明，海南新能源汽车产业的发展，正处于一个良好积极的态势。[1]

4. 存在问题

发展新能源汽车是贯彻落实自贸港建设总体方案赋予海南国家生态文明试验区重要战略定位的必然选择，也是海南四大主导产业之一——高新技术产业的重要内容。虽然海南政府高度重视新兴产业的发展，但在如何引导方面，仍然面临着诸如经验不够、研判不足、规划滞后、效率不高等共性问题。

（1）新能源汽车产业政策规划未成体系，且过度依赖强制性政策，金融类产业政策力度不大。目前，海南针对新能源汽车行业的政策主要是为了响应配套中央的要求，而非根据当地的实际发展状况来设计构建的全产业链发展的整体规划，具备海南独特性质和展示独特优势的自创性政策数量较少。对技术研发、汽车设计、核心零部件生产等附加值较高的上游产业，以及整车生产、零部件供应等中游产业都没有具体的政策规划，对于如何增强和拓宽新能源汽车的市场范围、吸纳比赛、推动公众的知名度等思考不充分，相关的解决办法也并未完备。此外，海南已出台的一些支持促进新能源汽车产业推广发展的政策，过度依赖政府的权威指导，未能有效利用市场的调控手段，在激发市场活力方面的思考不足，手段匮乏。海南在新能源产业的金融政策主要侧重于销售环节，也就是说，消费者在购车时可以免除购置税和减半的车船税，并且给予企业地方补贴和国家补贴。然而，对于研发、生产等环节的金融支持并不足够，同时也缺乏对配套设施建设运营企业的补贴，这些都没有从根本上解决产业发展中的资金短缺和融资难题等问题。

（2）政府未培育好成熟的市场及商业模式。一个成熟的商业运营模式是产业可持续发展的基础。海南目前新能源汽车的商业模式主要有整车销售、

---

〔1〕 参见《海南：今年 1—10 月我省已推广新能源汽车 8.2 万辆》，载 https://caifuhao.eastmone-y.com/news/20231207141213964087270，最后访问日期：2024 年 6 月 10 日。

新能源公交车、出租车（提供公共服务）、新能源汽车租赁、共享汽车等，其中新能源公交车、出租车主要依靠政府特许和行业补贴来获利，而汽车租赁、共享汽车的市场规模还很小，尚未形成稳定的盈利模式和成功的案例[1]。

（3）人才技术研发体系建设不足。在吸引人才方面，海南不是说没有吸引人才的政策，但海南制定的人才政策更像是移民政策，广撒网，多捕鱼，没有认真根据本地实际需要，针对本地重点项目、重点发展的产业、行业来引进人才。再加上海南的待遇、医疗、教育整体水平不高，吸引力也不足。海南的高等教育机构也未能与自由贸易港的建设形成配套的产业人才培养机制，或为当地的产业人才提供有效的教育训练。这导致海南在核心技术研发、汽车设计、零部件生产方面的人才严重匮乏。总体来看，海南的工业基础薄弱，缺乏关键技术，本地企业和高等学府也没有研究和开发这些技术的能力，缺乏研发机构和专业人才，这些都成为了海南新能源汽车产业发展的瓶颈。

综上，尽管海南已经完成了推广新能源汽车数量的目标任务，但是海南的新能源汽车产业仍然存在着结构性的不完善和关键环节的缺失。由于缺少关键技术，其竞争力相对较弱；在市场推广方面存在不平衡，并且在环境建设方面未能实现预期目标；同时，政策保障体系的完备性也存在问题，政策的创新性不足等。海南若希望持续驱动新能源行业的进步、促进全面的新能源转型、达成绿色经济增长的愿景，仍需付出更大的努力，实行更多的有效策略。

5. 对策建议

（1）要建立完善法律和政策体系。目前，海南政府尚未成功制定出有助于新能源汽车产业发展的政策和经验，相关的法律、法规、规章制度和政策在引导产业发展方面还有待完善。因此，政府需要积极介入，提供全面的法律保障，制定出稳定且持久的政策体系，充分利用法律的教育引导作用，在核心技术研发、市场培育以及推广应用等环节发挥其效用，提供标准化的管理和服务，帮助产业发展，引领产业走向一条健康且科学的道路。

（2）注重发挥政府引导和市场创新作用。首要任务是强化政府的主动服务。海南需要首先制定中长期的产业策略，明确发展方向；设立研发基金，

---

〔1〕　吴书祥：《海南新能源汽车产业发展政策研究》，海南大学硕士论文 2022 年第 10 期。

激励技术创新；适度运用国有资本参与新能源汽车行业的运营和充电基础设施的建设；利用政府的信誉作为企业早期投资和融资的便利，激励企业优化和扩大；增加土地供应和提供税收等政策优惠。其次注重激发市场活力。需要把市场视为核心和目标，充分利用市场的活力，激励创新的商业方式，并通过技术和商业方式的创新来推动发展。需要研究如何通过融资租赁来购买新能源汽车，并且打通公司和金融机构的合作路径，以此来培育用户的消费习惯。寻找创新的共享汽车出行模式，并与社会资本联手，在市场中引入共享车辆和网约车等，以提供环保出行和绿色交通的新策略。探索建立充电、换电的补能模式，探索发展衍生产业，并在充电站提供如餐饮、娱乐、文化等额外服务。尝试创建全球碳排放能源交易中心和新能源积分交易中心等，以便为海南的企业进行新能源项目的建设提供交易便利，并吸引更多的资金投入海南的新能源产业。同时，持续优化商业环境。参照国际商业环境评估体系，进一步推动海南商业环境制度的创新，以提高工作效率和服务意识，并致力于营造一个高效、法治、敬业的营商环境。

（3）完善税收优惠和补贴等金融政策。首先必须妥善运用金融投资的政策。汽车制造业是一个非常依赖资本的领域，尽管其经济收益相当可观，但初期的投资投入成本也很高，必须有足够的资金支撑。因此，政府应该减少地方保护，降低投资准入门槛，并且给予相应的政策优惠，如增强对金融的支持和贷款贴息等政策力度，以此来创造一个有利的融资氛围，从而使得企业在进行投资和融资时能够得到更多的便捷利好服务。其次继续优化税收减免政策。针对新型能源汽车的制造生产，可以采取适当的税收优惠、减免费用等措施，为减轻企业税费负担。同时可以充分利用海南独特的零关税政策，免税进口整车生产设备，以及免税进口高端动力电池、电机等零部件、辅料，大幅降低企业建设和生产运营成本。再次及时调整补贴政策。当前国家及海南地方出台的补贴力度是逐年减少，在目前补贴退坡的情况下，要加快后补贴时代的政策顶层设计。[1]

（4）加强国际合作鼓励技术创新。首先，鼓励科技创新和技术研发。为专项研究和重点科研项目留足预算，预留好科研经费。尤其需要在像电池技

---

〔1〕 吴书祥：《海南新能源汽车产业发展政策研究》，海南大学硕士论文 2022 年第 10 期。

术、自动驾驶、智能连接这样的关键领域的开发中，需要勇于挑战创新，提升核心竞争实力。需要积极并有效地整合科研机构，既要利用政府行政手段主导的沟通协调优势，又要借助市场的调节激励机制。同时，还需要发挥学校专业的科研优势，激励科研机构、高等教育机构和企业对新能源核心技术进行研发和创新。政府要主动服务，协助企业、机构申请知识产权，建立知识产权交易平台，主动保护知识产权，打击侵犯知识产权的违法犯罪行为。其次完善人才引进和培养机制。借助海南自由贸易港的政策优势，需要增加对科研、专业技术以及管理人员的招聘力度。重视培养并挖掘本地的人才，并与高等学府共同培育有针对性的人才，以此来持续提升新能源汽车行业的团队建设。完善人才评估与激励机制，对于有显著成就的个体实施高薪和奖赏，以增强团队的活跃度，并刺激创新能力。最后加强国际间交流合作。通过多种方式建立起一个国际性的沟通和协作平台，持续吸纳国外先进的汽车制造技术，学习并借鉴国际自由贸易港和先进地区的企业运营模式和管理策略，以提高海南的整体水平。

海南是新能源汽车推广的早期试点省份，但由于其工业基础薄弱和经济发展水平较低等因素，新能源汽车产业的进步速度相对较慢，与国内其他地区相比仍然相当落后。当然从长远来看，一个新兴的产业的形成需要一个较为持久的阶段。所以，政府需要明确其正确的发展路径，制订出适宜的战略规划，并能依据发展进程及时调整、修正具体政策或措施，相信市场依靠市场的同时，发挥各种政策之间的协同效应，努力构建在汽车技术创新、零部件供应、整车生产、汽车贸易和展销使用环境、汽车文化、体育赛事等方面全产业链的闭合政策体系，促进产业协同发展，让新能源汽车产业成为拉动海南经济增长的新引擎，成为海南自贸港建设的生动典范，为中国在能源供应、节能减排等国际事务处理上赢得更多的支持。

三、禁塑：生态环境不变差的重大举措

塑料污染治理是当今世界面临的紧迫环境问题，依据《国家生态文明试验区（海南）实施方案》要求，海南把全面禁塑作为确保海南生态环境只能变好不能变差的重大举措，列为生态文明建设标志性工程。通过扎实推进地方性法规、地方标准、禁塑名录、产品监管体系以及替代品产业链，构建禁

塑领域"法规+标准+名录+替代产品+全程追溯"全流程闭环管理体系,形成了一套具有海南特色、可复制可推广的塑料污染治理方案。海南"塑料污染系统治理机制"入选《国家生态文明试验区改革举措和经验做法推广清单》。

(一)总体情况:以地方立法破题率先开展禁塑

2018 年起,海南率先在全国开展禁塑工作;2019 年 2 月,《海南省全面禁止生产、销售和使用一次性不可降解塑料制品实施方案》出台,禁塑工作在全省全面启动。2020 年 12 月,《海南经济特区禁止一次性不可降解塑料制品规定》正式施行,这是国内首部省级层面的专项禁塑地方性法规。为做好塑料污染治理,近年来海南省以地方立法破题,通过地方性法规、地方标准、禁塑名录、监管体系以及替代品产业,形成了一套具有海南特色、可复制可推广的塑料污染治理方案,得到了国家部委、兄弟省份和产业界的高度认可和关注,国家发展和改革委员会印发的《国家生态文明试验区改革举措和经验做法推广清单》囊括了海南"塑料污染系统治理机制";部分省份多次来海南调研禁塑立法工作,并借鉴海南法治化治理塑料污染做法颁布了相应的地方禁塑法规;多个国内生物降解行业会议在海南召开。

(二)具体做法:全域全链条治理塑料污染

1. 系统构建顶层设计

制定塑料污染全链条治理实施方案,形成"法规+名录+标准+替代品监管+可追溯平台"的顶层设计。一是发布禁塑法规。实施地方性法规《海南经济特区禁止一次性不可降解塑料制品规定》,该制度创新列入国家生态文明试验区改革举措和经验推广清单。2023 年,海南根据这一规定实施三年来暴露出的问题,启动修订工作,为下一步深入推进禁塑工作提供更有效的法律遵循和法治保障。二是发布禁塑名录。根据国家塑料污染治理政策阶段性目标、替代品的技术可行性、供给能力和成本、社会接受度等制定禁塑名录,实施禁止产品"负面清单"管理,先后制定发布 3 批禁塑名录,将 2 大类 12 小类一次性不可降解塑料制品纳入禁塑名录,并实施名录动态管理。三是制定生物降解塑料制品标准。针对替代品质量不稳定的问题,制定海南省《全生物降解塑料制品通用技术要求》产品标准,规定全生物降解塑料制品的生物降解性能、卫生性能、生态毒性等,并对生物降解制品的图形标志和电子监管码提出了要求，为市场监管和产品追溯提供了手段。针对监管取证等工作的时效性要求，制定海南《全生物降解塑料制品红外光谱/拉曼光谱指纹图谱快速检测法》《全生物降解塑料制品　核磁共振波谱快速检测法》等3项生物降解塑料制品快速检测方法地方标准，满足了市场监督执法取证时效性要求，并被国家标准化管理委员会推广全国禁限塑地区借鉴。四是建立替代品可追溯管理体系。提出了降解专门标志和二维码识别，利用互联网技术搭建了禁塑替代品可追溯管理平台，通过产品监管二维码实现了全生物降解制品认证、生产、销售、使用全流程可追溯，保障了禁塑替代品市场有序流通。

2. 创新多维监管方式

一是建立输入源头"物流+信息流"综合监管体系。出台了《海南省禁止省外一次性不可降解塑料制品运输入岛专项整治工作方案》《关于推动海南省电商平台禁塑的若干措施》《海南省邮政快递企业禁止一次性不可降解塑料制品寄递入岛治理工作方案》三大主要塑料制品输入渠道行业监管措施，整体推进建立港口运输联合执法、电商联合监管和快递跨省协同监管机制。二是形成行业监督与市场执法协同机制。坚持"管行业就要管禁塑"，制定《海南省2021年禁塑联合执法行动方案》，建立各领域、各行业联合监督执法机制，形成"执法部门+协会+企业+志愿者+媒体"的联动执法模式，执法中普法，办案中曝光，发挥执法社会效果。组织开展禁塑联合执法行动、禁塑宣传大行动、农膜回收清理专项行动、重点领域禁塑专项监管执法行动、农贸市场禁塑综合整治、禁塑专项检查等一系列专项行动，查找解决存在的问题，跟踪落实整改情况。三是建立地方政府责任落实机制。制定《海南省禁塑工作实施情况评估考核工作方案》，压实各市县监管责任。成立了27个省直部门为成员单位的海南省全面禁止生产销售使用一次性不可降解塑料制品工作领导小组。按季度对各市县禁塑工作实施推进情况开展评估，对评估结果进行全省通报，表彰先进、批评后进。建立禁塑工作简报制度，通报相关部门重要工作动态、各市县好的经验做法，曝光典型案例。

3. 布局降解材料产业

一是长远谋划降解材料产业发展，制定《海南省全生物降解塑料产业发展规划（2020—2025年）》和若干全生物降解材料产业扶持政策，合理布局生物降解上中下游产业聚集地，建成以海口市高新区为中心的生物降解塑料制品产业集聚地。引导本地传统生产企业转型和引进省外企业相结合，保供给、促竞争、降成本、稳市场。二是打通降解材料产业链，引进建设全生物降解材料原材料项目，形成基础原料、材料改性、全生物降解制品完整产业链。目前，全省已形成改性料产能约 3.6 万吨/年，膜袋产能 4.04 万吨/年，餐饮具产能 4 万多吨/年，初步形成产业集聚效应。2023 年 1 月至 11 月，实现生物降解替代品销售 1.4 万吨，较 2022 年全年增长 27.3%。发布《海南省关于加快全生物降解材料产业发展的若干措施（试行）》等专项配套优惠政策，禁塑以来，省内全生物降解材料企业因扩大投资、技改提质等享受财政资金奖补约 7145 万元。[1]三是瞄准国际先进水平研发先进生物降解材料，与中科院联合成立降解材料技术创新中心，开发土壤、淡水、海洋环境等多种先进降解材料技术。

4. 全面社会宣传动员

制定《海南省禁塑宣传大行动实施方案》，并配套发布《禁塑宣传材料大纲》《禁塑视觉识别系统》《公共机构禁塑行为规范》等规范性文件。通过报纸、广播、互联网、微博等多种媒体宣传报道禁塑政策。通过在全省党政机关、事业单位、国企、学校、旅游景区、大型商超、医院等重点行业场所率先开展禁塑试点工作，提升公众环保意识，带动全社会广泛参与，确保禁塑的顺利实施。全省各级政府和社会组织开展大量禁塑社会宣传活动，召开禁塑主题新闻发布会 14 场次，向社会通报禁塑工作进展。举办 3 届"海南禁塑论坛"。海南禁塑新闻播发量 15 000 余条，在全省各地开展 5000 余场次公众参与的禁塑宣传教育活动，在社区、学校、商业领域开展禁塑示范家庭、示范班、示范宿舍、示范摊位、示范商户等"五个一千"活动，带动全社会广泛参与。发放调查问卷 12 万余份，全社会禁塑政策知晓率超过 90%[2]。

5. 加大禁塑监督执法力度

开发建立海南省禁塑工作管理信息平台系统，应用互联网技术建立产品电子监管码，打通生产、流通和消费环节，消除监管盲点，形成产品信息可

---

〔1〕 参见《2023 年海南全省禁塑替代品占有率达 80.18%》，载 http://www.hinews.cn/news/system/2024/02/01/033112458.shtml，最后访问日期：2024 年 6 月 14 日。

〔2〕 参见《省生态环境厅举行 2023 年"世界环境日"媒体见面会》，载《海南日报》2023 年 5 月 25 日。

追溯体系，实现精细化管理。明确"谁主管、谁监管，谁许可、谁监管，管行业必须管禁塑"的工作原则，构建了省、市县、乡镇、社区、场所5级责任机制。部署开展民生领域"铁拳"行动、禁塑工作攻坚固本百日行动，组织实施禁塑执法联合行动，截至2023年12月底，全省累计立案11 832宗，结案10 478宗，查扣违禁塑料制品5700多万个，罚没款1790万元，曝光典型案例100余例。[1]

（三）主要成效：塑料使用减量且降解材料产业初具雏形

1. 全社会一次性塑料减量明显

各级各类公共机构充分落实禁塑。通过将禁塑工作纳入省级生态环境保护例行督察，强化市县禁塑工作，全省可降解塑料制品替代率从2023年一季度的72.62%、二季度的75.55%稳步提升至三季度的78.16%。根据2023年三季度市县禁塑工作实施成效评估结果，全省重点行业场所抽评达标率为82.91%，较2022年（46.09%）上升了36.82%，其中社区、公共机构、商超酒店、农贸市场较2022年达标率分别上升39.82%、39.01%、34.74%、34.76%[2]。

2. 降解材料产业初具雏形

初步构建了省内降解材料产业链，吸引中石化、国家能源集团等降解材料项目，逐步将省内降解材料产业从产业链下游向上游延伸。截至2021年底，省内形成上游原料项目2个，一期建成后每年可生产原料16万吨。建成下游制品企业15家，形成膜袋产能4.8万吨、餐饮具产能1万吨、改性料3.3万吨，生物降解材料制品种类由初期两类产品发展到覆盖全面的产品种类，保障了海南禁塑替代品的供应，替代品技术基本达到国际先进技术水平，并实现了向欧盟出口，全生物降解材料产业初具雏形。

近几年来，海南禁塑工作取得的成效有目共睹，相关措施得到了上级机关、国家部委和兄弟省市的认可。2022年3月，国家发展和改革委员会组织的塑料污染治理中期评估认为，海南在地方法规、名录、标准和制度体系建

---

〔1〕　参见《2023年海南全省禁塑替代品占有率达80.18%》，载 http://www.hinews. cn/news/sys-tem/2024/02/01/033112458. shtml，最后访问日期：2024年6月14日。

〔2〕　参见《省生态环境厅举行2023年"世界环境日"媒体见面会》，载《海南日报》2023年5月25日。

设方面作了大量扎实的工作，在一次性塑料制品禁限、替代品推广、农膜资源化回收、海洋塑料垃圾治理等方面取得了明显成效。2022年10月，生态环境部将海南"颁布实施国内首部地方性禁塑法规，全域全链条治理塑料污染"确定为自由贸易试验区加强生态环境保护推动高质量发展案例。山西省、河南省多次来海南省调研禁塑立法工作，并借鉴海南省相关做法，颁布了地方禁塑法规。

（四）存在问题：禁塑成效存在较大差距

1. 禁塑落实率亟待提升。各市县禁塑工作进展不平衡，少数市县禁塑工作进展缓慢，农贸市场、重点场所、行政机关、基层社区禁塑成效存在较大差距。针对集贸市场、小微商超的禁塑监管执法乏力、盲区多，个体经营者应对执法检查花样层出。禁塑的市场执法监管、港口执法监管不够精准科学，基层禁塑工作技术手段落后，效率低下，作用难以得到有效发挥。在调研过程中发现，一些集贸市场摊贩、小型商店、餐饮店的经营者明面上摆着全生物降解塑料袋或塑料餐具以应付检查，实际给消费者的仍为不可降解塑料袋或塑料餐具。如个别市县的多个农贸市场出入口等显著位置未设置禁塑标识（标语），塑料违禁品、"套码""无码"降解袋等仍在违规使用。

2. 全生物降解塑料制品价格相对昂贵，个体经营者接受度低。全生物降解塑料制品的价格是普通塑料制品的2—5倍，造成商家经营成本上升，所以商家接受度不高，这是导致不可降解塑料制品屡禁不止的重要原因。同时替代品产业普遍规模较小、结构单一，产品同质化严重，在国内市场竞争力不足。

3. 源头禁止困难重重。输入源头管控还未真正形成闭环，港口码头检查存在较大漏洞，物流快递、网络销售环节需进一步加强监管。尽管全省已经开始实施"禁塑令"，并且是禁止生产、销售、储存、运输和使用，但通过电商渠道仍可非常方便地购买到一次性不可降解塑料袋和塑料餐具等，一些商贩、群众无法从正规渠道购买到一次性不可降解塑料袋和塑料餐具，便转而通过电商渠道购买，以满足需求。

4. 游客知晓度仍有待进一步提升。相较于常住居民，游客在海南旅游时间较短，其接受禁塑政策宣传和实际参与感受到的禁塑氛围仍不甚浓厚。

（五）对策建议：宣传引导和综合整治并重

.1. 加强全社会范围禁塑宣传引导

一是建议对全省的禁塑宣传工作进行整体规划，统一禁塑的对外宣传方式，并明确各个相关方的宣传职责、范围、内容和目标。二是将禁塑宣传工作纳入意识形态工作考核范围，落实各部门宣传责任。三是整合全省的宣传资源，通过多种方式、形式和角度，全面推广禁塑政策、禁塑要求以及塑料污染的危害。通过进行全面的禁塑宣传，可以普及禁塑相关的理念、知识、政策和法规，提升人们对禁塑工作的理解和认同，增强大众对禁塑工作的认识。同时，也要引导公众树立绿色生活和消费的观念，鼓励使用可重复利用的环保产品，从而形成一个支持禁塑、敢于监督的环境，推动禁止塑料制品的使用成为社会共识。四是利用旅游胜地如公园和宾馆等人流密集的地方，除了进行日常的宣传外，还要进行富有趣味性的禁止塑料制品的教育，以此来提高游客对禁止塑料制品的认识。

2. 加强集贸市场禁塑综合整治

以可循环、易回收、可降解为导向，并以民众福祉为首要考虑因素，在保证不增加蔬菜价格的同时，全面执行集贸市场的禁塑政策。这也进一步强化了集贸市场管理人员的职责，所有的禁塑工作都将集贸市场管理者纳入，并且加大对他们的监督和评估，同时也会给予相应的表彰奖励。

四、装配式建筑：低碳建筑海南样板

清洁能源优先发展示范区的特殊的能源发展定位，使得海南在各领域绿色发展方面不断加码，尤其在绿色建筑领域。海南按照"创新驱动、智慧引领"的原则，加快装配式建筑产业科学技术和管理方式创新，实现了装配式建筑从无到有的跨越式发展，政策体系逐渐完善、标准体系不断健全、产业培育初见规模。2018 年，发布《海南省建筑产业现代化（装配式建筑）发展规划（2018–2022）》。2022 年，发布《海南省装配式建筑产业发展规划（2022—2030）》，进一步明确到 2030 年全省装配式建筑面积占新建建筑面积的比例达到 95%以上。未来，面对打造清洁能源岛目标，海南省推进绿色建筑步伐也逐渐由装配式建筑向低碳建筑、零碳建筑迈进，打造低碳建筑"海南样板"。

（一）总体情况：实现了装配式建筑从无到有的跨越式发展

装配式建筑是用预制部品部件在工厂生产、在工地装配而成的建筑。通过标准化的设计和信息化的管理，装配式建筑方式能有效缩减耗材的使用，节省成本，提高建造效率，同时还能节约水、电等，充分展现绿色建筑的本意。发展装配式建筑是建造方式的重大变革，是推进绿色低碳发展的重要举措。2017 年海南印发《海南省人民政府关于大力发展装配式建筑的实施意见》，要求培育装配式建筑产业，实现建筑业转型升级，发展标准化设计、工厂化生产、装配化施工、一体化装修、信息化管理，从源头上减少建筑材料生产、现场施工等所带来的资源能源消耗，降低建筑建造环节的碳排放，减少环境污染。海南省委、省政府将装配式建筑作为国家生态文明试验区建设的标志性工程之一高位推动，省住建部门牵头实施，通过不断完善配套政策、建立标准体系、完善产能布局、加强示范引领、加强督导考核、强化能力建设等多措并举，狠抓工作落实。在建筑业技术、人才和能力整体水平不高，装配式建筑几乎零基础的条件下，海南装配式建筑规模实现连续五年翻番。2022 年 4 月，住建部转发了《2021 年全国装配式建筑发展情况报告》，在报告中公布的面积增长占比情况方面，海南省仅次于上海，居全国第二，住建部对海南推进装配式建筑的成绩给予了表扬肯定。

（二）具体做法：以项目落实顶层设计

1. 构建政策保障体系完善顶层设计

2017 年海南出台《海南省人民政府关于大力发展装配式建筑的实施意见》，该文是全国唯一一个以省政府名义印发的推动装配式建筑发展的实施意见。随后，相继印发装配式建筑"十四五"规划、产业发展规划、装配率计算规则、示范管理办法、专家管理办法、责任考核办法等相关配套政策。2018 年，海南省建立了由省住建厅牵头的包括省发展和改革委员会、省自然资源和规划厅等部门在内的省级装配式建筑推进工作联席会议制度，各市县政府紧随其后相继建立了相应的联席会议制度。2022 年 4 月，海南省政府办公厅印发《关于进一步推进海南省装配式建筑高质量绿色发展的若干意见》，引领海南装配式建筑进一步高质量绿色发展。

2. 构建闭合监管机制狠抓项目落实

构建装配式建筑建设环节的闭合监管机制，确保项目落地。出台《海南省装配式建筑实施主要环节管理规定（暂行）》，对基本建设程序涉及的项目立项、获取土地施工许可到竣工验收等各主要环节层层把关，抓实项目落地工作。省委组织部牵头连续举办多期装配式建筑领导干部专题培训班，抓好关键少数相关能力建设。省委、省政府通过专项督查、督导、约谈等方式，推动装配式建筑工作层层抓落实。2021 年，进一步明确装配式预制构件生产、销售环节由市场监管局进行监管，相关质量标准体系由住建、工信、市场监督等主管部门共同制定，项目建设过程中，预制构件的现场安装及其工程质量由各市县建设工程质量监督机构进行监管。从项目落地源头开始，形成了装配式建筑建设环节的闭合监管机制，确保项目落地。

3. 构建地方标准体系加强技术支撑

针对海南高温、高湿、高腐蚀的自然环境，高地震设防烈度、强台风等热带岛屿地质气候特点，以及发展装配式建筑存在的技术困难，印发《海南省装配式建筑标准化设计技术标准》《海南省建筑钢结构防腐技术标准》《海南省装配式建筑工程综合定额（试行）》《海南省装配式混凝土预制构件生产和安装技术标准》等地方标准，初步建立了海南热带岛屿环境下的装配式建筑标准技术体系，涵盖了主体结构、围护结构、机电管线、内装修、定额等主要领域以及预制构件生产、安装、监管、验收等主要环节，因地制宜全方位加强技术支撑。

4. 实行负面清单和正向激励相结合推动项目建设

基于海南的实际情况，装配式建筑从主体结构水平构件起步，再到竖向构件和装配式装修，技术上稳步推进；在项目推进层面，政府投资项目本着"应作尽做"的原则推广装配式建造方式，对社会投资项目则从早期鼓励、部分要求逐渐过渡到负面清单管理。2022 年起，具备条件的新建建筑原则上全部采用装配式方式进行建造，并对符合条件的商品住宅项目给予容积率奖励和增加建设计划指标扶持。

（三）主要成效：装配式建筑规模实现连年翻番

1. 提高建筑工业化水平促进建筑绿色发展

大力发展装配式建筑是海南推进建筑业转型升级，推动自贸港高质量发展，深化落实"双碳"目标的又一实践载体。与传统建造方式相比，装配式建筑在降低碳排放、减少污染、节能节材、缩短施工周期、提升建筑品质等方面有着明显优势。海南装配式建筑面积由 2018 年起步阶段的 82 万平方米、2019 年的 435 万平方米、2020 年的 1100 万平方米、2021 年的 2280 万平方米增加到 2022 年的 2860 万平方米，在新建建筑中占比超过 60%，装配式建筑规模连续五年逐年翻番快速发展[1]。

2. 催生新产业激发新动能

根据《海南省建筑产业现代化（装配式建筑）发展规划（2018—2022）》，积极引导并推进全省预制构件产能布局。2020 年，印发《关于统筹全省装配式建筑构品部件产业基地项目建设审批事项的通知》，要求统筹全省装配式建筑生产基地布局。除澄迈、定安、万宁现有的以及三亚在建的装配式建筑产业化基地外，装配式建筑部品部件的新增产能原则上统筹集中布局到临高金牌港开发区，打造集研发、设计、制造、运维等全产业链发展的新型建筑产业园区，逐步形成"1+N"的全省装配式建筑产能布局。目前，海南全省已投产的构件生产基地共 33 家，其中混凝土预制构件生产基地 26 家，设计年产能约 229 万立方米/年；钢构件生产基地 7 家，设计年产能约 46 万吨/年。另外还有 5 家在建，1 家拟建[2]。

（四）存在问题：缺乏有力的环境支撑

1. 缺乏技术标准和规范化指南

目前，装配式建筑领域尚缺乏统一的技术标准和规范。为确保建筑的安全设计，任何结构的设计载荷都需要考虑所有可能出现的情况，然而目前模块化建筑的设计标准是基于传统建筑在考虑稳定性、强度和可用性的极限状态设计标准而进行的设计。在模块化建筑中，短期负载的产生将导致建筑负载的差异，进一步对负载的传输方式产生影响。另外，装配式建筑的施工过程中所需的基本设备也与常规方法有所区别，必须考虑到几何精度的问题以及在安装过程中可能产生的影响，因此，模块的设计必须具有极高的精细性。

---

〔1〕参见《海南省装配式建筑（绿色建筑）政策解读新闻发布会》，载 https://www.hainan.gov.cn/hainan/zxxx/202312/1e50fa4c35224394afc4bede86b348a6.shtml，最后访问日期：2024 年 6 月 16 日。

〔2〕参见《装配式建筑实现高质量发展》，载中华人民共和国生态环境部网站，https://www.mee.gov.cn/ywgz/zcghtjdd/sthjzc/202212/t20221218_1008136.shtml，最后访问日期：2024 年 6 月 16 日。

区别于传统建筑的设计体系，有必要为模块化结构建立合适的设计准则，以促进对安全和高质量的模块化结构的使用，同时加强技术标准和规范的制定和修订，明确各环节的要求和指导，推动装配式建筑的健康发展。

2. 产业链不协调且监管机制滞后

目前，在建筑业的产业链中，包括科研、投资开发、设计、生产制造、施工和吊装等环节的公司，仍然对传统的建筑生产方式有所依赖。这就导致了装配式建筑模式的各个环节之间缺乏有效的连接和协调，也就是说装配式建筑模式的生产组织系统缺乏有效的整合，这使得其施工和预制配件等的交易成本上升。再加上，装配式建筑模式推广所需的工程招标、施工许可证、施工图审查、质量检验、竣工验收等监管机制存在滞后性，这在很大程度上导致了装配式建筑施工过程的不确定性。

3. 人才培养和技能提升存在不足

虽然我们的国家已经用数年的时间来推广装配式建筑，尤其近些年来，海南政府更是积极鼓励这种建筑形式的发展，然而，依然缺少一批具有深厚学识、丰富实践经验的专业人士和一线劳动者。目前，装配式建筑一体化、规范化的核心技术与手段还相对滞后，在建筑的整个建造流程中，如设计、处理、制造、建造、组装等环节的断裂现象比较常见，这些技术性问题成为装配式建筑发展的主要障碍。装配式建筑的发展需要一支高素质的人才队伍，包括设计师、工艺师、工程师等。然而，目前人才培养和技能提升均存在较大的不足。

4. 市场认知和接受度存在差距

相比传统建筑方式，装配式建筑属于一个新概念，对其本身，尤其是对其质量的可靠性方面，市场认知和接受度还存在一定差距。不仅一些消费者对装配式建筑的质量和安全性持怀疑态度，甚至一些开发商和施工单位也存在对装配式建筑的认识偏差和顾虑。使得模块的生产企业担负了较大的风险，企业的良性发展面临重重困难。目前，需要持续提升装配式建筑的品质，并通过教育和交流等手段，在公众心中建立起对装配式建筑安全性和可靠性的信任。

总的来看，装配式建筑的发展面临着许多未知的挑战，然而，这些问题大多数并非源于产品本身，而是由于缺乏必要的环境支持。为了解决这些问题，提高业主对装配式建筑的认可度和使用频率，政府必须为模块化建设营造一个有利的氛围。另外，研究人员也需要深入开发出性能卓越的模块，为装配式建筑的发展提供助力。

（五）对策建议：以政策为指引推动技术发展与市场化应用

作为尚处开发建设之中的自贸港，海南将会有大量的建筑需求，加上"十四五"建筑规划的指导，海南装配式建筑产业未来发展巨大。为此海南至少还应在以下几个方面努力：一是技术创新和优化。随着科技的进步，装配式建筑领域将继续进行技术创新和优化，以提升产品的质量和性能。例如，应用人工智能、大数据分析和机器学习等技术，可以提高设计效率、优化结构设计，并实现智能化的生产和施工过程。二是标准化设计和施工流程。通过制定统一的标准化设计和施工流程，可以提高装配式建筑的生产效率和品质稳定性。标准化的设计模块和构件可以实现快速组装和适应不同项目的灵活性，同时减少错误和浪费。三是推广应用和市场拓展。政府和相关机构可以通过出台政策支持、降低成本和提供市场保障等措施，推广装配式建筑的应用。同时，加强与建筑业主、设计师、施工单位和供应商之间的合作，推动装配式建筑在住宅、商业和公共领域的广泛应用。

海南通过政策导向，结合科技革新，运用各种不同的手段积极促进装配式建筑和低碳建筑的科学进步和商业运作，这将极大地推动海南在节约能源、降低污染的问题上取得更大进步，形成多层次且体系完善的清洁能源体系，为海南超前实现碳中和目标贡献力量。

五、六水共治：全域综合治水

"十四五"期间海南生态环境保护最突出的问题就是水的问题，海南将贯彻落实习近平总书记"节水优先、空间均衡、系统治理、两手发力"的治水思路，推动治水工作发生重大转变。

（一）总体情况：完善顶层设计打造城乡一体互联互通水网体系

海南虽然在河湖库和近岸海域等水生态环境质量方面保持全国一流，但是这主要是天生丽质，不代表做得好，实际上海南治水面临着严峻的形势。2022年1月，"六水共治"攻坚战启动。"六水共治"是指治污水、保供水、排涝水、防洪水、抓节水、优海水的全域综合治水，是海南建设国家生态文明试验区的第五项标志性工程。"六水共治"攻坚战，强调以"项目为王"，完善省级规划顶层设计，以系统治理理念编制、完善水网规划体系，打造城乡一体、互联互通的市县水网体系，增强水利工程体系韧性和水安全风险防控能力。按照"两年消除城市黑臭水体，三年剿灭劣 V 类水体，五年省控国控断面全部达标"的总体目标，科学谋划储备一批优质的治水项目，编制全省农田灌溉规划和南渡江、昌化江、万泉河三大江流域综合规划、防洪规划等，启动迈湾大型灌区、南繁大型灌区项目前期工作，推动昌化江水资源配置工程、万泉河生态修复和综合治理工程等国家重点水利项目全面开工建设。同时，积极争取中央专项资金和债券资金支持，整合水治理各个领域的资金，以有效投资为动力，掀起治水兴水热潮。在治污水、保供水、排涝水、防洪水、抓节水、优海水六个领域打造示范项目，摸索、总结、推广优秀典型的治水工作经验，由点及面，全面推进治水工作[1]。2023 年 1 至 6 月，海南全省 192 个地表水监测断面水质优良率为 95.3%[2]，"六水共治"取得阶段性成效，人民群众身边的清水绿岸明显增多，饮水安全保障水平不断提升，获得感幸福感显著增强。

（二）具体做法：以问题为导向补齐治水工作短板

1. 着力构建安全高效的水资源配置体系。加速饮水提升工程建设，加快"城—镇—村"供水管网延伸和并网，优化城乡供水设施和服务布局，加快重点园区、AAAAA 级景区及旅游公路驿站高品质饮用水建设。将海南水网积极纳入国家水网东南局域网，持续织牢主骨架大动脉，加强省、市县两级水网衔接，全面增强水资源总体调配能力。坚持防御外洪与治理内涝并重，系统建设海口、三亚等城市排水防涝工程体系，继续完善海南智慧水网平台，强化水旱灾害防御决策支撑。锚定"四不"（人员不伤亡、水库不垮坝、重要堤防不决口、重要基础设施不受冲击）和确保城乡供水安全、城市排水防涝安

〔1〕　钟鸣明：《发力"六水共治"攻坚战 建设人与自然和谐共生的绿色家园》，载《今日海南》2022 第 12 期，第 14~16 页。

〔2〕　参见海南省生态环境监测中心：《海南省生态环境监测月报（2023 年第 98 期）》，载 ht-tps://hnsthb.hainan.gov.cn/xxgk/0200/0202/hjzl/shjzl/202312/t20231218_ 3551881.html，最后访问日期：2024 年 5 月 9 日。

全目标，贯通"四情"（雨情、汛情、旱情、灾情）防御，落实"四预"（预报、预警、预演、预案）措施，构建水旱灾害严密防线。

2. 着力构建健康惠民的水生态保护体系。贯彻"四水四定"，严格实行区域用水总量和强度控制，加快推进跨市县江河流域水量分配。加强南渡江、万泉河、昌化江等重要河湖生态保护修复。推进"河湖长+"部门协作机制，严格水域岸线空间管控，重拳出击整治侵占、损害河湖乱象。推进水系连通及水美乡村试点县项目、生态小流域综合治理，探索打造生态旅游型、绿色产业型、休闲康养型等特色小流域产业综合体。

3. 着力构建协同科学的水环境治理体系。一是不断梳理完善农村黑臭水体、长期劣Ⅴ类水体、2021年超标断面及存在超标风险断面、重点近岸海域不达标情况、城镇生活污水处理设施问题等5张清单，加快完成城镇和农村水环境治理等方案的编制，明确各市县治污水的重点和难点。二是启动群众身边小微黑臭水体排查治理，并建立动态销号和防止返黑返臭机制。三是不折不扣推进万宁小海、文昌珠溪河系统治理及不达标城镇内河湖综合治理，对进水BOD浓度偏低的污水处理厂开展系统化整治。四是加快管网修复和提质增效，基本消除建成区生活污水直排口和污水收集处理设施空白区。

4. 不断完善工作机制，汇聚"六水共治"的强大力量。一是深化"共命运、齐进退、同荣辱"机制，将治水办、河长办职能深度融合，切实发挥河湖长在流域综合治理、上下游系统治理、多污染源协同治理等方面的作用，形成齐抓共管合力。二是完善治水投融资机制。以更大力度更高标准抓实项目谋划储备，高水平谋划一批重大项目，形成梯次接续格局。尽快出台饮用水提升工程实施方案，推进海口经济圈村镇集中供水、三亚藤桥河流域"EOD+全域土地综合整治"等投融资改革试点项目如期开工。支持省属企业创新投融资模式，探索"建管运维一体+城乡统筹、以城补乡"投资模式，积极吸引社会资本。三是加快农业水价改革。全面推进农业水费计收，统筹推进精准补贴和节水奖励、工程建设和管护、终端用水管理制度的健全和落实。启动一批现代化灌区建设试点，并统筹推进现代化灌区建设与农业水价综合改革。四是落实考核监督机制。建立市县差异化考核机制，实行"红黄牌"预警机制，形成工作闭环，倒逼项目落实、进度落实、责任落实。水务系统联合人大、政协、行业主管部门主动加强指导帮扶，做到"督、导、扶"

统一。

（三）主要成效：治水不断从一域到全局

海南绘制了"六水共治"蓝图，并狠抓落实，不断推动从蓝图到实景、从一域到全局，初步形成了党委政府领导、人大政协推动、职能部门协同、社会公众参与的工作局面，治水工作取得阶段性成效。

1. 狠抓水生态环境治理，城乡生活污水治理越来越好。水务系统始终紧盯城市县城建成区黑臭水体治理，启动群众身边小微黑臭水体大排查，发布《海南省农村生活污水治理"三大模式、六条路径"协同推进的技术指引》《海南省污水处理费征收使用管理法》等，扎实推进农村生活污水治理率提升。目前，19 条城市县城建成区黑臭水体，已销号 4 条，完成验收 3 条。城镇内河湖水体水质达标率 94.1%。建制镇生活污水处理设施覆盖率 89%，农村生活污水治理 47%。万宁小海、文昌珠溪河等顽固水体水质持续向好，海口美舍河入选全国"最美家乡河"，三亚获得国务院重点流域水环境质量改善明显的通报表扬[1]。

2. 聚焦水资源优化配置，全岛水网构建节奏越来越快。水务系统致力于建设现代化高质量海岛型水利设施网络，统筹推进城乡生活供水一体化。三亚基本实现城乡同网供水，儋州、临高等地全面启动城乡一张供水网建设。迈湾、天角潭水利枢纽工程、琼西北供水工程、龙塘大坝枢纽改造工程、三亚西水中调工程等水网主骨架大动脉加速完善。全省城市供水普及率 99.4%，供水水质综合合格率 99.9%，农村自来水普及率 93%，规模化供水工程服务农村人口比例达 55%。

3. 守牢水旱灾害防御底线，防风险保稳定能力越来越强。水务系统按照"消隐患、提标准、控风险"的思路，持续推进病险水库水闸除险加固，完善流域区域防洪减灾体系。有效防御多次强台风，并推进海口海甸岛等易涝片区治理。不断夯实智慧化治水的基础，完成城镇供排水、农村生活污水、农村安全饮水等应用模块开发，基本建立集雨面积 500 平方公里以上河流、1105 座水库立体实时感知系统。海南智慧水网平台荣获 2022 年 IDC 中国区、

---

〔1〕关于成效这一部分数据，参见钟鸣明：《统筹水资源、水环境、水生态治理，在深入践行"六水共治"中再立新功》，载《今日海南》2023 年第 8 期。

亚太区智慧城市奖，入选省优化营商环境示范案例。

4. 贯彻节水优先方针，全民节水意识越来越强。水务系统立足海南水情，坚决落实水资源刚性约束和取用水规范化管理。开展水资源管理和节水监督检查问题整改清零行动。全省累计完成 9 个市县节水型社会、133 家节水型机关、163 家省级节水型事业单位、140 家水务行业节水型单位建设，三亚市通过国家节水型城市评选。农业水价改革工作加快推进，农业水费收缴全面启动，完成所有农田、主要经济作物、主要水产养殖灌溉面积复核。

5. 提升治理能力水平，治水兴水模式越来越活。水务系统更加注重水生态价值实现，在投融资改革中更加注重"两手发力"。成功探索了"EOD＋全域土地综合整治、配建模式、政府与社会资本合作、平台公司发行债券融资、地埋式水厂地上空间同步开发"等投融资改革模式。

（四）存在问题：安全高效的水资源配置体系尚未成型

1. 水资源紧张与用水效率低下并存。一方面存在着资源性、工程性、损耗性、水质性缺水。另一方面用水浪费、用水效率低下问题突出。万元 GDP 用水量为 87.4 立方米，高出全国平均水平 43.8%，其中农业用水量占全岛用水总量近 3/4，耕地灌溉实际亩均用水量 907 立方米，是全国平均水平 2.5 倍，位列全国第一。[1] 其中可能有气温较高、蒸发量较大的因素，但无论如何，差距都过大。

2. 局部水体污染与农业面源污染并存。2021 年全省监测评价的 88 个城镇内河（湖）水体 104 个断面中，Ⅳ类和Ⅴ类占 55.8%，有 6 个未达标且均未消除劣Ⅴ类，超标物的主要来源就是农业面源污染和生活污水直排。

3. 污水处理设施建设滞后与运营效能不高并存。扣除建成却未使用设施的村镇，2022 年全省建制镇生活污水处理覆盖率只有 58%，自然村生活污水处理覆盖率只有 32%，这些数字含建成未用的设施。如某市水务部门对污水处理能力建设统筹谋划不及时，污水末端处理缺口较大，城区部分区域污水无法全收集。与此同时，部分已建的污水处理设施负荷率低，污水管网建设、维护存在"建、管、用"脱节，"晒太阳"的也为数不少。

4. 洪涝灾害易发与干旱威胁并存。海南既面临风、涝危害，也面临干旱

---

〔1〕 相关数据来源，参见顾刚：《关于海南省生态环境保护工作情况的报告》。

的挑战。海南台风多，降雨量大，但中间高四周低的地势造成留不住水的局面，与此同时，西部地区干旱缺水仍然是土地撂荒的主要因素之一。

（五）对策建议：科学系统、多元高效治水

按照习近平总书记"城乡统筹、因地制宜、分类实施、科学合理、经济高效"的二十字治水模式，聚焦重点、科学治水，协同联动、系统治水，抓住关键、多元治水，强化考核、高效治水。

1. 要从"单项治理"向"系统治理"转变。治水是一项系统工程，必须坚持系统治理、统筹考虑，增强治理的整体性、协调性。一是坚持陆海统筹和水岸、上下游全流域综合治理。协同推进陆域和海洋水生态环境保护，把局部问题、单个项目放在整个流域的生态系统中去把握和解决，推进山水林田湖草沙一体化保护和系统治理。要推进各市县特别是滨海城市带和各河流上下游、干支流联防联控，着手整治乱建、乱采、乱堆、乱占"四乱"，强化河湖海水城岸线管理。进一步落实河湖长制、湾长制，明确权、责、利，确保河湖长、湾长与河湖、海湾"共命运""齐进退"。二是坚持城乡一体和"建、管、用"一体。加强城乡饮水安全、生活污水处理、排涝防洪等基础设施一体化建设。在规划的时候就要统筹考虑设施的建设、管理、维护和监管等问题，做到建管同步、监管跟上，提高设施使用效益。三是坚持"点、线、面"相结合。以消除城市黑臭水体、消灭劣Ⅴ类水体、治理农村污水乱排为重点，以提高城镇、建制镇、农村生活污水处理三个覆盖率和推进农业种植、水产养殖两个转型为主线，以省控国控断面全部达标为目标，以点带线、以线扩面提升水体质量。

2. 要从"粗放治理"向"精准治理"转变。治水贵在精准，也难在精准，要遵循客观规律，因地制宜、科学施策，找准"病灶"、靶向治疗。一是立足实际。农村不能简单套用城镇污水治理模式，而要根据与城镇的距离、人口居住集中程度等情况，因地制宜采取不同的建设模式和处理工艺。二是疏堵结合。"堵"指要严格执法，管住污染源头，管住那些限制使用的农药化肥入口，利用琼州海峡对进入我省农药化肥实现有效管控；"疏"是要引导农业种植和水产养殖往绿色、生态、集约转型。要想真正取得治水的最终胜利，关键一招就是渔业转型，解决好群众收入和生计问题，防止陷入"治了反弹、反弹再治"的恶性循环。三是有"减"有"增"。比如，保障供水安全，要在压减"小、散"和本底水质不达标的水源地基础上优化布局,利用水质优良的大型水源地,增加达标饮用水的供给。四是强化功能。要加强城镇雨污管网、防洪防涝等设施建设,补短板、强弱项,推动重点园区逐步实现"污水零直排",支持海口、三亚等有条件的地区加快建设海绵城市。治水是治海南的"肾脏",保护中部热带雨林是治海南的"肺",大力推动"3+1"现代产业体系建设和区域协调发展是增强海南"心脏"的动力,治水和保护热带雨林、推动高质量发展是同等重要的。五是对症下药。针对用水效率低、浪费严重等问题,既要加强水网和水利基础设施建设,也要充分发挥水价杠杆作用,完善用水付费机制,提高水资源配置效率。

3. 要从"政府主导"向"多元共治"转变。要着力推动形成党委领导、政府主导、公众参与的共建共享治水新格局。一是广泛发动群众。工青妇等人民团体和学校、社区、村两委等基层组织要发挥密切联系群众的优势,各新闻媒体要加强宣传引导、氛围营造和舆论监督,充分调动群众积极性,实现全城全程全民治水。二是积极鼓励企业履行社会责任。引导企业履行治污责任,积极推进环保改造,节约水资源,减少污水排放尤其是直排,推进清洁生产。三是突出公众和市场主体满意。把群众获得感、满意度作为"六水共治"考核的重要指标,将企业水资源环境信用作为社会信用体系的重要方面,引导人民群众、市场主体积极参与水治理。四是充分运用好市场机制。治水是政府责任,政府责任与引入市场机制并不矛盾、更不排斥。建立有偿用水机制,既可以节约用水,还有助于建立投融资机制。建立有偿排放机制,多排放多付费有助于污水减排。建立与供水质量挂钩的横向生态保护补偿机制,如赤田水库流域生态补偿通过市场机制提高了上游治水的积极性。

六、东屿岛近零碳示范区:"双碳"成绩展示窗口

当前,我国已进入新发展阶段,推进"双碳"工作是破解资源环境约束突出问题、实现可持续发展的迫切需要,是顺应技术进步趋势、推动经济结构转型升级的迫切需要,是满足人民群众日益增长的优美生态环境需求、促进人与自然和谐共生的迫切需要。为落实"双碳"战略,协同推进降碳、减污、扩绿、增长,促进海南生态文明试验区建设,住房和城乡建设部与海南省决定利用三年时间(2022 年至 2024 年)共同建设海南博鳌东屿岛近零碳示

范区。选取博鳌东屿岛建设近零碳示范区，不仅是因为这里区位条件好、要素丰富、生态本底良好、业主单一，还因为作为博鳌亚洲论坛永久会址，博鳌东屿岛是中国向世界展示"双碳"发展理念的重要窗口。博鳌东屿岛近零碳示范区的建设，将致力于为海南未来打造低碳城市提供可复制、可推广的经验，为世界可持续发展提供"中国样本"。

（一）总体情况：探索城市建成区绿色降碳改造

近零碳示范区建设是展示我国"双碳"工作成绩的重要窗口，也是打造海南国家生态文明试验区的重要载体。2022年，在住建部的支持和指导下，海南正式启动博鳌东屿岛近零碳示范区建设，这是城市建成区的近零碳示范探索。因为约70%的碳排放来自城市，所以城市建成区的绿色降碳更新改造是我国乃至全球实现"双碳"目标的主战场。东屿岛近零碳示范区秉承"环境自然、区域近零碳、资源循环、智慧运营"的理念，探索借鉴国际先进经验，计划用三年的时间，打造一个近零碳示范的"中国样板"。目前，一期工程16个项目已建设完成，其余项目将于博鳌亚洲论坛2024年年会前完成，并全面实现零碳运行。

具体来说，零碳是过程：利用三年时间（2022年至2024年），多维度践行生态文明理念，探索城市建成区绿色降碳改造，逐步实现零碳运行的首个区域零碳试点项目。示范是目标：区域、规模、要素具备示范优势。对外，作为博鳌亚洲论坛永久会址的所在地，东屿岛可以成为向世界展示中国低碳发展理念、技术和实践的重要窗口。对内，东屿岛是已有20多年的城市建成区，具备与城市建成区碳排放关系密切的建筑、交通、市政、人的行为活动等要素，且有城市建成区普遍存在的设备设施陈旧、建筑能耗高、资源循环利用率低、景观人工化痕迹重、智慧化运维能力不足等问题，同时也具备通过系统的更新改造实现区域零碳的可能。东屿岛绿色化改造成功后，可以为我国碳中和探索提供优秀样板。核心是经验：示范区以区域零碳为核心目标，通过对绿色创新技术的实施，综合运用零碳技术、零碳产品、零碳材料、零碳智慧管理等措施，探索实践减碳降耗的新理念、新技术、新模式，形成"可落地、可推广、可复制"的绿色化改造建设经验，便于在更多的城市更新零碳改造行动中推广应用。表现为促进城市更新发展，进而促进我国可持续发展。本质是为百姓造福，打造宜居、绿色、韧性、智慧、人文的

"理想之城"。

(二) 具体做法：专业引领、过程统筹、机制保障

从总体设计上来看，侧重从梳理温室气体清单入手，以区域零碳、资源循环、环境自然、智慧运营四个方面为建设重点，统筹空间布局、建筑、交通、能源、市政、景观、运营等领域系统搭建降碳技术路径，以实现一"零"（全岛运行阶段零碳）、二"降"（建筑本体能耗下降、交通能耗下降）、七"100%"（岛内新能源车比例100%、可再生能源替代率100%、污水再生回用率100%、直饮水覆盖率100%、可堆肥垃圾就地资源化利用率100%、非侵蚀岸线生态化比例100%、智能化运维覆盖率100%）为建设目标，力争成为全国通过既有建筑和市政设施等更新改造实现区域零碳的典型案例，推动海南建成全国第一个零碳能源省。

具体来说就是，围绕1个思路：降能耗、提能效，不降舒适度；紧扣3个核心减碳领域：建筑绿色化、可再生能源利用、交通绿色化；开展8个方面的建设内容：可再生能源利用、建筑绿色化、水资源循环利用、固废资源化利用、运营智慧化、园林景观生态化、交通绿色化、新型电力系统；细化19个项目落地：园林景观生态化包含东屿岛生态岸线改造与修复提升、岛内林地生态修复与功能提升、远洋大道景观提升与功能完善；建筑绿色化包含博鳌亚洲论坛国际会议中心及酒店改造、东屿岛大酒店改造、新闻中心改造等；可再生能源利用包含建构筑物分布式光伏发电、岛外农光互补发电及储能系统；固废资源化利用包含垃圾收运设施改造、有机废弃物处理设施建设；水资源循环利用包含高品质供水改造、室外环境雨水利用及海绵化改造；绿色交通包括岛内绿色交通场地建设、岛外绿色交通场地建设、交通配套设施设备建设；运营智慧化包含CIM+可视化零碳管理系统、碳监测终端设备建设；零碳新型电力系统示范项目包含高可靠数字配电网、服务新能源与充电桩并网工程、光储充一体化充电示范站、先进技术集成展厅等子项目。

从具体实施上来看，示范区建设可以概括为专业引领、过程统筹、机制保障。示范区通过《海南博鳌零碳示范区创建方案》搭建总体技术框架、《海南博鳌零碳示范区技术导则》明确实施技术标准、《海南博鳌零碳示范区总体设计》确定项目空间落位、项目施工图设计落实具体工艺方法，开展了全生命周期的碳审计与碳管理等一系列工作，形成了一套可推广的零碳规划、建

设、管理流程，实现建筑、交通、市政、人的行为活动等各要素的整体零碳。首先，专家领衔，建立全过程专家指导机制。示范区邀请国内外知名专家组成专家工作组，多次召开大型专家调研会、咨询会，为示范区创建提供全程建设思路、工作方向、工作内容、技术咨询和技术指导等。其次，动态征集，突出示范区先进性和示范性。由海南省住房和城乡建设厅组织开展了国内外"博鳌近零碳示范区零碳技术方案与产品"征集活动，经过多轮专家评选，共选出 71 项先进技术和产品，并印发各实施主体应用。同时，统筹调度，强化现场技术管理工作。整合海南省和琼海市两级工作专班，从各实施主体和技术支撑单位抽调业务骨干，组建现场工作指挥部，常驻东屿岛现场集中联合办公，通过日汇报和周例会等制度，统筹推进各项目建设。最重要的是提供机制保障，消除创建中的堵点难点。针对示范区同步开展 16 个项目建设、设计施工协调难度大、施工周期短、施工要求高等情况，采取了按实施主体开展工程总承包（Engineering Procurement Construction，EPC）的工作机制；针对项目周期紧张和审批衔接问题，形成了项目多个环节并联审批的工作机制，实现只走一次程序和上门审批；针对光伏发电量消纳认定和结算问题，形成开展分布式光伏市场化交易机制，采用发电方与用电方直接结算方式，解决光伏发电量消纳认定和结算问题。

（三）主要成效：博鳌东屿岛近零碳示范区如期启动运行

目前，博鳌东屿岛近零碳示范区已全面实现"绿电"供应，全年可以生产"绿电"约 3200 万度，既能够满足示范区每年约 1700 万度的用电需求，还可以剩余接近一半的"绿电"上网，预计每年可以储备约 7720 吨负碳[1]。海南正释放"生态能量"，争当全国"双碳"工作优等生。

（四）经验总结：以人为本、贯通技术，探索市场投资与经营回报联动

总的来说就是以人为本的精准掌握需求侧，然后利用集成先进减碳技术精准匹配供给，精准协调区域再生能源，而这一切又基于智能化的城市零碳综合管理平台建设。

1. 探索借力自然与因地施策相结合的精准方案。借助气候模型、能耗模

---

[1]　数据参见《科技向新　发展向绿——来自博鳌亚洲论坛二〇二四年年会现场的观察》，载《海南日报》2024 年 3 月 27 日。

型、负荷模型等现代数字化分析工具，因地施策，精准应用各类工艺工法，实现人与自然在零碳改造中的合力共生。

2. 组织贯通零碳领域先进性和适用性的新技术。结合热带海岛实际，运用碳排放清单分析、单位投资的减碳效益分析、技术的气候适应性分析等多种评估手段，综合研判，最终形成经济可行、先进性与适宜性并重、具有较高推广价值的热带城区零碳建设技术集成体系，集成应用了国际或国内领先的一批先进技术和产品，实现减碳效益、经济效益和社会效益的整体最佳。如"光储直柔"达到国内领先水平，"零能耗"建筑技术达到国际领先水平，光储充示范电站采用先进的液冷技术，可让车辆在 10 分钟内充满电，达到行业领先水平等。

3. 探索全要素智能化的城市零碳综合管理平台。为解决运行管理的系统、高效问题，示范区尝试通过国内首个全要素、智能化零碳管理平台建设，构建全要素整合、全域覆盖、全时数据监测、快速响应、动态调控的零碳运营管理智慧中枢，解决了运行管理系统效率低的问题。通过管理平台，示范区实现了对建筑用电、绿色交通智能化、市政用电、可再生能源供应、碳汇系统、新型电力系统、物资循环系统等零碳城区建设要素的全面监测与综合调控。

4. 建立市场投资与经营回报相联动的实施模式。积极探索市场参与机制，通过公开招选方式，选取自主投资企业，探索打通近零碳示范区建设的技术环节、盈利模式、运营环节，做到企业敢投、市场愿投。示范区还应在零碳管理平台的数据支持下，开展多种形式的碳资产管理和增值行动，如通过参与国内外碳市场活动，探索更具经济回报价值的零碳资产运营方式。

示范区不仅是海南建设自由贸易港及国家生态文明试验区的标志性工程，还是贯彻落实住房和城乡建设部与海南省关于推动城乡建设绿色发展合作框架协议的重要内容之一。示范区在建设过程中不断探索零碳运行管理政策和机制，形成"可落地、可推广、可复制"的绿色化改造建设经验，为国内更多城市的更新零碳改造贡献海南智慧，同时，示范区通过对外展示、宣传引导和各类交互式的应用场景开发，将零碳生产和生活方式植入老百姓的思想意识，助力提升其节约能源、减少碳排放的环保意识，培养其低能量、低消耗的生活方式。

第六章

海南人与自然和谐共生现代化的经验原则
与构建路径

习近平总书记对海南的生态环境保护非常重视，每次到访海南都明确要求加强生态环境保护和推进生态文明建设，鼓励海南在全方位、全地域、全过程中开展生态环境保护工作。海南深刻铭记习近平总书记的嘱托，始终坚持生态立省的原则，坚定践行习近平生态文明思想，积极推进国家生态文明试验区建设，通过解决生态环境问题、提升生态环境质量、推动绿色低碳转型以及进行生态文明体制改革等举措，推动高质量发展的人与自然和谐共生现代化，坚决承担起构建美丽中国的海南担当。

一、海南人与自然和谐共生现代化建设的经验原则

海南三十多年发展的成功经验为海南人与自然和谐共生现代化建设提供了基本遵循。习近平总书记在海南建省办特区 30 周年大会的讲话中追溯了海南建省办特区的历史过程。可以说，没有改革开放的总设计师邓小平同志，就没有作为特区和省而存在的海南。远在 1984 年邓小平同志就有开发海南岛的想法，1987 年邓小平同志与来访的南斯拉夫客人会谈时说："我们正在搞一个更大的特区，这就是海南岛经济特区。"[1]他特别强调："海南岛好好发展

---

〔1〕 钟业昌：《为什么是海南——海南自由贸易港十讲》，人民出版社 2021 年版，第 14 页。

起来，是很了不起的。"〔1〕1988 年 4 月 13 日，第七届全国人民代表大会第一次会议通过设立海南省、建立海南经济特区的两个决议，这标志着海南作为省、作为特区获得了法律上的合法性。同年 4 月 26 日，海南省委、省政府正式挂牌，标志着海南省、海南经济特区的正式建立。三十而立，已过而立之年的海南与三十多年前的海南相比，经济、政治、文化、社会、生态文明和党的建设等各个方面可谓是突飞猛进。所以习近平总书记才指出："三十多年来，在党中央坚强领导和全国大力支持下，海南经济特区坚持锐意改革，勇于突破传统经济体制束缚，经济社会发展取得了令人瞩目的成绩。"〔2〕站在新时代，回首历史，总结海南三十多年发展的成功经验，方能承担新使命，不负新重托。

（一）党的正确领导是海南取得发展成就的政治前提

海南三十多年的发展历程，是在党中央、国务院推动下完成的。首先是以邓小平为代表的共产党人直接开启了海南建省办特区的历史篇章。虽然国际旅游岛建设始于海南本土的规划，但是海南省委省政府的提议得到了国务院的批复，并得到大力支持，才得以使海南迈入国际旅游岛建设的快速发展道路。2018 年海南迈入自贸新时代，全岛建设自由贸易试验区并在此基础上探索中国特色自由贸易港建设，这本身就是习近平总书记亲自谋划、亲自部署、亲自推动并亲自宣布的重大国家战略，这让海南迎来了一次新的历史性发展机遇。2018 年 4 月 13 日，习近平总书记在庆祝海南建省办特区 30 周年大会上的重要讲话中强调："海南要坚持和加强党的全面领导，确保全面深化改革开放的正确方向。"〔3〕2020 年，习近平总书记就海南自由贸易港建设作出重要指示，再次强调要坚持党的领导，"把准方向、敢于担当、主动作为"〔4〕。2022 年 4 月，习近平总书记在海南考察时又特别强调，"要坚持党的领导不动摇，自觉站在党和国家大局上想问题、办事情，始终坚持正确政

〔1〕《邓小平文选》（第 3 卷），人民出版社 2001 年版，第 239 页。
〔2〕习近平：《在庆祝海南建省办经济特区 30 周年大会上的讲话》，载《人民日报》2018 年 4 月 14 日。
〔3〕习近平：《在庆祝海南建省办经济特区 30 周年大会上的讲话》，载《人民日报》2018 年 4 月 14 日。
〔4〕《习近平对海南自由贸易港建设作出重要指示 强调要把制度集成创新摆在突出位置 高质量高标准建设自由贸易港》，载《海南日报》2020 年 6 月 2 日。

治方向"，"深入推进全面从严治党，以党的政治建设为统领推进党的各方面建设"〔1〕。海南推进全面深化改革开放的实践充分证明，坚持党的领导，是推动海南全面深化改革开放的关键和根本，是中国特色自由贸易港建设的最大特色和最根本保障。无论改什么、改到哪一步，都要坚持党的领导，确保党把方向、谋大局、定政策，确保党始终总揽全局、协调各方。各项改革越是进入"深水区"，越是离不开党的领导这个"定海神针"，这是确保海南人与自然和谐共生现代化建设和自由贸易港建设方向不偏不倚的"定盘星"。

（二）承担国家战略是海南取得发展成就的政策保障

海南在发展的过程中始终承担着国家重大战略，国家重大战略意味着海南在享有各地普遍性政策的同时，还享有着其他省份或地区不具备的政策。这构成了海南取得发展成就的政策保障。1988 年海南建省办特区落地，成为中国最年轻的省份，但是海南省一经成立，就"是我们党和国家为推进改革开放和社会主义现代化建设作出的重大战略决策"。〔2〕2009 年海南经济特区迈入国际旅游岛建设的发展时期，同样，海南建设国际旅游岛也是国家的重大战略部署。国家在投融资、财税、土地、开放等相关方面给予海南特殊政策，助推海南国际旅游岛建设。这就意味着海南不仅享有经济特区的特殊政策，还享有国际旅游岛的特殊政策。国家的政策性支持，是海南建设国际旅游岛时期取得巨大发展成就的基础。2018 年 4 月，海南开启了建设自由贸易试验区、中国特色自由贸易港的新征程。正如习近平总书记在讲话中所指出的那样：海南建设自由贸易试验区、逐步探索中国特色自由贸易港，"这是党中央着眼于国际国内发展大局，深入研究、统筹考虑、科学谋划作出的重大决策，是彰显我国扩大对外开放、积极推进经济全球化决心的重大举措"。〔3〕这就意味着，海南再次承担了国家重大战略。为了推动海南自由贸易试验区、中国特色自由贸易港建设，国家不仅赋予了海南充分的改革自主权，还设立

〔1〕《习近平在海南考察：解放思想开拓创新团结奋斗攻坚克难 加快建设具有世界影响力的中国特色自由贸易港》，载《海南日报》2022 年 4 月 14 日。

〔2〕习近平：《在庆祝海南建省办经济特区 30 周年大会上的讲话》，载《人民日报》2018 年 4 月 14 日。

〔3〕习近平：《在庆祝海南建省办经济特区 30 周年大会上的讲话》，载《人民日报》2018 年 4 月 14 日。

海南自由贸易港建设投资基金等。从 2018 年起，国务院各部委，如商务部、财政部、交通运输部等分别出台了支持海南建设的配套措施。这就意味着海南不仅享有经济特区的优惠政策，还享有国际旅游岛的优惠政策，更重要的是享有自贸区、自贸港的独特政策。海南掀开了谱写新时代篇章的序幕。

（三）深化改革创新是海南取得发展成就的根本动力

海南三十多年的发展历史实际上就是中国创办经济特区的一个缩影，也是中国改革开放的一个缩影。如果我们在这样的历史语境中看待这个问题，就会发现中国创办经济特区的目的是在保持特区姓"社"的前提下对打破传统社会主义理解的探索，因此，经济特区不仅是享有独特的政策，还承担了探索经济发展新道路的历史使命。这一点可以在海南三十多年的发展历程中得到佐证。

2015 年 6 月，中央全面深化改革领导小组同意海南省就统筹经济社会发展规划、城乡规划、土地利用规划等，开展省域"多规合一"改革试点。随后，海南积极推进"多规合一"改革，编制《海南省总体规划（2015 - 2030）》，在细化国家主体功能区规划过程中落实全省"一盘棋"理念，形成了引领全省建设发展的一张蓝图，建立了全省统一的空间规划体系，实现了各项规划的有机衔接，最大限度地守住了生态红线。同时，用省域"多规合一"改革约束和推动县域经济社会发展、城乡土地利用、生态环境保护，取得了显著成效。此外，还有"小政府、大社会"的改革创新，率先在全国突破了传统的省级政府机构设置模式，促使政府职能逐步向加强宏观调控和间接管理方向转变。农垦勇敢的"爆破式"改革，推进了垦地融合发展，闯出了一条成为海南热带现代化农业王牌军和排头兵的路子。海南还主动请缨了司法体制改革试点，这为海南司法体制改革赢得了"先手棋"，在为国家综合治理体系和治理能力现代化建设增加有分量的政治智慧的同时，海南也尝到了"早改早主动、早改早受益"的甜头。地方党政机构改革和"放管服"改革也成效显著，在此基础上，在加快实施自由贸易港的进程中，海南更是把制度集成创新摆在突出位置，解放思想，大胆创新，成熟一项推出一项。截至 2022 年 9 月，全省上下已推出了 14 批 128 项制度创例。其中 5 项获中央领导批示肯定；6 项面向全国复制推广；4 项入选国务院自由贸易试验区第六批改革试点经验，1 项入选国务院有田贸易试验区（港）部际联席会议办公室第四批"最佳实践案例",1项入选国务院服务贸易发展部际联席会议办公室第二批"最佳实践案例";还有6项得到国务院大督查通报表扬,在推动海南自贸港建设、树立海南全面深化改革开放良好形象方面取得明显成效。

改革在其他省份只是发展问题,但在海南则是生存问题。海南要建好中国特色自由贸易港,要争创中国特色社会主义实践范例、生动范例,就必须继续将改革创新作为发展的根本动力,推动高质量发展。

(四)坚持绿色发展是海南取得发展成就的生态基础

2007年,党的十七大拉开了我们国家社会主义生态文明建设的大幕,而早在1999年,海南就已经出台《海南生态省建设规划纲要》,在全国首先提出建设生态省,"生态立省"战略已经成为海南始终坚持的发展战略。也正是在这样的发展战略中,海南始终保持着优良的生态环境,无论是森林覆盖率、空气优良率,还是地表水的优质率,始终在全国保持前列。

坚定"生态立省"是海南绿色发展的基本经验之一,也是海南贯彻落实新发展理念的基本要求。"生态立省"战略要求在处理经济发展与环境保护的关系时坚持生态优先原则,追求绿色经济效益最大化。严守"生态红线"是"生态立省"战略的具体政策实施,也是海南绿色发展的基本经验之二。"生态红线"是正确处理经济发展与环境保护关系的"度"。海南目前已经逐步构建起生态功能保障基线、环境质量安全底线、自然资源利用上线三大红线。坚持"海陆统筹"是海南绿色发展的基本经验之三。海南全省陆地总面积3.54万平方公里,海域面积约200万平方公里。海岸线总长1823公里,有大小港湾68个。为此,海南必须坚持"陆海统筹",才能筑牢生态安全屏障。海南基于本岛的山形水系框架,构建了"生态绿心+生态廊道+生态岸段+生态海域"的全域生态保育体系,实现陆域、近岸海域生态保护红线的空间连通率达到97%,明确了海南本岛及近岸海域的生态保护格局。鼓励"多样发展"是海南绿色发展的基本经验之四。海南各市县依据各自区位优势,在坚持环境优先的前提下形成了各具特色的发展模式。如中部山区热带雨林国家重点生态功能区是以建设"国家公园"为目标的生态化发展样式;昌江"资源枯竭型城市"是以发展"绿色能源之都"为目标的新型工业化发展样式;琼海依托博鳌亚洲论坛和博鳌乐城国际医疗旅游先行区,是以建设"田园城市"为目标的"三不一就"发展样式;海口以"双创"、三亚以"双城双修"为建设路径的现代化都市绿色发展样式，等等。这种从实际出发所呈现出来的多样化发展样式，能够极大地丰富"全国生态文明建设示范区"和"国家生态文明试验区"建设发展的形式与内容。[1]

总而言之，海南的生态环境已经成为海南发展的最大资本，也是海南进一步发展的最大优势。习近平总书记反复强调"绿水青山就是金山银山"[2]，海南已经初步成为把"绿水青山"成功转换成"金山银山"的实践范例。

海南三十多年取得的巨大发展成就，是我国改革开放的产物和结果，同时，海南改革开放的实践又为中国特色社会主义事业的推进提供了经验。我们回首历史，不是为了赞扬成绩，而是为了找到未来的路。唯有如此，我们才能在新时代继续担当起党中央赋予海南的历史使命，才能真正把海南打造成习近平总书记所期望的新时代全面深化改革开放的新标杆，才能在中国特色社会主义实践中形成"生动范例"，才能谱写好美丽中国的海南篇章。

二、海南人与自然和谐共生现代化建设的现状及挑战

自贸港建设中的人与自然和谐共生的现代化要求海南社会发展和生态环境更加协调，这就要求海南在生态文明建设顶层设计过程中不仅要科学把握生态文明建设的普遍性，还要精准把握海南生态文明建设的省域特殊性。只有全面把握海南省域自然生态禀赋、现有经济社会发展水平和面临的复杂生态环境问题，才能顺利完成到 2035 年海南生态环境质量和资源利用效率居于世界领先水平的发展目标，达成人与自然和谐共生的现代化。

（一）海南生态文明体制机制建设的创新与不足

推动生态文明体制机制创新是实现生态文明领域治理体系和治理能力现代化的必然选择，是发挥海南自贸港改革示范作用的内在要求。推动生态文明体制机制创新是实现生态文明领域治理体系和治理能力现代化的必然选择，是发挥海南自贸港改革示范作用的内在要求。在近些年，海南省在构建和完善生态文明制度框架、通过生态文明体制机制的创新来推动发展模式的绿色

---

〔1〕 王明初：《海南生态文明建设的发展、成就与经验》，载《海南日报》2018 年 5 月 23 日

〔2〕 中共中央文献研究室编：《习近平关于社会主义生态文明建设论述摘编》，中央文献出版社2017 年版，第 21 页。

转型等方面取得了显著的进步，但同时也面临着生态文明体制机制创新的力度不够、集成创新不足等问题。

1. 海南生态文明体制机制建设取得的创新成果

（1）建立高效规划管理体系凸显治理功能。率先实施并不断深化省级层面"多规合一"改革，促进"多规合一"与"三线一单"充分衔接。"全省一盘棋、全岛同城化"是核心理念，强调突出城乡一体、陆海统筹、山海联动、资源融通，构建出以"三极一带一区"为基础的新的区域协调发展模式。完成全国首个"生态保护红线"地方立法，创新实施了"机器管规划"的新方式，严守"生态保护红线、永久基本农田、城镇开发边界"三条控制线，建立生态环境分区管控体系，划定三类 871 个环境管控单元，促进生态空间山清水秀、生产空间集约高效、生活空间宜居适度。

健全完善生态文明法规标准体系。海南一直在努力健全完善生态文明法规标准体系。从 2018 开始至今，已制定或修订了共计 32 部关于生态环境的省级地方法规，涵盖了众多生态环境子领域的法律规范。包括：对生态保护红线的管理办法、生态补偿条例、禁用一次性非可降解塑料制品的规定、污染排放管理及许可证管理条例办法、热带雨林国家公园管理条例等一系列领先全国的立法成果。实施绿色发展标准化支撑工程，出台槟榔加工、生活垃圾焚烧、水产养殖尾水、农村生活污水等地方特色污染排放控制标准和会展、住宿等行业相关绿色标准。

谋划实施系列标志性工程。推动热带雨林国家公园等"六大标志性工程"的实施。这些标志性工程不仅引领了能源、建筑、交通等重要领域的绿色发展转型，还推动了如海上风电装备制造、装配式建筑、全生物降解塑料等新兴产业在海南从无到有、蓬勃发展。同时，大力推进国家公园体制改革。设立了热带雨林国家公园管理局，尝试运用扁平化的两级管理体制，并编制了国家公园整体规划。在维持海南长臂猿等重点保护物种种群数量，实施生态移民搬迁集体土地与国有土地置换方案等方面积极探索，创造出了国家公园体制改革的"海南样本"。还创立了国家公园全球智库和长臂猿全球联合攻关机制，被世界自然保护联盟（International Union for Conservation of Nature，IUCN）誉为世界珍稀物种保护的中国智慧，并建议在全球推广。构建绿色低碳清洁能源消费体系，稳步推进清洁能源岛建设。坚持做到先立后破、超前规划、积极推进清洁能源项目建设，制定出台并扎实推进清洁能源岛发展规划，扩建一批依托新能源要素的重要清洁能源产业项目。

积极稳妥推进"双碳"工作，争当"双碳"工作优等生。海南着眼"双碳"工作全局、立足省情、尊重客观规律、把握步骤节奏，把碳达峰碳中和纳入经济社会发展整体布局，推动产业结构、能源结构、交通运输结构、农业结构优化调整，并且协同推进应对气候变化与生态保护修复治理等工作，减少温室气体排放的数量和力度，稳中求进，最终达成碳达峰碳中和的目标。目前已正式印发《海南省碳达峰实施方案》，为推动实现碳达峰明确了"路线图"和"时间表"。开展海南生态软件园、江东零碳新城等园区、景区、校园不同类型低碳试点示范。成立海南国际蓝碳研究中心，挂牌成立省内首个海洋负排放研究示范基地和渔业碳汇示范基地。依托"海易办"平台上线海南碳普惠系统。开发首个碳普惠方法学《海南红树林造林再造林碳汇项目方法学》，以碳普惠创新试点助力零碳消博会。总的来说，已初步构建海南碳达峰碳中和"1+N"政策体系，打造了全国首个政企合作省域"应对气候变化智慧管理平台"，并在全国首批试点开展碳排放环境影响评价。

（2）创新生态环境资源监管机制优化治理过程。以"增绿护蓝"为抓手厚植生态底色。2012年9月，海南省政府常务会议审议并原则通过了《海南省绿化宝岛大行动工程建设总体规划（2011—2015）及实施方案》，启动八个工程，加强生态保护。根据统计数据显示，2011年至2016年期间，全省累计完成造林绿化面积174.1万亩，森林覆盖率由60.2%提高至62.1%[1]。这些努力明显改善了森林生态环境和人居环境。2013年5月1日海南施行《海南省经济特区海岸带保护与开发管理规定》。依据此规定，海南在2015年7月20日至8月20日期间，在全省沿海市县开展了为期一个月的专项行动，以进行海岸带的保护与开发检查。经过这次专项行动，成功地拆除了超过23.07万平方米的不合法建设物，并重新收回岸线土地8765亩[2]，基本完成了专项行动"摸清情况、找准问题、严肃整改"的任务要求，这为构建海洋及沿岸地区的保护与开发长效机制奠定了坚实的基础。2016年，发布了《海南省

---

〔1〕 数据参见《坚持绿化宝岛大行动 让海南青山常在碧水长流》，载《海南日报》2017年4月1日。

〔2〕 数据参见《坚持生态立省，建设生态宜居海南》，载《海南日报》2017年7月19日。

人民政府关于深入推进六大专项整治加强生态环境保护的实施意见》，继续强化其对自然生态环境的保护管理强度。2018 年 6 月，在完成生态环境六大专项整治 3 年目标任务的基础上，又印发了《海南省深化生态环境六大专项整治行动计划（2018 年—2020 年）》，持续深入推进专项整治行动。在一系列强有力措施的推动下，那些严重影响着当地自然生态环境及其周边居民生活的环境污染恶劣现象得到了有效遏制，生态环境和生活环境持续好转。

以优化生态环境资源监管服务为目标促进绿色发展。一是实现环境资源巡回审判全域覆盖，创新实行生态环境恢复性司法机制。从陆地、森林延伸到海洋、岛屿、岛礁，形成"从山顶到海洋"全域环境资源审判管辖布局。二是建立以"数量、质量、效益、生态"为核心的四位一体耕地保护制度，统筹保护耕地和保障经济发展。三是创新实施环评告知承诺制，重点园区部分建设项目实施承诺备案制，服务保障南渡江迈湾水利框组工程、洋浦港国际集装箱码头、昌江核电二期等自由贸易港建设重点项目。四是构建生态环境分区管控体系。形成生态环境分区管控"一张图"，加快"三线一单"在政策制定、规划编制、产业布局和结构调整、重大项目选址中的落地应用。推动"三线一单"与国土空间规划、省工程建设项目策划平台、土地超市等数据共享与融合，推动环保关口前移，为企业项目投资决策、园区和地方招商引资提供决策支撑。五是加强生态环境事中事后监管。加强污染排放许可制度的改革，颁发全国首张新版的污染排放许可证，并在全国范围内率先实现了污染排放许可证的全面核发和登记。深入推进环保信用评价，建设全省环境信用平台，建立环保信用评价制度。

（3）探索生态文明考核体系强化绿色发展导向。取消传统考核方式，采用基于绿色发展为导向的市县发展综合考核评价体系。发布了《海南省各级党委、政府及有关部门生态环境保护工作职责》，明确各级党政部门生态环境保护工作职责。编制省级和市县自然资源资产负债表，创新实现数字化自然资源资产离任审计，明晰责任、压实责任、考查责任的制度闭环基本形成。出台《海南自由贸易港生态环境保护考核评价和责任追究规定》，首次以地方性法规对生态环境保护考核评价作出制度规范。实施政绩考核差别化，将取消 GDP、工业产值、固定资产投资考核的范围，从最初的中部生态核心区 4个市县扩大到全省 2/3 的市县。同时，关注人民群众急难愁盼的环境问题。

以还群众水清岸绿为目标，实施城镇内河（湖）治理专项行动，并统筹布局新建多座生活垃圾焚烧发电厂。从实操层面让全省的人民深刻理解到保护环境的重要性，并引领他们形成绿色低碳的生产和生活模式。

2. 海南生态文明体制机制建设的不足

根据《国家生态文明试验区（海南）实施方案》提出的"着力构建生态文明制度体系"[1]的指导原则，比照海南省第八次党代会设定的"打造生态一流、绿色低碳的自贸港"建设目标，海南自贸港生态文明体制机制建设还存在一些不足。

（1）体制机制创新有待强化。一是推动生态基础设施建设的相关制度有待进一步完善。水综合治理目前是海南的弱项，水治理体制也就成了海南的短板。为此海南正在开展"六水共治"行动，但"六水共治"的"共"方面的改革和突破，还需要通过更深层次的体制和机构的改革来推动。现代化城市垃圾收运、处理和再循坏利用体系尚未完全成熟。农业农村生态环境基础设施建设仍有欠账等，解决这些难题需要在制度建设上持续发力。二是生态管理体制有待改进和提升。国家生态文明试验区 9 个重点领域的顶层设计和制度创新偏部门化，专项小组运行机制尚不健全。省级主导的制度创新缺少点上的支撑验证，市县创新的地方实践缺少政策指导和智力支撑，联动有待加强。生态补偿制度、绿色信贷等仍在摸索和推进阶段，而支持和引导生态保护的政策措施也尚待进一步深化。三是多元化投融资机制仍处于探索之中。我省生态环境治理仅依靠现有财政资金投入则压力太大，难以形成有效的生态保护融资局面。国家生态文明试验区专项小组办公室履行职能缺乏相应资金支持。试验区补助资金更多用于污染治理、生态修复等工程类项目，制度创新试点示范往往缺乏配套资金保障。此外，生态产品价值实现改革创新力度不够，项目谋划不足。例如，由于指标参数的不同和方法体系的差异，会导致计算结果的不一致性；另外，由于生态产品与经济发展的有机融合不足，过分强调生态产品经营属性等问题。[2]

---

〔1〕《中共中央办公厅 国务院办公厅印发〈国家生态文明试验区（海南）实施方案〉》，载《海南日报》2019 年 5 月 13 日。

〔2〕 刘涵：《海南自贸港生态文明体制机制创新研究》，载《海南大学学报（人文社会科学版）2024 年第 1 期，第 101~107 页。

（2）集成创新有待深化。在推进人与自然和谐共生现代化的过程中，构建生态文明建设体系是一项复杂的系统性工程，其覆盖范围广泛、问题复杂、牵涉主体多、解决难度大。海南目前生态文明体制改革中，单项的、较为独立的改革试验范本较多，但像能源革命、生态价值实现、生态补偿保护等需要较高的政策顶层设计和部门协同的系统性项目，则在制度设计、集成规划、法规标准、产业技术、财税价格等各方面存在机制协同困难、制度支撑保障不足的情况。与此同时，有法不依、执法不严、执法不当等都严重制约着海南环境法律法规及政策的有效实施。海南在推进生态文明制度保障急迫性要求与现有机制体制不健全及执行力度欠缺的矛盾仍然突出，要破解机制体制存在的各方面问题，需要在制度完善、集成创新和有效落实上同时下功夫。

（3）激励监督机制有待完善。海南一以贯之坚持生态立省不动摇，生态环境保护成效显著，生态文明体制机制创新也取得了良好的成果，但是也要看到在具体执行的过程中，由于重视程度差异、能力水平不足等原因，推动体制机制创新的积极性有待进一步调动。表现在，一是缺乏对市县发挥地方首创精神的正向激励机制。如推广林下经济，推进重点生态区位碳汇赎买试点等，存在"省级热市县冷"现象。二是在推动绿色产业的发展过程中，需要进一步优化引导市场参与者积极参与的利益导向机制。如夯实绿色产业基础，健全推动绿色增长的体制机制，强化绿色技术的开发和研究，探索循环低碳经济等方面，存在"政府热企业冷"现象。三是生态文明监督机制中企业、公众及第三方组织的监督力量相对薄弱。仅依赖于政府来执行环境保护与监管工作是不够的，必须有市场的、企业的、公众的和第三方社会组织的共同参与才行。目前海南环境保护的公众参与度不高，宣传引导力度不够、形式单一，所以海南社会公众宣传教育机制也有待完善[1]。

（二）海南"两山"转化路径的拓展与瓶颈

践行"两山"理论的关键在于找到有效的"两山"转化路径，将资源环境优势高效地转化为现实生产力。从内在逻辑和基本路径上看，"两山"转化包括两个层面：狭义上是指解决生态产品的生产问题，通过价值化和市场化

---

〔1〕　刘涵：《海南自贸港生态文明体制机制创新研究》，载《海南大学学报（人文社会科学版）》2024 年第 1 期，第 101～107 页。

来实现生态产品的价值，以此提供更多的优质的生态产品；广义上则是指通过解决区域发展的瓶颈和可持续性问题，并通过生态、空间、产业和主体之间的转化、协作和互相支持的正向循环来推动区域整体的绿色发展。海南依托自己的生态优势在"两山"转化上进行了初步探索，有成绩也有不足。

1. 海南"两山"转化路径的拓展成效

实现"两山"转化的中心任务就是加快形成绿色产业体系，将生态资源优势转化为生态经济优势。近几年，海南加快构建以旅游业、现代服务业、高新技术产业和热带特色高效农业为支撑的"3+1"现代产业体系，着力发挥生态资源价值，提升绿色发展能级，形成绿色生态产业发展、生态环境质量优良、社会经济和资源环境统筹协调的发展格局。2022年旅游业、现代服务业、高新技术产业和热带特色高效农业四大主导产业占全省生产总值比重提升至70.6%[1]。特别是以信息技术服务、互联网和平台经济为主的新兴服务业持续快速发展，新动能支撑作用显著。2022年7月，海南明确在三亚市、五指山市、白沙黎族自治县等9个市县谋划启动实施13个"两山"转化路径先行先试试点，着力从多角度、多方面开展"两山"转化实践，各试点市县围绕生态产品价值实现路径大胆探索、先行先试，形成了一批可复制可推广的经验做法，"绿水青山"可量化、可交易、可转化问题正逐步破解。

（1）生态产品价值核算实用化解决"绿水青山"可量化问题。2020年，印发《海南省全民所有自然资源资产有偿使用制度改革实施方案》，并完成自然保护区勘界立标、自然资源统一确权登记试点等工作。2021年，印发《海南省自然资源资产产权制度改革实施方案》，2021年1月1日还施行了《海南省生态保护补偿条例》，建立形式多元、绩效导向的生态保护补偿机制。2023年4月，海南省生态环境厅印发《海南省生态产品总（GEP）核算技术规范（试行）》，此文件在充分体现海南热带岛屿生态系统特征的基础上，明确了核算指标和方法，实现了GEP核算科学化、规范化。海南热带雨林国家公园已连续两年开展GEP核算，成为首个完成GEP核算的国家公园。三亚、白沙、琼海、陵水、保亭等多个市县也陆续开展GEP核算，为全省GEP核算体系构建提供实践基础。

---

〔1〕 数据参见《建设人与自然和谐共生的美丽海南》，载《海南日报》2023年3月11日。

（2）建立生态产品交易机制破解"绿水青山"可交易问题。白沙构建"两山平台"，收储零碎生态资源，整合打包招商项目28个、试点项目11个，构建"一张生态资源清单、一批标志性试点项目、一个数据化管理平台"管理运行机制，推动生态资源向生态资产、资本转化。截至2023年9月，白沙"两山平台"登记生态资源共计759项，通过整合优质资源，落地实施青松乡山兰稻生态有机种植产业、牙叉镇金线莲产业、金波乡生态循环农业等15个资源转化项目，形成金波乡闲置厂房、牙叉镇茶博园、南开乡大叶茶等"两山平台"招商项目，完成招商引资项目超过2000万元；达成全省首笔"两山贷"（茶叶贷）、首个林业碳汇开发试点、首单数字碳汇产品交易、创建首个茶叶碳标签等[1]。在万宁小海，还实施了红树林生态修复工程，完成首单蓝碳交易，助力消博会首次实现碳中和。

（3）创新生态产品价值实现路径破解"绿水青山"可转化问题。近年来，海南着力以"热带雨林+"赋能中部山区绿色发展。五指山一直大力发展"十二林"林下经济，"五指山红茶""五指山五脚猪"等农业品牌先后通过国家标志登记认证，益智、油茶、茶叶等林下种植规模逐步扩大，森林优势不断转化为发展效益。琼中大力发展"白马骏红"茶品牌，建设生态茶园；昌江王下乡依托热带雨林和黎族文化优势，大力发展生态文旅，当地居民人均年收入超过2万元。在品牌打造方面，海南还全力打造省级全品类区域公用品牌"海南鲜品"，带动培育五指山大叶茶等省级区域公用品牌11个、市县农产品区域公用品牌10个、知名企业品牌15个。三亚芒果、澄迈桥头地瓜、文昌椰子等7个农产品品牌成功入选中国农业品牌目录[2]。

除了推进中部山区绿色发展外，海南还积极推进海洋绿色经济多元化发展。"十四五"期间，海南规划开发11个海上风电场址，总开发容量为1230万千瓦，目前优先开发建设其中7个示范、试验项目，总建设规模750万千瓦；建设现代化海洋牧场，三亚蜈支洲岛、海口东海岸、临高头洋湾、万宁洲仔岛及乐东龙栖湾5个海洋牧场获批国家级海洋牧场示范区[3]；在三亚试点渔旅融合发展，以"海洋牧场+旅游"实现环境、经济双重收益。此外，海

---

〔1〕　数据参见《海南发布首批生态产品价值实现典型案例》，载《海南日报》2023年9月4日。

〔2〕　数据参见《我省"两山"转化工作取得积极进展》，载《海南日报》2023年5月20日。

〔3〕　数据参见《我省"两山"转化工作取得积极进展》，载《海南日报》2023年5月20日。

南还持续培育新兴生态产业。国家南繁科研育种基地建设稳步推进，南繁活动规模不断壮大，育种类别不断扩充，目前已有 17 家科教单位、60 余家优质种业企业入驻南繁科技城，一批重大科研基础设施和条件平台陆续布局建设；中国（三亚）知识产权保护中心、海南自贸港农业植物新品种审查协作中心等服务保障机构挂牌运行，有效促进南繁知识产权保护和科技成果转移转化，南繁制种产值约 35.77 亿元。

2. 海南"两山"转化路径存在的瓶颈问题

在构建新的发展格局、推动生态文明建设向更深层次挺进的发展步骤中，建立和完善生态产品的价值实现机制是必不可少的措施，也是培育绿色发展新动力、实现由绿水青山向金山银山转变的必然途径。也就是说，"两山"转化路径的关键在于如何让生态产品实现价值。即生态产品所蕴含的内在价值，如何通过生态修复及价值提升、生态资源指标及产权交易、生态产业化经营等多种途径，转化为具有生态效益、经济效益、社会效益的优质生态产品的过程。经调研发现，"两山"转化路径虽然在不断拓展，但同时面临着资源底数不清、转化机制不完善、转化效率不高、技术支撑不足、专业人才匮乏、生态产品输出通道不畅等问题。这些问题使得一些市县"两山"转化出现瓶颈，生态资源未能有效转变为生态资本和生态红利。只有解决这些瓶颈问题，有效拓宽"两山"转化路径，才能够将生态效益更好地转化为经济效益、社会效益，实现生态环境高水平保护和经济社会高质量发展的协同并进。

（1）痛点是资源底数依然不清且转化效率不高。一是保护区外的生态资源底数依然不清且管理分散。目前海南对于各种保护区内的资源摸底调查比较清晰，但对于保护区外分散着的资源，其数量、质量、分布、权属、保护和开发利用等情况尚未核算查明，底数不清、数据分散，导致产权纠纷多发、资源保护乏力、开发利用粗放、生态退化严重。如，2023 年 11 月，中央第三生态环境保护督察组督察海南时发现，海南有关部门尚未出台红树林资源保护发展规划，也未建立相关档案。由于规划缺失，分布在自然保护区之外的红树林底数不清，保护范围不明，保护措施难以落实。二是"两山"转化路径单一且质量不高。现阶段实际操作过程中，生态环境产品的经济效益主要是经过以下三个途径体现出来：第一种就是由政府公共部门采购的方式，例如上下游的生态补偿、国家公益林补助等；第二种是以"政府+市场"的形式实施，比如政府主导、企业和社会参与、市场化运作的国土空间生态修复等；第三种则是完全依赖于市场的手段，比如生态旅游、绿色农产食品销售等方面所产生的收益等。现在是第一种居多，所以部分市县把"两山"转化简单等同为生态补偿和转移支付等输血型的政府补偿，对于"两山"如何有效转化的探索主动性不够。现有的"两山"基地存在转化途径单一、产业链较短、附加值低等问题，一些市县甚至简单"拷贝先进"，导致发展同质化，在培育特色化生态产品方面探索不足。

（2）堵点是资源转化机制不完善导致转化途径受阻。一是"两山"转化推进机制尚不健全。生态资源产权制度不完善，生态产品的产权和受益主体难以确定，且缺少公认的生态产品价值核算方法，无法得到金融机构的认可，影响生态产品在市场环境下的投融资和交易。生态环境保护投入与关联产业经济收益之间没有建立起明确的反哺关系，难以形成可持续的生态产品价值实现机制。生态补偿机制不健全，自然资源市场化交易基础和政策机制有待完善。以上种种都使得大部分市县，尤其村镇的丰富生态资源难以转化为实质生产力。二是国土空间规划和管理方式单一，且兼容度较低，没有提供足够的弹性来保证自然资源的灵活转化。旅游业一直是海南的主要行业，尽管新建的民宿、度假区等项目数量众多，但这些分散的小型项目在总体规划阶段难以确定具体的项目用地位置，无法将其纳入城镇开发的边界，从而使得后续的征地开发变得困难。另外，在推动清洁能源的发展过程中，如陆海风电、滩涂光伏等大量的清洁能源设备呈现出点状分布，这使得在整体的土地和海洋利用规划中，很难做到精确和实际，从而进一步造成了后续的土地征收、供应和建设缺乏规划支持。

（3）难点是技术支撑不足且专业人才匮乏。促进"两山"转化，不仅依赖于优质的环境基础，还需要整合诸如专业技术人员、高级技能者等各方面的因素。众所周知，高科技可以提升资源附加值和利用效率，但目前在第一产业农业生产上，实际应用以提升质量并增加产量的科学手段仍显匮乏。同时，对于如何把废弃物转化为有用物及实施循环经济的技术手段也缺乏应用。运用先进科技来激发绿色生态资源的使用潜力，实现由产业链低端跃向高端的项目更是还有很大的空间等待开发拓展。城市发展引进高端专业人才已经不太容易，乡村发展尤其"两山"转化实践中对各类人才的引入尤为紧迫，因为现有的乡村资源和服务设施不能完全满足人才们的各方面日常需求，导致了人才回乡或被引入后，面临着乡村水平的教育、医疗等方面的现实难题。总的来说，加强绿色科技和创新能力建设，是促进海南产业结构升级、提升竞争能力、实现绿色化转型的关键。

（三）海南生态文化建设的成效与短板

海南为了推进生态文化建设，首先加强了生态文化的保护，努力培育人们的生态意识，提升人们的生态素养，致力打造适应新时代的生态公民，夯实美好新海南建设的生态文化根基和民众基础。

1. 海南生态文化建设取得的成效

1999 年《海南生态省建设规划纲要》提出："生态环境建设与生态文化建设相结合。把生态文化建设作为社会主义精神文明建设的一个重要内容，使全社会树立起爱护生态环境的思想意识和道德观念，让保护生态环境成为全民的自觉行为。"随后，海南加大力度宣传生态文明理念，深入挖掘生态文化资源，普及青少年生态文明教育，支持鼓励生态文艺创作，打造"生态文艺名片"，生动地展示了海南的生态文明建设成就，为国家生态文明试验区的建设作出了积极贡献。

一是文艺创作厚植生态文明理念。全省广大文艺工作者踏遍海南青山绿水、深入挖掘海南历史人文，将生态文明元素融入文艺创作中，踊跃书写并有力传播生态文明理念。围绕海南热带雨林国家公园等生态环境保护的标志性工程，围绕"望得见山、望得见水、记得住乡愁"[1]的海南乡村振兴图景，用文艺的独特优势展示自贸港生态文明建设的累累硕果，用多彩的文艺作品为建设自贸港鼓与呼、传与颂。二是助力乡风文明建设。海南生态建省后就为全国带来了"文明生态村"发展模式，海南的田园牧歌式文明生态村以其保护生态环境和倡导文明新风的特点成为全国新农村建设的典范。继而"美丽乡村""特色小镇""共享农庄"等建设，造就了绿色生态海南的同时，也一直积极探索文化助力乡村振兴和倡导乡风文明的新路子。如昌江王下乡

---

〔1〕 中共中央文献研究室编：《习近平关于社会主义生态文明建设论述摘编》，中央文献出版社 2017 年版，第 49 页。

打造"绿水青山就是金山银山"〔1〕实践创新基地金字招牌，将优质生态资源转化成文旅特色，打造"诗和远方"的"王下乡·黎花里"。三是生态文化产业精品不断涌现，如"呀诺达雨林文化旅游区""海南槟榔谷黎苗文化旅游区""海南文笔峰盘古文化旅游区"等。四是普及青少年生态文明教育。地方性的生态文明教育课程已经广泛应用于各级学校，不仅普及了青少年的生态文化知识教育，也提升了他们对环境保护及生态文明建设的意识。同时，这项工作被视为评估各个市县和学校领导团队工作成效的关键因素。五是实施生态文明意识行动计划。2023 年 8 月，《"美丽海南我行动"提升公民生态文明意识三年行动计划（2023—2025 年）》发布，呼吁社会各界积极参与共建生态美好、环境美丽海南。

2. 海南生态文化建设存在的问题

海南自建省办特区以来，经济基础、体制机制、社会条件、生态环境都发生了一系列的变化，但生态文化建设却没有得到同步发展，目前的生态文化水平与国家生态文明试验区要求还不匹配，生态文化产品的数量和生态文化服务质量还不能满足人民群众日益增长的精神文化需求。

（1）生态文化内涵挖掘不够深入。生态文化的内涵非常丰富，但目前，海南围绕生态文化的专题研究还不多，且现有的研究成果也不够全面深入，尤其对海南特有的民族生态文化挖掘不足，没有形成系统的文化建设体系和思维实践体系。海南作为为数不多的未受到大规模工业化影响的岛屿，最吸引人的莫过于优美的自然风光及其良好的生态环境，这离不开海岛先民一贯朴素的敬畏尊重自然的生态观。海南少数民族的生态文化具有"原生态""原创性"，且积淀厚实，是发展生态文化的活化石，应充分挖掘精髓，并与新时代生态人文理念相结合，通过旅游这个载体呈现，发挥助力生态产业的作用。遗憾的是，目前连少数民族文化都需要"抢救、发掘、保护"发展，少数民族生态文化的挖掘和阐释更严重不足。

（2）生态文化舆论引导不够强势。要加强生态文化建设，首先要强化人们对此的思想认识。宣传思想工作担负着教育引导人的重要任务，在推进生态文化建设中起着至关重要的作用。目前，生态科学知识的宣传普及力度不

---

〔1〕　中共中央文献研究室编：《习近平关于社会主义生态文明建设论述摘编》，中央文献出版社2017 年版，第 21 页。

大，干部群众的生态意识还需要强化。表现为，一是缺乏建设生态文化的自觉性。海南没有将中华传统文化中关涉人与自然和谐相处的思想作为主流文化导向宣传，社会公众没有充分认识到尊重和爱护的思想文化在中国有着深厚的渊源，建设生态文化的自觉性需要进一步增强。二是宣传教育的内容缺乏针对性。针对各级各类学校的学生开展户外生态文化教育实践不足；对于社会公众来说，生态文化建设的宣传设施建设不够完善，生态教育公益宣传力度不够大。三是没有充分利用各种纪念日或活动日，例如世界水日和世界环境日等来推广生态文化。我们也没有充分利用广播、电视、报纸、互联网等多种媒介来传播绿色产业、绿色消费、生态城市、生态人居环境等科普知识，因此，生态价值观念并未深入人心。

（3）生态文化实践没有形成品牌。现有的生态文化和其深层次理论宣导及零散的活动形式主要集中于表面上，缺乏深度且系统的行动实施。导致它的广泛性和深刻度也相对较低，并未成功塑造出具有强大影响力的生态文化标志物或者说生态文化品牌。目前，海南尚未展开把生态企业作为建设生态文化品牌的主体进行培植。同时，因为生态文化吸引力不够强大，使海南在全球具有更高生态文化吸引力的区域竞争上处于劣势，长期下去就会影响海南旅游产业的发展水平及结构优化提升。成功的国际旅游消费中心应该是自然景观与人文景观精华的集合，以自然吸引人的眼球，以人文陶冶人的内心，软硬实力并驾齐驱，形成自身独具地域特色的旅游品牌，吸引不同层次的消费者，扩大客源。现阶段海南的主要旅游方式仅依赖于自然风光，缺少人文元素的支持，尤其是生态文化品牌的支持力度还需加强，对于那些难以被直接感知但又最具持续吸引力的文化旅游资源，特别是在适应当前社会发展的趋势、旅游行业的要求以及游客消费习惯上的生态文化旅游资源的挖掘利用还有待提高。

（4）生态文化建设主体不够明确。生态文化建设是一项系统工程，也是一项社会工程，不单是文化和宣传部门的工作，要动员和组织全社会参与建设。现阶段，海南各个单位及部门已经为生态文化建设付出了许多努力，然而并未实现协同合作，尤其是未确立明晰的责任体系，没有明确责任主体。正是因为缺乏明确的生态文化建设的责任主体，才无法制订出科学合理的生态文化建设规划，也不能构建完善的生态环境文化体系，使得各种实践活动随意且无序，后果便是公众对于推动可持续发展的生态文明观念不强，公众生态文明建设的自觉意识没有形成。

（四）海南落实生态文明建设责任的举措与问题

海南近几年着力推动生态文明建设政府目标责任的落实，一般在"五年规划"中会体现约束性指标，另外结合国家相关部门的任务目标体系，如水利部门主导的"三条红线"，环境部门主导的"大气十条""水十条"，农业部门主导的"畜禽养殖资源化利用"等，不断完善以具体减排指标、环境质量改善等任务为导向的目标考核。

1. 海南落实生态目标责任的举措

目前，海南已科学构建出以调整地方政府绩效考核为导向的综合性生态文明目标评价体系，用以系统评价各市县和省级相关部门环境保护目标完成情况。这是一种针对不同主体功能区的定位和实际地域生态情况，不唯经济增长论英雄，强化生态指标约束，以绿色发展为导向的绩效考核评价。海南通过这一举措，为绿色发展提供了坚实的制度保障。

海南责任分工制度体系建设，包括环境保护领域的权力清单、责任清单、生态环境保护工作职责等。海南首先压实生态环境保护"党政同责，一岗双责"。"党政同责、一岗双责"的考核评价体系有利于引导地方树立新发展理念、转变政绩观，并建立起常态化的问责机制。强化对党政领导干部损害生态环境行为的责任追究。实施领导干部任期生态文明建设责任制，实行自然资源资产离任审计，认真贯彻依法依规、客观公正、科学评估、权责一致、终身追究的原则。同时，明晰了各类干部因决策、执行及监督环节中所产生的责任，并针对这些责任确定相应的问责及追责情况。凡是对生态环境造成损害负有责任的领导干部，无论他们是否已被调整职位或晋升或退休，都需要严肃处理。目前，海南已经初步构建了一套生态责任追究制度体系，其中主要包含了自然资源资产离任审查制度、生态环境损害责任终身追究制度、生态红线管控、自然资源资产负债表等多项配套制度。

此外，海南发挥环保督察利剑作用。一方面，坚决不打折扣地对中央环保督察反馈的问题进行整改，另一方面，持续深入开展省级例行督察。环境保护督察机制的作用在于能够有力解决突出的生态环境保护问题，不断提升生态环境质量并实现优质发展。从组织机构和督察方案等层面上看，海南目前已经形成了相对完善的中央和地方生态环境保护督察机制。

2. 海南落实生态目标责任存在的问题

(1) 政府生态目标责任落实存在的问题。一是部分领导干部环保责任意识仍然不强。历经中央环保督察、污染防治攻坚战，各责任单位齐抓共管生态环境保护的基本共识已形成，但共识并不等于共管，实践中，仍有部分领导干部对自己所承担的环境保护职责认识不够，政府监管缺失现象严重，一些市县和领域大气污染问题仍多发。如部分市县的建筑工地、露天堆沙点落实扬尘防治措施不够，扬尘问题频发，秸秆露天焚烧反弹现象尚未得到有效遏制。同时，一些矿山企业重开采，轻治理，相关部门监管责任落实不到位。如某市依然存在违法开采矿山的行为，现有 9 个闭坑矿山生态修复缓慢。小水电站清理整治不到位，全省 110 座小水电站应于 2021 年 6 月底前退出，目前尚有 10 个市县的 62 座电站未退出。一些港口码头环保设施短板突出，生活污水处理站监管不到位，危险品泄漏应急收集池和应急物资配备不到位，用于处理码头初期雨水和散货冲洗水的污水处理设施未正常运行。建筑垃圾处理仍有问题堵点。海南建筑垃圾收转运体系不完善，终端处理设施建设滞后，建筑垃圾非法倾倒问题突出。某县全县建筑垃圾消纳场或资源化利用厂，以及乡镇转运调配场均未建成，造成建筑垃圾非法倾倒问题突出，各乡镇辖区内均存在多处建筑垃圾违规倾倒点。二是现阶段在推动环境治理的过程中，总体上是通过行政问责的方式传导压力，以"自上而下"督察（督政）的方式推动各级环境监管机构严格环境执法。且这种行政问责多以"运动式"的方式进行，常态化的行政问责机制尚未有效建立。三是生态文明建设目标设置以及专项考核的科学性仍需进一步完善，尽量避免"一刀切"的同时，也不能出现在对地方政府和相关部门问责的过程中只重结果、却轻过程的现象。四是环境领域跨部门的有效协同治理问题还需进一步破局。监管职能部门、行政主管部门、相关领域部门以及基层在生态文明建设中的职能需进一步明确和厘清，以此为基础才能强化协同治理，提升建设成效。尤其基层责任尚待落实。上级部门虽然设计推动治理重心下移，把更多资源、服务、管理下沉到基层，但实际上，因管理下沉的要求与"为基层减负"的界限模糊，在街道一级，生态环境工作多由其他相关科室"附带"承担，并未配置专业队伍。五是企业监管链条断裂。有权监管企业治污的主体应该涵盖区县级的生态环保部门、街道办事处、社区以及园区（或者房东）这四个层级。然而，在实际操作中，企业的监管通常仅仅是区县级的生态环保执法人员和企业之间的执法关系。同时，又因生态环境执法人员配备较少，对企业的监管只局限于行政执法，通常缺乏日常的管理。

（2）企业生态目标责任落实存在的问题。一是企业生态责任体系构建主动性和内驱力不足。目前许多企业在生态化生产管理意识、能力以及制度建设特别是生态责任体系建构方面，都存在着主动性和自我内驱动性明显不足等诸多问题；如某县部分企业落实环境保护主体责任不到位，不愿投入资金用于环保设施、工序的改善，治污设施落后或运行不正常。一些橡胶加工厂、水产品加工企业仍存在污水超标、外排问题。许多企业在降碳减排技术、设备和人才等方面仍然存在较为明显短板。二是企业生态责任体系构建还面临着一定政策性障碍。如，构建绿色产品市场所要求的生态产品资产核算评估制度、绿色信用制度、绿色产品认证体系以及差异化绿色财政金融政策支持等制度供给明显不足。三是企业生态责任体系构建面临绿色消费意识和需求不足的困扰。许多消费者仍然较为关注产品的价格优势与基本功能，内含绿色价值的环保型产品由于采用环保材料和减碳化工艺，产品价格相对较高，在一定程度上削弱了消费者购买意愿。由于消费者未能深入地理解企业粗放型生产模式的弊端，其绿色消费意识还未得到激发和释放，无法形成推动企业构建绿色低碳循环化生态责任体系的市场作用力。

（五）海南生态安全建设的部署与挑战

生态安全建设重点强调两个方面，一是打造良性循环的生态系统，二是有效防控环境风险。为此，海南紧紧围绕这"两统一"，聚焦"守底线、优空间、促发展、护权益"，做实做细全省生态安全建设的重点工作施工图，努力为海南建设具有世界影响力的中国特色自贸港、奋力谱写美丽中国海南篇章作出贡献。

1. 海南现有的生态安全战略部署

海南牢固树立和践行"绿水青山就是金山银山"[1]的理念，坚持生态优

---

〔1〕　中共中央文献研究室编：《习近平关于社会主义生态文明建设论述摘编》，中央文献出版社2017年版，第21页。

先原则，落实生态保护红线管理制度，推进形成守住自然生态安全底线，稳固生态安全屏障，推进重点生态功能区、重要生态廊道保护建设的生态保护新格局，为维护海南自由贸易港生态安全、推动生态治理能力现代化、加快建设国家生态文明试验区奠定了坚实的生态基础。

（1）规划引领构建稳定的生态保护格局。一是将生态保护红线作为空间规划刚性约束，筑牢海南生态安全屏障。海南省以第三次全国国土调查数据为基础，统筹协调优化自然保护地整体布局，基于海南岛的山形水系框架，以中南部山区的霸王岭、五指山、鹦哥岭、黎母山、吊罗山、尖峰岭等主要山体为核心，以松涛、大广坝、牛路岭等重要湖库为空间节点，以南渡江、万泉河、昌化江等主要河流水系、环海岸带为生态廊道，将全岛及近岸海域的自然保护地、城镇集中式水源保护区、主要河流湖库管理范围、重要自然山体、自然岸段等重要生态空间都统筹划入生态保护红线范围，涵盖了热带雨林、红树林、滩涂湿地、珊瑚礁、海草床等多种典型生态系统类型，构建了"生态绿心+生态廊道+生态岸段+生态海域"的全域生态保育体系[1]，明确了海南本岛及近岸海域的生态保护格局。二是规划资源开发利用功能区。海南牢记习近平总书记"守好祖国的南大门"的殷切嘱托，构建以热带雨林国家公园为主体、以自然保护区为基础、以各类自然公园为补充的自然保护地体系和以琼东南可燃冰先导区、海洋油气勘查开采体制改革开放试验区、海洋油气碳捕集利用封存试验区为主体的零碳海洋经济高质量发展示范区。

（2）创新驱动智慧治理和产业升级。一是以制度集成创新为动力，驱动人与自然和谐共生现代化高质量发展进程。海南始终"把制度集成创新摆在突出位置"[2]，率先出台《海南省生态保护红线管理规定》，明确生态保护红线的划定范围、政府及相关部门职责、准入条件、分区管控、调整条件、责任追究等，实施最严格的生态环境保护；随后出台《海南经济特区海岸带保护与利用管理规定》《海南经济特区海岸带保护与开发管理实施细则》，加强海岸带环境资源和保护，规范海岸带开发利用管理；根据自然资源部、生态环境部、国家林草局印发的《关于加强生态保护红线管理的通知（试

---

〔1〕 王俊刚、李佳、陈天平：《陆海统筹划定生态保护红线的海南实践》，载《中国土地》2023年第6期，第15~17页。

〔2〕 本书编写组：《海南省第八次党代会报告辅导手册》，海南出版社2022年版，第12页。

行）》，结合海南省实际，修订了《海南省生态保护红线准入管理目录》，明确了生态保护红线的正面准入清单及管控规则，进一步加强生态空间保护，提高国土空间节约集约利用水平[1]。目前，海南正按照"一体系、两抓手、三流合一"的总体思路，开展深化"多规合一"改革提升国土空间智慧治理制度集成创新能级三年行动（2023年至2025年），构建国土空间智慧治理体系。二是搭建全省统一的"多规合一"信息综合管理平台。形成以"机器管规划"为牵引抓手，以"土地超市"为载体抓手，全省各类涉空间数据采集的信息流合一归集、各类涉空间规划管制的管理流合一闭环、各类自然资源要素市场化配置资源流合一保障的国土空间治理平台体系。同时，开发"一张蓝图"公众版和App（应用软件），完成Web端（电脑端的网页版）、移动App和微信小程序，并嵌入"码上办事""椰城市民云"，方便老百姓查询了解"三区三线"等各类控制线划定和规划情况。三是建立预警监测机制和监测体系。建立生态保护红线实时预警监测机制，探索设置电子围栏，通过移动、联通、电信三大运营商的实时手机信令数据，对进入生态保护红线内的人员进行禁止类行为提醒，实时监测生态保护红线内的人为活动强度。同时，开展专项督察，构建监测体系。先后在全省范围内开展海岸带保护与开发专项检查和生态保护红线区专项督查工作。同时借助最新科技力量，构建"天上查、地上巡、网上报"立体监测体系，及时发现和有效遏制各类破坏生态的违法违规行为。四是在做好产业项目资源要素保障的同时，注重以资源节约集约政策倒逼产业转型升级。海南牢记习近平总书记明确的海南自贸港旅游业、现代服务业、高新技术产业和热带特色高效农业四大主导产业定位，健全亩均效益综合评价和资源要素差别化配置制度。在做好产业项目资源要素保障的同时，注重以资源节约集约政策倒逼产业转型升级，加快构建开发型生态型创新型"三型融合"的产业体系。

（3）修复生态，维护和提升区域生物多样性。海南将整合优化后的自然保护地全部划入生态保护红线，在海南岛中南部生物多样性保护优先区内划定7880.9平方公里生态保护红线，占该区域总面积的61.2%；其中，划定生物多样性保护生态保护红线5630.1平方公里。这使得海南热带雨林国家公

---

〔1〕 王俊刚、李佳、陈天平：《陆海统筹划定生态保护红线的海南实践》，载《中国土地》2023年第6期，第15~17页。

园、自然保护区、自然公园等各类自然保护地和重要物种栖息地的连通性、整体性得到进一步提高，生态廊道更加完善[1]。同时，海南牢记习近平总书记"决不能在生态环保上掉以轻心，否则就没有自贸港"的殷切嘱托，以"垦地融合"为抓手，以农垦土地资产化资本化为动力，实施全域全要素土地综合整治，统筹实施生态修复、美丽乡村建设、"六水共治"。实施海岸带保护修复、珊瑚礁生态保护修复三年行动，持续推动围填海历史遗留问题区域的生态修复，全面完成历史遗留矿山生态修复任务，厚植"绿水青山"的底色。

2. 海南构建生态安全体系的挑战

（1）粮食安全与资源安全挑战。从海南整体情况来看，人均耕地、淡水等资源十分有限，海南每年外调进岛的粮食按一年两造折算成耕地高达 421 万亩；同时，海南四面靠海，台风、暴雨等自然灾害较多，受气候变化影响，地质灾害和海洋灾害风险较高。党的二十大报告对粮食安全、耕地保护以及防灾减灾救灾提出明确要求，海南必须把严守资源安全底线作为思考和推动工作的前提，着力增强维护粮食、资源和防灾减灾安全的能力，确保不发生颠覆性的风险。

（2）国土空间格局安全的挑战。国土空间是实现经济社会发展目标的基本载体。海南岛中间高耸，四周低平，城镇建设适宜区域呈环岛分布，与农业空间、滨海生态空间高度重合，易产生冲突。海南必须按照"全省一盘棋、全岛同城化"的要求，立足资源环境承载力和国土空间适宜性评价，发挥海口、三亚、儋洋经济圈和滨海城市带、中部生态保育区的比较优势，实现不同功能空间的优势互补、高质量发展。

（3）资源开发利用安全的挑战。海南是我国唯一集热带、海洋、森林、海岛及优越环境质量于一身的地区。整体而言，它的自然生态环境基础优势明显，有丰富的气候资源，农作物高产，水果品种多；地形地貌多样、植被优良；海洋生态系统复杂多样，旅游资源丰富且独特，资源的稀缺性和不可替代性不言而喻。但近年来高强度的开发建设还是给海南环境带来了较大破坏，导致生态环境质量下降较快。海南要完整、准确、全面贯彻新发展理念，

---

[1]　王俊刚、李佳、陈天平：《陆海统筹划定生态保护红线的海南实践》，载《中国土地》2023 年第 6 期，第 15~17 页。

坚持节约资源和保护环境的基本国策，不断提高资源利用效率，坚定不移推动高质量发展。与此同时，海南能源结构尚需优化调整。虽然我省清洁能源装机比重较高，但其中风电、生物质发电、核电、水电的装机比重仍然较低，非化石能源资源还有待进一步开发。水资源利用率不高，2022年万元GDP用水量为66.9立方米，明显高于全国平均水平。松涛水库出库水量中生活饮水仅占4.2%。二是绿色低碳循环发展经济体系仍需健全，全省高新技术产业对地区生产总值贡献率不高，环保产业总体发展水平较低。绿色贷款金额占各项贷款比重6.08%，低于全国平均水平。"双碳"工作推进仍缺乏足够资金和金融工具支持，气候投融资与市场交易机制建设有待加强。生态产品价值实现工作依然面临"难度量、难抵押、难交易、难变现"等难点端点问题。

（4）完善自然资源资产管理体制的挑战。自然资源是基本的生产生活要素，自然资源资产产权制度是市场经济运行的基本制度之一。实践证明，产权明，则主体活、要素活、市场活。海南必须充分发挥市场在资源配置中的决定性作用，更好发挥政府作用，不断完善自然资源资产产权制度，夯实产权权能，更好保护权益，激发市场活力，为人与自然和谐共生现代化夯实自然资源产权基础和支撑。

（5）自然资源治理能力的挑战。一是水污染防治能力基础薄弱。部分污水处理厂建成投入运行后，污水处理厂管网建设不配套，污水收集不到位，导致部分市县内涝、内河湖雨天污水溢流现象突出。2023年海南应完成26条国家监管农村黑臭水体治理任务，但仍有13条黑臭水体未完成治理，尚有部分市县农村黑臭水体治理工程仍未开工。部分农村污水处理设施重建设轻运维，日常管护不善，导致管网破损堵塞、设施"晒太阳"等问题，未能真正发挥作用。二是海水养殖污染问题未彻底解决。海水养殖生态环境治理进展缓慢，一些集中连片海水养殖聚集区未进行有效的尾水治理。部分沿海市县政府推动落实《海南省陆域水产养殖建设项目环境保护管理规定》不力，未及时引导陆域水产养殖建设项目向水产养殖区聚集，统一建设取水、排水与养殖尾水集中处理等公共设施建设缓慢。部分市县养殖尾水存在借道自然水沟或人工泄洪沟排放等现象，导致部分沟渠水体感官差、发臭。三是入海排污口规范化管理不到位。海南1985个入海排污口纳入清单监管，虽已完成1292个入海排污口溯源，摸清污水来源、责任主体，但仅有36个入海排污口设置备案，受限于地方资金、技术等原因，水产养殖、生活污水等入海排污口依然存在设置不规范现象。四是自然保护地管理不到位。自然保护地整合优化预案一直未获国家批准，相关法规和规划修订滞后，各类自然保护地范围和功能分区历史遗留问题迟迟得不到解决。五是监测预警和人才技术支撑能力不强，生态监测监管能力不强。生物多样性本底调查监测不足，研究性监测和调查监测不够，总体上数据少、技术力量薄弱。生态监测、监管大数据平台建设滞后，遥感监测数据开发应用能力有待提升。生态保护没有纳入中央环保专项资金支持，资金支持缺乏且渠道不畅通，影响了生态保护监督、监测、评估等各项工作开展。市县监测专业能力薄弱，不具备辐射应急处置和应急监测能力，监测设备老旧、短缺，实验室设施不足，2022 年全省环境监测设备缺口 575 台（套），实验室面积缺口约 1.2 万平方米。工业园区监测预警体系不完善。生态环境基础和应用学科相对薄弱，支撑生态文明建设创新需求的省级重点实验室、工程技术中心相对规模较小，顶尖科研人才和创新团队匮乏。

总的来说，海南的生态文明建设仍存在不少短板和不足，对标党中央的要求、人民群众的期盼以及生态环境一流自贸港的美好愿景，海南需统筹提升和创新跨越发展，让创新成为第一动力、协调成为内生特点、绿色成为普遍形态、开放成为必由之路、共享成为根本目标，加快推进人与自然和谐共生的现代化。

三、海南人与自然和谐共生现代化的构建路径

海南基于生态文明建设"六项原则"的积极实践，无疑凸显了海南创建国际生态文明试验区的成效，但从推进人与自然和谐共生现代化建设的视角来看，其呈现出的最大的不足就是缺乏现代化建设的系统性和社会建设的整体性，人与自然和谐共生现代化建设一定是"五位一体"整体协调发展的，这也昭示了海南未来需要进一步深化改革的方向，即必须努力去探索构建更完善的人与自然和谐共生现代化的生态文明制度体系、生态经济体系、生态文化体系、生态目标责任体系以及生态安全体系。

（一）先行先试构建系统完整的生态文明制度体系

习近平总书记指出："中国式现代化是人与自然和谐共生的现代化"[1]，而建设人与自然和谐共生的现代化，应"全面加强生态文明建设，系统谋划生态文明体制改革"[2]。海南建设人与自然和谐共生的现代化，要以建设生态一流、绿色低碳的自由贸易港为抓手，推进海南自贸港生态文明体制机制创新，以制度创新保障生态环境，推动绿色发展。《国家生态文明试验区（海南）实施方案》在提出打造生态文明体制改革样板区任务的同时，还明确了深入推进生态文明体制改革综合实验的时间节点，即"到 2025 年，生态文明制度愈加完善，生态环境质量继续保持国内领先水平；到 2035 年，生态环境质量、资源利用效率达到世界领先水平"。[3]为此，海南应加大体制机制创新力度，助推海南自贸港如期成为展示美丽中国的靓丽名片。

1. 基于治理功能的生态文明制度体系建设路径

（1）完善绿色发展导向的评价考核体系。一是健全经济社会发展考核评价体系，加强对资源使用、环境破坏、生态效益等方面指标的约束。二是完善对重点生态功能区的转移支付资金分配体系，并且对于国家和省级的重点生态功能区，实施与保护成效评估结果挂钩的资金分配方案。三是健全生态文明建设责任体系，深入落实生态环境保护督察制度，明确各级党政部门生态环境保护工作职责，编制覆盖各层级的自然资源资产负债表，创新开展数字化自然资源资产离任审计，形成明晰责任、压实责任、考查责任的制度闭环，同时继续完善政绩考核差别化。

（2）构建生态环境和资源保护高效监管制度。一是健全生态文明法治保障机制，围绕热带雨林国家公园建设、生态补偿等重点领域，修订或完善地方性法规，确保相关改革于法有据。二是健全生态保护监管制度，打造全要素、全链条、全流程的环境监管体系。构建并优化生态保护红线调查、监测、评估和考核等监管制度和标准规范。完善生态环境质量监测网络和评价体系。为了提升生态环境保全综合行政执行力，需创建一套综合执法机构和生态环

---

〔1〕　习近平：《习近平著作选读》（第 1 卷），人民出版社 2023 年版，第 19 页。

〔2〕　习近平：《习近平谈治国理政》（第 4 卷），外文出版社 2022 年版，第 361 页。

〔3〕　《中共中央办公厅 国务院办公厅印发〈国家生态文明试验区（海南）实施方案〉》，载《海南日报》2019 年 5 月 13 日。

境机构之间的协同互动机制，增强重点水系、山脉、跨越行政区域的联合作战能力，推动联合或交叉执法。强化基层环境管理能力创新提高，支持市县探索精细化环境监管模式，创新环境监管网格化管理与群众自治新路径。强化生态环境应急管理，完善突发环境事件应急预案管理制度，加强应急队伍建设，强化应急物资储备。三是加强关键行业绿色标准体系建设，组织制定具体行动方案，进一步落实水泥、石化、玻璃、火电、砖瓦等重点行业，以及沿海水域水产养殖、槟榔加工、生活垃圾焚烧、农村生活污水排放等具有地方特色的污染排放控制标准，同时完善体现地方优势的民宿、康养、会展等行业的相关绿色标准。

（3）探索生态产品价值实现机制。一是积极探索建立针对自然资源资产产权制度和有偿使用制度的方法，同时逐步展开自然资源统一确权登记工作。这样可以推动建立一个明确归属、权责分明、流转顺畅且监管有效的自然资源资产产权制度。二是推动生态农业提质增效。以创建国家农业绿色发展先行区为抓手，重点在处理畜禽粪污染问题、解决农业源头的污染问题、降低化学肥料和农药的使用量、保持土壤的清洁度等核心领域，实施具有针对性的政策和方法，从而全方位地提高农业绿色发展水平。三是构建多元化的生态保护补偿机制，实施生态补偿综合试点项目，以进一步完善优化生态保护补偿制度。

2. 基于治理过程的生态文明制度体系建设路径

（1）继续强化国土空间用途管制。优化国土空间的规划结构，科学且有序地布局生产、生活和生态空间，以提升国土空间的整体性利用。一是加强国土空间保护与开发，强化底线，逐步建立差异化自然生态空间管控措施，保持自然生态空间生态系统总体稳定。海南要从资源环境承载力、开发适宜性的角度评价，特别是以水资源作为国土空间、人口规模、经济活动规划的前提和基础。按照"以山育林、以林保水、以水养田、以水定人、以人定城"的逻辑，编制和实施好各类国土空间规划，统筹优化农业、生态、城镇等各类空间布局。尤其加强主体功能区规划，在国土空间规划编制实施中统筹落实海南自贸港区域协调发展战略，推动形成"三极一带一区"的区域协调发展新格局。二是推动城乡融合发展。一体编制市县国土空间总体规划、详细规划和专项规划，构建以县城为中心、乡镇为节点、农村为腹地的城乡融合发展空间体系，让县城优美舒适、宜居宜业、更具现代气息，让村庄富有田园风貌、乡土特色、乡土记忆。坚持城乡联动，加快融合发展步伐，把旅游业与农业、城市与乡村、城镇居民与农村居民的发展作为一个整体来统筹谋划，做到基础设施互联互通、人居环境城乡共美、资源要素双向流动，加快走出一条有海南特色的城乡融合、互利共赢新路。

（2）加强陆海空间规划统筹。探索统筹陆海资源配置、产业布局的有效路径。一是落实最严格的围填海管控和岸线开发管控职能。严控无居民海岛自然海岸线开发利用。坚持战略留白，除非有清晰明确的战略规划，否则要舍得把优质资源留给后代，坚信他们会比我们更聪明、更有才干来充分利用这些珍贵的资源。对于自然的海岸线应给予严密的保护，改善沿海地区的生产和生活及生态的空间分布，除了国家的重点建设项目之外，所有新的围海造田活动都必须暂停，妥善解决围海造田的历史遗留问题。二是需要创建一个陆海一体化的保护管理系统。作为评估生态环境质量的基础，制定一套完整的陆海一体化生态环境规划、标准和检测评定体系，同时还要研究出一套适用于陆海交接处的监测方法和评判准则；打造一个全天候、多层次的天-地-空中立体监测网，收集各个部门中关于陆海环境的信息，实现陆海监测信息的共享。三是需从流域的自然资源条件、产业发展状况、潜在增长力、水质环境以及海洋环境承载量等方面综合考量，推进陆地的产业结构调整。四是加强"湾长制"的管理机制，使其更好地融入"河长制"的管理体制，形成一整套完整而有效的海湾保护的责任制度。

（3）持续推进生态修复。一是按照"一河一策"制定主要河流水生态修复方案，持续致力于深化河长制湖长制，开展"幸福河湖"创建行动，围绕生态旅游、乡村振兴、生态修复、特色文化等主题，建设热带河湖精品、推动全岛形成"一城一镇一条河（湖），一河（湖）一景一文化"格局。二是开展"一湾一策"精准治理，持续推行湾长制，坚持执行入海河流消劣行动，强化海洋生态系统治理与修复，强化沿海地区、珊瑚礁、红树林等生态系统的保护和恢复工程，分类、分批建设美丽海湾。三是加强中南部山区生态保育，持续推行林长制，尤其以海南热带雨林国家公园为重点，采取封山育林育草措施。健全耕地休耕轮作制度，有序开展退耕还林还草、退塘还湖还湿工作。四是加快推进生态搬迁迹地生态修复和退出工矿迹地恢复。实施低效林补植改造、人工林退出和改造工程。五是推进城市生态化改造，按照居民出行"300米见绿、500米入园"的要求，扩展城镇绿色生态空间，构建城市生态隔离体系。同时，推进环岛高铁、高速公路沿线绿化、美化、净化。

（4）建立健全环境治理体系。一是深化排污许可制度改革，构建基于排污许可制度为核心的固定污染源环境监管机制，并遵循"查、测、溯、治"原则，来执行全省范围内的河流排污口清理和整改工作，形成从河流排污口到排污管道再到污染源头的一整套完整管理模式，进而实现对工业废水的标准化处理与排放。二是有序推进农业农村污染源治理，建立淡水养殖取水、排污双许可制度。三是提升生活垃圾资源化利用水平，有序推进生活垃圾分类减量，促进垃圾分类和再生资源回收"两网融合"。四是加强重点行业、重点领域大气污染防治。需要加强对水泥、石化、玻璃、火电、砖瓦等重点行业无组织排放的治理。在大气面源污染防治方面要更加严格规范和细致化地管理烟花爆竹的燃放，进一步开展城乡颗粒物扬尘、餐饮油烟、垃圾和秸秆露天燃烧等面源污染的治理工作。持续深入开展移动源污染防治、推动车船结构升级，加快港口、码头、机场岸电设施建设。构建聚焦于$PM_{2.5}$及臭氧的联合管理模式作为核心的空气质量保护系统，同时考虑对温室气体的综合治理策略，推动包括$PM_{2.5}$、臭氧、挥发性有机物质和一氧化氮等多种重点大气污染物的共同管理并实现其减少排放的目标。五是深入推进环保信用评价，建设全省环境信用平台，建立环保信用评价制度。

（5）健全资源环境承载能力预警监测制度。一是要修订海南省水功能区划，构建流域空间管控体系。以市县或流域为单元开展水资源、环境承载能力评价，实行河流水系生态环境资源承载能力的监测与预警管理。二是开展生态系统保护成效监测评估，加快构建覆盖典型生态系统、生态保护红线、自然保护地、重点生态功能区和重要水体的监测网络。

3. 基于治理主体的生态文明制度体系建设路径

（1）政府要加强体制机制集成创新。政府开展海南自贸港生态文明制度"顶层设计"时，需要进行系统化的布局，强化制度系统的集成，将零散的部分整合为系统。一是进一步完善统筹协调工作机制。顶层设计要以全省"一盘棋"的理念进行科学合理地规划，对有较高制度顶层设计和部门协同需求的综合性改革开展专项研究，确保全局至上、系统配套、合力推进的原则能够切实执行。二是更加注重集成配套式的改革。鼓励各级部门围绕生态文明体制机制建设的各个细分领域，结合自身特色优势，创造性地探索跨部门的政策协同机制，进而形成"组合式""集成式""综合式"制度创新。

（2）激发社会主体的创新意愿。推动海南自贸港生态文明体制机制创新为全国生态文明建设作表率的责任极其重大，必须激发社会主体的创新意愿。一是要激发市县首创精神。市县是打造生态文明建设海南范例和生态文明体制机制创新的前沿阵地，因此充分激发市县的创新性意义重大。二是要充分调动基层干部的积极性，以敢闯敢试的精神主动谋划职责领域内的工作创新。三是要加强对全体社会成员的宣传教育，营造浓厚的绿色创新氛围。总之要贯通绿色生产与绿色生活实现途径，多维度激发社会主体创新意愿，形成社会合力。

总之，习近平总书记强调："只有实行最严格的制度、最严密的法治，才能为生态文明建设提供可靠保障。"[1]生态文明建设是一个涵盖了思想价值观念、经济发展策略和社会运作模式的全方位深度变革，而其中至关重要的部分就是依赖于制度和法治。基于治理功能的生态文明制度体系建设，要牢牢把握把生态保护立法和制度建设作为巩固提升海南生态质量的首要任务的主线，充分运用经济特区立法权，推进绿色交通、绿色建筑、绿色消费、绿色城乡等的立法工作，发展完善具有海南特色、特区特色、时代特色的生态环境保护地方性法规和制度体系。基于治理过程的生态文明制度体系建设，需要积极探索生态文明治理的全面与特色、实用性与适用性相结合的"源头严防、过程严控、后果严惩"的科学化的系统治理。基于治理主体的生态文明制度体系建设，需要创新"政府-市场-社会"共建共治共享的环境保护模式，优化多元的环保资金融资渠道、监管架构与管理流程，尝试从主要依赖公共投资转变到包括购买服务、项目补助及基金化等多种形式的综合运用，大力培育生态环境保护民间组织和志愿者团队，逐步构建起政府为主导、企业为主体、社会组织和公众共同参与的生态全民共治新格局。

（二）绿色转型构建绿色低碳的生态经济体系

习近平总书记指出："要正确处理好经济发展同生态环境保护的关系，牢

---

〔1〕　中共中央文献研究室编：《习近平关于社会主义生态文明建设论述摘编》，中央文献出版社2017年版，第99页。

固树立保护生态环境就是保护生产力、改善生态环境就是发展生产力的理念。"[1]尤其是海南，更要坚决贯彻这一理念，保护好碧海蓝天，并在保护的基础上，培育出生态文明建设新的经济增长点，加快推进产业生态化改造和生态产业化升级，以发展方式绿色转型促进形成绿色低碳的高质量发展格局，最终"建立健全绿色低碳循环发展的经济体系"。[2]

1. 推进产业生态化改造建设

（1）健全绿色低碳循环发展的产业体系。一是要遵循生态系统的整体性和系统性，充分考虑经济建设与自然环境的有机融合，并将经济发展纳入整个生态链的规划建设过程中，同时合理处理传统产业升级和新兴产业发展之间的关系。在推动产业结构调整和发展绿色产业的过程中，应注重统筹推动淘汰落后与培新育强。二是陆海统筹加快海洋强省建设。持续推动国家海洋综合试验场（深海）等重大平台建设，大力发展海洋风电产业，推动海洋工程装备、海洋生物医药发展。坚持往岸上走、往深海走、往休闲渔业走，大力推动工厂化养殖和大型深水网箱、桁架式养殖平台、通海型养殖工船等陆海统筹海洋养殖高端装备产业发展，促进海洋渔业转型升级。三是要积极开展节水农业，并推行减少化肥和农药的使用，提高农业废弃物的资源化利用水平，推广高效、生态、循环的种养模式，发展高产高效、节约资源、环保生态的绿色农业体系。四是要构建以市场为导向的绿色技术和产品服务创新体系，促进战略性节能环保、清洁生产和清洁能源产业的发展，引导重点行业企业实施清洁生产技术改造，推广工业节水工艺、技术和装备，建设绿色工厂和低碳工业园区，积极发展数字经济、电子商务、旅游养生、金融服务、现代物流等高效集约智能的生产性、消费性、生活性新兴服务业。五是努力发展绿色金融，积极引导社会资本投向节能环保、再生资源以及清洁能源等绿色新兴产业，以推动科技创新、降低资源消耗、减少环境污染，实现产业结构的优化。

（2）全面提高资源利用效率。一是要加强对资源的节约、集约和循环利用，充分发挥新增的可再生能源和原料的使用不计入总能源消费量的政策，

---

〔1〕 中共中央文献研究室编：《习近平关于社会主义生态文明建设论述摘编》，中央文献出版社2017年版，第20页。

〔2〕 习近平：《习近平著作选读》（第2卷），人民出版社2023年版，第42页。

从而创造条件来尽早实现能源消耗双控转向碳排放总量和强度双控。二是要提升节能降耗水平，坚持节能作为优先方针，深入推行工业、建筑、交通领域和公共机构的节能措施，并促进新兴领域如5G、大数据中心的能效提升；还要深入进行能源审计和能效对标活动，实行能源利用情况报告制度，并建立企业的能源管理体系。三是要节约集约利用土地资源，严守耕地保护红线，严格控制建设用地规模，并提升对存量建设用地的挖潜力度，清理和处置批而未供和闲置土地，扩大建设用地的新空间，引导和鼓励利用废弃地进行项目建设。四是要高效利用水资源，坚持节水为先，根据实际情况量水而行，实施最严格的水资源管理制度，控制水资源的消耗总量和消耗强度。特别是要加强农业的节水增效，加大中等和大型灌区的节水改造力度，并完善用水计量设施。

（3）环境污染防治的高标准推进维护。一是建立健全使用者付费制度，以改善城市的污水排放、日常生活的垃圾处理、有毒有害物质及辐射废物的集中处理费用政策，同时逐渐推动乡村污水与垃圾处理费制的实施。二是要积极推行环保污染第三方的管理模式，促进污染控制和生态环境保护基础设施建设的商业运作方式的发展。三是逐步完善峰谷分时电价政策和天然气发电上网电价政策，继续实施居民阶梯电价、气价制度。四是加强水资源分配的改革，进行流域用水总量控制的试验，全面推行阶梯式的水价体系，并尝试建立中水回收和再生水利用的激励机制。

2. 推进生态产业化建设升级

以发展方式绿色转型促进形成绿色低碳的高质量发展格局，还要大力推进生态产业化，即在保护好绿水青山、做大自然资本的基础上，根据各地的具体情况，合理开发具有竞争力的生态资源，并通过商业化的手段把这些资源转化为有用的商品和服务，从而实现其产业化的发展。所以当务之急是要统筹市场供求、生态环境损害成本和修复效益等因素，优化资源定价系统，加快构建生态产品价值实现的制度体系。

（1）摸清生态资源家底，夯实"两山"转化底数基础。充分运用信息化手段摸清生态资源存量底数，建设生态资源大数据平台。进一步优化生态资源统一确权登记，界定各类生态资源产权主体，从根本上解决生态产品"归谁有""归谁管"和"归谁用"等的关键问题。

（2）完善价值核算机制，提供"两山"转化量化依据。持续优化海南的生态系统总产值核算体系，提升全省一致的生态系统总产值自动核算平台和数据库，丰富价值核算和价值实现的创新运用。将生态系统生产总值作为"两山"实践创新基地的创建评价指标，发挥"绿色指挥棒"作用。

（3）立足各地资源特色，探索"两山"转化可行路径。需要根据实际情况寻找多样化的生态产品产业链和价值链，并优化其交易规则，加强公共服务的构建与基础设施的投入以显化隐性的生态价值。按照"错位式发展、集群式打造、全域化推广"的思路，科学确定"两山"转化的路径和策略，避免区域同质化竞争和拥挤效应，推动产业链从低端向高端跃进，拓展延伸生态产品价值链，提高"两山"转化产品附加值。另一方面，要深化转移支付、生态补偿、绿色金融等制度革新，尝试实施"生态资产权益抵押+项目贷"的发展模式，破解生态产品抵押困局，为"两山"转化提供充足的资金动力。

（4）实行品牌化经营，促进"两山"转化价值提升。一要着眼于生态资源的保值增值与个性化、差异化发展带来的生态价值溢价效应，着力解决产品标准、品牌等问题。二要着眼整合优势产品、服务，着力推进其品牌化、地标化，提升经营价值和估值水平。三要着眼培育农业龙头企业、农民合作社等新兴经营主体，着力优化其市场化经营和竞争能力，使其成为"两山"转化的金名片，进而发挥带动与典型引领作用。全省上下都要全力培育"两山"转化品牌，以品牌的影响力集聚资源、扩大市场，促进绿色发展。

（5）专业平台化推广，拓宽"两山"转化的市场"圈子"。通过专业化的市场平台，可以促进"两山"转化产品与服务快速进入消费者视野，并且可以发挥投入少收益大的作用。可以在整合现有的分散的电商平台的基础上，构建"政府强监管+市场化运作+企业化管理"的线上服务市场平台。通过这个平台，可以集中发布招商和项目合作信息，利用平台的信息集聚效应，逐步做大卖方市场后，实现自然资源资产快速价值化和市场化。此外，还能够利用平台与实体物流网络的连接，缩小农村产品与终端消费者的距离。甚至，可以通过物联网来实现消费者对购买产品的追踪和监控。这也为民宿等服务类产品的推广提供了便利，在全链条、线上便捷甚至可视化经营中，提高了产品的附加值。

3. 以创新驱动提高绿色全要素生产率

无论是产业生态化还是生态产业化都离不开创新，创新驱动是提高绿色全要素生产率的重要途径。通过创新技术方法，我们能够尽可能降低不可再生资源的首次开采力度，并减少污染废弃物的排放。所以，采用低污染、低能耗、低排放、高效率的环保型创新技术，有助于达到经济增长、生态平衡和社会生态和谐的综合效益兼收，这是构建生态经济体系的关键策略和重要手段。

（1）在产业生态化方面的应用。产业生态化就是使产业的发展符合绿色发展理念，使产业实现生态化升级，成为可持续性的产业体系。目前，绿色创新已经在产业生态化领域进行应用，主要是智能生产、智能监管和智能治理三方面。依托智慧海南的"感知一张网"和"5G超高清高位视频监控一张网"，可以进一步加强陆海统筹，建立起天地一体的统一信息数据采集和共享的生态环境监测网络，形成一套包括实时监测、全面分析、科学决策、环境监管、应急响应和公共服务的全方位智慧环保决策平台。同时鼓励用技术换空间。鼓励工业上楼下地、养殖上岸进深海，推动地上地下、海上海下立体开发利用。鼓励"五网"线性基础设施并线规划和混合利用建设。

（2）在生态产业化方面的应用。生态产业化就是利用产业发展规律推进生态建设，利用生态优势将生态资源转化为符合环保要求的产业优势。在生态领域的创新应用能够更加合理地利用生态资源，推动生态要素向生产要素转变，促进生态资源的保值增值，实现经济效益、生态效益和社会效益的统一，例如在生态工业、生态农业和生态旅游业等领域的应用。为此，要进一步完善"产学研"协同创新机制，在能效提升、新能源、海水淡化、能量储存、碳捕获、动力电池回收利用等重点领域推进技术创新研发，大力推进各产业部类生态技术、绿色技术和增汇型技术的推广应用，强化环境科技能力支持，实现三产绿色健康持续发展。

4. 高质量实现碳达峰碳中和

（1）落实双碳工作政策体系。按照积极、可行的原则实施碳排放达峰行动，支持有条件的市县率先实现碳中和。增强对于企业低碳科技研发的援助强度，引导电力、石化、化工、建筑材料及交通运输等行业制订出碳排放高峰的具体行动规划。推动交通绿色低碳化，积极转变物流模式，加速大型商品与远程货运从公路转向铁路或水路，全力推进铁路专线的建设。关注国际航空碳抵消与减排机制、国际航运业碳减排机制，提高燃油效率，探索建设使用生物质燃料的低碳船舶，推广使用生物航油的绿色航班。加速建筑碳中和进程，持续推进城乡用能方式变革，推广合同能源管理，指导各市县新建建筑全面实施绿色设计标准，全面推进超低能耗、近零能耗和零能耗等绿色低碳建筑发展。

（2）积极参与国际碳排放权交易。在符合国家气候外交整体战略的前提下，依照相关法律规定探索建立海南的国际碳排放权交易平台，用好国际碳排放权交易中心。优化碳市场减排效应，引导资金流向低碳发展领域。大力发展碳金融，发挥海南自由贸易港跨境资金自由流动的便利性，引进国际资金和境外投资者参与气候投融资活动，建立气候投融资项目库。

（3）加强海洋碳汇和森林碳汇研究、保护与利用。立足海洋大省优势，进一步深化对蓝碳的研究和应用，构建完善的蓝碳数据收集和监控网络，同时深入探究红树林、海草床、珊瑚礁、海洋牧场等等多种类型的蓝碳生态系统的碳储量及碳汇动态的科学监测和分析，高水平建设海南国际蓝碳研究中心，抢占蓝碳研究国际制高点。尝试推行蓝碳的市场化运作模式，通过碳市场、碳普惠以及碳中和活动等方式提升蓝碳价值，推进蓝碳增汇等示范工程。与此同时，要继续加强对陆地生态系统的碳储存能力的探讨和研发，了解森林碳储存的分布情况及其增长途径和潜能，并在保持生物多样性和山川河流林田湖草综合管理等方面取得进展，持续增强陆地生态系统的碳存储能力和碳汇增量。推动耕地质量保护与提升，不断提升生态农业碳汇。开展零碳园区试点，打造以博鳌东屿岛为重点的一批零碳示范区。另外，还需积极参与到国家碳排放权交易市场的活动中去，逐步形成一套完整的配额分配规则和规范以及核算核证、奖惩机制、监管体系等机制建设。

（三）挖掘内涵构建以生态价值观念为准则的生态文化体系

习近平总书记强调"文化是一个国家、一个民族的灵魂"，[1]而生态文化彰显的则是中国特色社会主义在处理人与自然关系时的"灵魂"。加强生态文化建设，就是要使生态文化成为全社会共同的文化理念，就是要构建生态

---

〔1〕 习近平：《习近平著作选读》（第2卷），人民出版社2023年版，第33页。

文化价值理念的真善美。生态文化产业、生态文化事业、生态文化建设机制作为以生态价值观念为准则的外在载体、基础、保障，为丰富和完善生态文化体系发挥着良好的促进作用。

1. 抓好理论武装工作体系树立先进的生态理念

一是要把强化思想引领贯穿海南文明岛创建全过程。海南的每一次华丽起舞，都是党的理论高屋建瓴的结果，也是用党的理论武装广大干部群众的结果。面对时代接踵而至的大考，海南更要重视理论的价值，在深入学习的基础上，从理论中寻到智慧的力量和解决问题的答案。二是要加快构建具有海南特色的生态哲学体系。从学术路径而言，要利用好历史悠久的红色文化、黎苗文化、东坡文化、华侨文化，还有与时俱进的航天文化、南繁文化、海洋文化等文化资源，以生态哲学重点阐明生态价值观，提炼出具有海南特色的生态哲学概念。要充分从海南的海洋文明中重新挖掘出中华传统文化中的天人合一思想，从多姿多彩的少数民族文化中挖掘出敬畏自然、顺应自然等观念，结合马克思主义哲学中的人与自然关系思想，重新构建出具有海南特色的生态哲学体系。

2. 构建涵养生态公民的生态道德体系增强社会的生态意识

一是把生态文化具体化为社会公德、职业道德、家庭美德、个人品德的"四德"建设。即在"四德"的内容中体现出人与自然和谐共生、尊重自然、爱护自然和保护自然等生态观念。从人类整体的长远的利益出发来引导人们保护生态环境，开发自然资源，在正确的生态观念的引导下，走经济社会可持续发展的道路。二是加强机构、企业、社区、农村"四个层面"的生态文化建设。深入开展节约型机关、绿色家庭、绿色学校、绿色企业、绿色园区等生态创建评比活动，打造简约适度、绿色低碳的"衣、食、住、行、游"生活模式。乡规民约是规范基层农民的行为规范，目前，要对乡村中各种习俗进行生态文明评估，继而规范和完善乡村民约，鼓励其将生态理念贯彻进乡规民约中，对于违背生态文明发展方向的习俗，党员干部要带头移风易俗，让乡村在实现自治的同时把生态文明的理念渗入老百姓的心灵深处。

3. 推进生态文化教育体系形成生态教育的长效机制

一是从教育层级而言，构建大中小幼一体化生态文明教育体系，根据幼儿园、小学、中学、大学等不同年龄段学生特点，以一体化思维对课程内容、形式、教材等进行不同层次不同方式全覆盖的系统设计，确保生态文明教育的整体性、连续性、递进性。并逐步完善生态教育教材建设、师资配备、经费保障、教学评价等体制机制。二是从内容层级而言，鼓励生态哲学、道德、法律等进入教材、进入课堂，注重法治教育和道德教育两个层面，与德智体美劳教育有机融合。三是扩展省内、国内、国际三个层次。以海南的本土特色为基础，引导学生深入理解和关注海南的生态环境。需要重视国内的热门生态环境问题，并将这些思考转化为解决问题的驱动力。需要强调自贸港的国际化特性，使学生形成共同参与全球生态文明建设的世界观。四是联动家庭、学校、政府、社会四大主体，构建"家庭生活化教育-学校系统化教育-政府方向性教育-社会公共性教育"多位一体的"生态文明终身教育模式"。同时，也要对政府、企业、社区、家庭进行生态文明教育，逐步形成具有海南自贸港特色的生态文明教育体系，使生态文明建设成为人们的自觉的持续的行为。

4. 打造生态艺术体系提炼海南生态文明标签

一是需要加强对生态美学的探讨研究，以增强人民的生态审美观念。这种审美是主客观融合并达到一种生活与自然和谐的状态意境。二是要深层次地挖掘和阐释海南生态文化的独特思想内涵，提炼富有现代化气质的海南文明标签，优化文化产品的激励机制，联合文化、宣传、环保等部门机构共同推动"海南生态文化精品项目"的发展，创作出一系列体现海南特质、风貌和精神的生态文化著作、教材、动画、影片、电视连续剧、琼剧、专题纪录片等等，扩大海南在国内外的生态文化影响力，提升生态文化输出力，提高海南生态文明建设的话语权和软实力。

5. 加强生态文化宣传体系形成生态文明新风尚

一是要持续开拓文明海南的传播途径，构建包含官方和民间的广泛宣传网络格局，充分发挥主流媒体和网络媒体的积极作用，采取多样化的手段加强生态环境省情宣传，普及环境保护法律法规和科学知识。二是借助博鳌亚洲论坛、中国国际消费品博览会等平台，全方位开展对外宣传，孵化培育一批民间文化达人、旅游达人、网络大V等，共同为海南发声，讲好海南故事，传播海南文化，展示海南形象。三是构建全媒体互动云平台，打造便捷、智能、生动、有趣的"互联网+生态文化传播教育"模式，在全社会形成生态文明新风尚。

海南生态文化事业的高质量发展，就是要发挥生态文化铸魂塑形的作用，使人们确立起生态文明建设主体意识，使生态文明建设成为人们的自觉的持续的行为，这需要生态文化的长时期的教育与涵化。打造海南文明岛，需要勠力同心、久久为功地探索中华优秀传统文化的创新性转化和创造性发展的路径。

（四）权责清晰构建以改善生态环境为核心的生态目标责任体系

大力构建生态文明的目标责任体系是推进生态文明领域国家治理体系和治理能力现代化的重要任务。以改善生态环境质量为核心的目标责任体系划定了建设生态文明的责任与底线，构建这一体系，有利于领导干部在实践当中摒弃损害和破坏生态环境的发展模式，避免以牺牲生态环境为代价来换取一时一地的经济增长的做法。习近平总书记多次提到，要打造生态文明制度建设的"四梁八柱"，其中一个重要内容就是完善生态文明绩效评价考核和责任追究制度。以此为遵循，海南构建生态文明制度之基，可以从以下几个方面努力。

1. 政府生态目标责任体系建构的提升路径

（1）继续完善"党政同责，一岗双责"责任体系。目前，在推进环境治理和社会治理的进程中，海南逐渐加强了党政主体责任机制建设，明确要求地方党政负责人为其行政区域生态环境保护的第一责任人，必须将保护生态环境、加强生态文明建设作为一种政治责任，积极承担本区域生态文明建设的规划、领导、监督、统筹等相关职责。但需要进一步明确的是生态文明建设各主体的责任。要推动各级政府通过权责清单等方式建立分工明确、责权清晰的环境监管和环境保护工作体系，推动建立常态化、规范化、多层次的跨部门协调机制；引导各级地方政府和环境监管机构树立法治意识，要求各级监管机构依法监管、透明执法、专业监管，不能"不作为"，更不能"乱作为"。

（2）规范与完善环境保护督察体系。环境保护督察体系的建立，需要从机构设定和督察方案等多方面做工作，为打造系统的生态责任体系提供了有力保障。海南应规范与完善环保督察问责程序，在问责过程中不仅要看结果，还要看过程等综合性因素，并建立和完善问责过程中相关责任人的申诉制度，整体推动问责制度法治化、制度化、规范化。

（3）统筹优化生态政绩考评体系。逐步减少自上而下的"运动式"考评工作。进一步优化政府的绩效评估体系，明确对政策效果和监管效果的评估体系。

（4）统筹推进生态责任追究体系。自然资源资产负债表是对领导干部进行自然资源资产离任审计以及生态环境损害责任追究的重要依据。它主要通过量化自然资源开发或保育的负债及权益，摸清自然资源资产及其变动情况。但自然资源资产负债表目前在国内外尚无明确前例可循，因此，对于海南而言，它是生态文明制度建设的一次重要探索和创新。海南应完善自然资源资产负债表的整体设计，倒逼党政领导干部承担自然资源与生态环境保护的职责。与此同时，海南应统筹推进生态文明建设目标责任体系和问责机制、组织结构及权力配置、监管程序三个层次的改革，进一步规范工作流程。

（5）完善市场化制度机制，发挥市场化政策的引导和激励作用。要积极发挥市场机制作用，强化绿色低碳环保企业市场准入机制，完善绿色产品标准体系、认证制度和检测制度，强化企业绿色技术创新发展支持机制，完善全国碳排放权交易市场机制。与此同时，进一步培育广大消费者的绿色低碳环保消费理念，积极运用多种市场激励手段鼓励消费者购买各类节能环保型绿色产品。

（6）完善生态文明建设中的司法监督和公众参与制度。首先要进一步强化各级人民代表大会对环境保护工作的监督作用。同时，完善社会组织和社会公众对环境监管机构和污染企业进行责任追究或问责的机制；完善包括环境信息公开制度、多方沟通交流机制、公众评议机制等在内的，可以保障社会组织和社会公众有效参与环境保护与治理的相关制度。

总之，海南已经将生态文明建设视为一种义不容辞的政治责任。并继续通过大力构建生态文明建设的目标责任体系，推动生态环境保护与生态文明建设取得扎实成效，进而实现公众预期和经济、社会与环境的真正进步。

2. 企业生态目标责任体系建构的提升路径

企业绿色低碳生态责任体系的本质内涵是以企业、社会和环境整体和谐为价值指向，以绿色化、低碳化和循环化有机统一为生态法则的新型生态责任体系。海南需要引导岛上的企业从以经济效益为主的单一价值目标和企业利益最大化的传统责任模式，转向塑造"企业—社会—环境"多元利益主体共赢的新型企业生态责任体系，以"降低碳排放强度"为企业生态责任管理目标和变革方向，全方位地实施绿色化、低碳化和循环化发展。

（1）引导企业管理者积极践行"双碳"目标的工作职责。企业管理者的"双碳"意识、变革勇气和责任担当对企业转型具有关键性的影响作用。"2030年碳达峰"这一时间节点为企业转型发展带来较为明显的时间和任务压力，企业管理者必须强化企业转型升级的紧迫感、绿色战略责任意识与提升绿色领导力，树立绿色低碳循环化的新型发展观和责任观，正确地处理好"双碳"目标与绿色低碳循环发展、短期利益和中长期效益、企业发展与社会环境责任等关键问题。

（2）引导企业持续优化践行绿色低碳发展的组织内部架构和制度设计。在企业内部的组织架构和制度层面，需要以绿色低碳循环发展为设计导向，完善优化企业的生态化发展战略选择机制、组织架构与职位优化设置、生态责任型激励性和约束性制度等，以更绿色化的制度供给强化企业践行生态责任的制度性基础。

（3）积极培育与支持企业新型生态责任行为。"双碳"目标将进一步驱动企业深化绿色化、低碳化和循环化的生态责任行为，使企业逐步从以利益最大化为单一目标的经济效益型责任行为，转向新型生态责任体系复合行为，最大化地实现企业效益、社会效益和环境效益的共赢。具体而言，碳排放重点行业和重点领域企业要强化绿色发展改造，高端制造、战略性新兴产业企业要展现绿色化的示范性行为。

3. 发挥社会力量的引导和监督

进一步激发社会的主动性和活力，发挥消费者、环境非政府组织和新闻媒介等社会力量的引导和监督作用。动员广大的消费者群体、环境非政府组织和社会新闻媒介等多种社会主体力量，积极发挥他们的绿色产品消费引导力和企业绿色发展转型的监督作用。目前，海南已经有一些小型的非官方环保团体存在，他们主要从事有关生态环境的研究、讨论及提供政策建议等工作。为了更好地实现多元化主体共同参与的目标，海南可以通过制定一系列激励和指导策略，搭建起一个集结各种社会团体的平台，使其具备开展环境教育、环境监测、环保评估和环保宣传等多种职责，并能充分发挥动员社会力量、协调各类资源用于生态环境建设的功能。

总而言之，政府在推进生态文明建设的过程中，除了需充当主导的角色外，还必须有效地运用好社会团体的能量。虽然市场主体、社会主体、村民自治以及个人主体都具备强大的生态管理能力，但这些能量并不是自发产生的，因此需要政府进行指导和引领，通过购买服务、提供财政支持、获得公众舆论的赞助等方式来给予他们鼓励与支持。

（五）守住边界构建海岛生态安全体系

生态安全作为国民经济和社会运行的根本保障，是国家安全的重要组成部分，为其他几项安全提供了坚实的基础。因此，在建设人与自然和谐共生现代化、打造美丽海南的进程中，海南要锚定"一本三基四梁八柱"战略框架，系统谋划生态保护和发展规划设计图，坚持"全域化+全民化"构建生态安全体系。

1. 严守资源安全底线夯实生态安全基础

高水平保护是高质量发展的重要支撑，生态优先、绿色低碳的高质量发展只有依靠高水平保护才能实现。海南要完整、准确、全面贯彻新发展理念，统筹发展与保护关系，守住安全底线，保护好生态环境。

（1）守住耕地保护红线。坚决守住721万亩耕地保护红线，签订耕地保护与粮食安全责任书，将耕地保护任务带位置分解下达，实行严格考核、重大问题一票否决、终身追责。严格耕地用途管制，实施耕地二维码及电子身份证制度，完善田长制工作机制，重点解决永久基本农田"非农化""非粮化"问题，积极稳妥有效找回流失的耕地，不折不扣抓好耕地保护督察整改，同时持续实施耕地垦造行动。

（2）守住生态保护红线。常态化实施生态保护红线电子围栏制度，加强生态保护红线监管。落实最严格的围填海管控制度和岸线管控措施，除国家重大项目外，不再新增围填海。以动真碰硬的斗争精神抓好中央环保督察、国家海洋督察"双督察"整改。

（3）构建与自贸港建设相匹配的生态环境监测预警能力。通过科技的合理应用，建立和完善生态安全的监测和预警体系、应对突发环境事件预案的防控体系以及跨地区的生态安全联动体系，有效防控环境风险，增强生态安全的能力建设。具体而言，要加强地质、海洋灾害防治。提高陆域地质、地下水、近岸、近海、深远海和海底观测能力，统筹提升地质与海洋灾害风险普查成果应用水平。谋划开展海口地面沉降监测，查明城市活动断裂，排查地下水污染及地质安全风险。抓好地质、海洋灾害"遏增量、减存量"专项治理和监测预警防御平台建设。建立完善地下水监测网。推进全省海洋生态预警监测体系建设，健全海洋预警监测减灾制度。要强化进出境环境安全监管，重点关注保税维修过程环境风险。加强"一废一库一品一重"等重点领域环境风险排查整治，提升危险废物监管和处置利用能力。严格核与辐射安全监管。通过加强生态环境监测，在确保生态系统良性循环以及环境风险有效防控的基础上，打造稳固的生态安全体系。此外，进行资源环境承载能力评价，也是预防资源环境风险、强化生态安全研判的有效方式。

2. 有序推进资产清查完善自然资源资产管理制度

推动生态文明体制改革要搭好基础框架，建立归属清晰、权责明确、监管有效的自然资源资产产权制度。海南要深化自然资源资产产权和有偿使用制度改革，提高生态文明治理水平。

（1）深化自然资源统一调查。持续做好年度国土变更调查。开展水、森林、湿地、海岛、矿产等资源专项调查。加快健全完善自然资源统一调查监测评价体系，建立全省自然资源资产实物量数据库和资源调查监测量账户。

（2）做好自然资源和不动产统一确权登记。争取确权登记与颁证到位一体推进。在海南热带雨林国家公园确权登记基础上，有序开展省级自然保护地和水资源等重点生态空间自然资源确权登记。推进国有农用地、未利用地使用权和特许经营权产权设置进程，持续开展房地一体的宅基地确权登记，将海域使用权、林权、农地承包经营权、农地经营权等纳入全省统一的不动产登记范围。

（3）委托代理与明确权责一体推进。优化自然资源用益物权的市场化配置机制，拓展"土地超市"应用场景向二级土地市场、海域、矿产、耕地指标、集体农用地经营权、"蓝碳"及"绿碳"产品、自然资源数据等领域延伸，将"土地超市"一二三级市场建设成为"自然资源—资产—资本—资金"的价值实现平台。深入推进全民所有自然资源资产所有权委托代理机制试点，做实做细分级代理权责清单，探索编制市县政府自然资源资产平衡表，推动开展市县政府自然资源资产管理综合评价考核和监督，落实领导干部离任审计要求，强化对市县政府代理履行所有者职责的情况评价考核和监督。同时，有序推进资产清查统计核算，完善国有自然资源资产报告制度。

3. 提升自然生态保护和监管能力

党的二十大报告把"国家治理体系和治理能力现代化深入推进"，[1]"基本实现国家治理体系和治理能力现代化"[2]分别作为未来五年和到 2035 年的目标。当前，海南国土空间治理能力还有待提升，干部队伍能力还有待提高。海南要把提能力作为一项长期课题，大力推动自然资源法治建设和国土空间智慧化治理体系建设，不断提升自然资源规划治理体系和治理能力现代化水平。海南应坚持以法治和市场手段为生态安全体系的建立提供科学而有力的保障。通过生态保护补偿机制、资源有偿使用制度、自然资源资产负债表、领导干部自然资源资产离任审计制度、生态环境损害责任追究办法等一系列的制度及配套法律法规的建立和健全，积极建立保障生态安全的配套制度。此外，保障生态安全还要加快改变原有的单一性行政管制，实现向包括土地、财税、金融以及法律等多重方式在内的综合性调控转变。这样，有助于进一步应对生态风险，提升自然生态保护和监管的能力。具体而言，一是加强法治建设。推动出台《海南自由贸易港土地管理条例》，研究制订《海南自由贸易港国土空间规划条例》，适时修订《海南省海域使用管理条例》等法规，建立与海南自贸港相适应的自然资源和规划法规体系。二是提升自然资源督察执法效能。从严从实抓好国家海洋专项督察、耕地保护督察整改。抓好自然资源违纪违法线索移送工作，建立健全自然资源和规划领域"行刑衔接"、自然资源和规划行政监督与纪检监察监督、审计监督贯通协调工作机制。

总之，防控资源环境风险、增强生态安全建设，既是生态文明建设的题中之义，也是其基础和保障。系统性的生态安全体系建设，有利于保障国家的生态安全，进而满足公众优美生态环境需要，构建一个生态安全型社会。

建立和完善生态文明建设体系是一项系统工程，这有赖于正确认识经济社会发展与生态环境保护的客观规律，坚持走绿色的可持续发展道路。其中，

---

〔1〕 习近平：《习近平著作选读》（第 1 卷），人民出版社 2023 年版，第 21 页。
〔2〕 习近平：《习近平著作选读》（第 1 卷），人民出版社 2023 年版，第 20 页。

生态文明制度体系是保障，生态经济体系是核心，生态文化体系是内驱力，生态目标责任体系是关键，生态安全体系是底线。通过构建生态文明体系，践行绿色生产和绿色生活方式，促进生态环境领域治理体系以及治理能力现代化水平的提升，才能确保到 2035 年，达到生态环境质量的根本好转，实现人与自然和谐共生，基本实现美丽海南、美丽中国的目标。

结 语

　　海南三十多年取得的巨大发展成就，是我国改革开放的产物和结果，同时，海南改革开放的实践又为中国特色社会主义事业的推进提供了经验，也正是在这样的双重运动中，我们才能深刻地理解党中央、国务院赋予海南新时代新使命的内涵。中国特色自由贸易港是习近平总书记亲自谋划、亲自部署、亲自推动的重大国家战略，尤其在全球不稳定不确定性因素增多的背景下，海南全面深化改革开放具有重要意义和积极作用。海南站在担当国家使命和服务国家战略的前沿位置，一定能够发挥生态环境、经济特区、自由贸易港三大综合优势，推动新一轮更高水平的开放，深化更高标准的改革，以国家生态文明试验区为抓手，助推生态一流、绿色低碳的自贸港建设，争创人与自然和谐共生现代化的生动范例。

　　习近平总书记在第九次全国生态环境保护大会上指出："继续推进生态文明建设，必须以新时代中国特色社会主义生态文明思想为指导，正确处理几个重大关系"[1]，即高质量发展和高水平保护、重点攻坚和协同治理、自然恢复和人工修复、外部约束和内生动力、"双碳"承诺和自主行动这五个重大关系。[2]这一深刻阐述，既具有强烈的世界观方法论意蕴，也充分展现了习

---

　　〔1〕 习近平：《全面推进美丽中国建设加快推进人与自然和谐共生的现代化》，载《海南日报》2023年7月19日。
　　〔2〕 习近平：《全面推进美丽中国建设加快推进人与自然和谐共生的现代化》，载《海南日报》2023年7月19日。

近平生态文明思想的唯物辩证法意涵，体现了我们党对生态文明建设规律性认识的进一步深化。海南建设生态一流、绿色低碳的自贸港，实现人与自然和谐共生现代化，必须持续深入学习习近平生态文明思想，特别是牢记并深刻领会习近平总书记关于海南生态文明建设的重要指示批示精神，不断强化生态环境保护意识，提高生态环境保护工作水平，着力把海南打造成为中国向世界展示习近平生态文明思想实践成果的重要窗口。

"高质量发展和高水平保护"强调的是要认识和处理好发展与保护的辩证关系，这是推进新时代生态文明建设的首要方法论原则，是站在人与自然和谐共生的高度谋划绿色发展，建设美丽中国的必然要求。高水平保护是高质量发展的根本保障和应有之义，高质量发展可以为高水平保护提供强劲动力。海南建设生态一流、绿色低碳的自贸港，实现人与自然和谐共生现代化，必须始终坚持生态立省、绿色发展。海南的生态环境不仅是海南人民的宝贵财富，也是全国人民的宝贵财富，保护海南得天独厚的生态环境是海南必须了然于胸的"国之大者"，要从践行"两个维护"的政治高度出发，从海南全面深化改革开放和自由贸易港建设的全局出发，始终把加强生态环境保护作为重大政治责任，深入推进生态文明体制机制改革，探索建立多元化生态保护补偿机制和市场化激励机制，调动各方参与生态保护和生态环境治理的积极性，促进高水平保护。同时，深刻认识生态环境和经济发展辩证统一的关系，以高水平保护支撑高质量发展，着力构建绿色低碳循环经济体系。不断拓展"两山"转化路径，分片区、分功能做好产业生态化和生态产业化文章，有效降低发展的资源环境代价，持续增强发展的潜力和后劲，努力探索旅游业、现代服务业、热带特色高效农业、高新技术产业等多种业态"串珠成链"的绿色高质量新路子，实现经济社会发展与人口、资源、环境相协调，生态效益、经济效益、社会效益三者综合效益最优化。

"重点攻坚和协同治理"强调的是要认识和处理好优先解决突出生态问题与协同推进生态系统保护治理的辩证关系。生态环境是关系党的使命宗旨的重大政治问题，也是关系民生的重大社会问题。因此，习近平总书记指出："把解决突出生态环境问题作为民生优先领域。"[1]在条件有限的情况下，优

---

〔1〕　习近平：《习近平著作选读》（第2卷），人民出版社2023年版，第136页。

先解决那些人民群众急难愁盼的突出环境问题和管理制度上的薄弱环节是党和政府阶段性的战略选择。但从长远看，实施一体化的生态环境保护治理，并逐渐建立起与现代化水平相匹配的系统性、整体性、协同性的生态环境治理体系，是推进治理能力现代化的全局性战略。也就是说，重点攻坚是改善环境领域民生问题的迫切需要，也是协同治理的基础。而协同治理是立足整体、统筹全局的全面推进，同时也有利于更扎实有效地开展重点攻坚。海南建设生态一流、绿色低碳的自贸港，实现人与自然和谐共生现代化，必须坚持以人民为中心做好统筹协调大文章。海南一直深入打好污染防治攻坚战，以精准治污、科学治污、依法治污为工作方针，高标准打好蓝天、碧水、净土保卫战，集中攻克老百姓身边的突出生态环境问题，让老百姓实实在在感受到生态环境质量改善。但海南生态环境质量仍有不尽如人意的地方，区域性、结构性污染问题依然存在，局部污染恶化以及较低的生态环境治理水平与建设生态一流、绿色低碳的自贸港的高要求不相称。习近平总书记强调："要深入实施山水林田湖草一体化生态保护和修复。"〔1〕因此，海南要坚持系统观念，注重统筹兼顾。一方面，持续深入打好污染防治攻坚战，从重点区域、重点领域的污染末端治理向源头管控、精细化管理思路转变，推出更多类似"六水共治"的标志性工程。另一方面，以生态环境质量改善为核心，以推进绿色低碳发展为导向，以有效防范生态环境风险为底线，统筹产业结构调整、污染治理、生态保护、应对气候变化，协同推进降碳、减污、扩绿、增长，强化各项举措的目标协同、多污染物控制协同、部门协同、区域协同、政策协同，不断加强前瞻性思考、全局性谋划、整体性推进，全面提升生态环境治理体系和治理能力现代化水平。同时，坚持生态惠民、生态利民、生态为民，为人民群众提供更多优质生态产品，让良好生态环境成为人民幸福生活的增长点、成为经济社会高质量发展的支撑点、成为展现人与自然和谐共生美丽海南良好形象的发力点。

"自然恢复和人工修复"强调的是要认识和处理好人的主体能动性发挥与自然客观生态规律的辩证关系。生态系统有其不依赖于人的意志的自身发展演化规律，具有强大的自我净化、自我调节、自我恢复能力。对于大部分受

---

〔1〕 习近平：《习近平著作选读》（第2卷），人民出版社2023年版，第173页。

到人类影响的生态系统，在其结构与功能尚未严重受损并具有较强的自我修复潜能时，应当以自然恢复为主，最大限度激发生态系统固有的自我调节和修复能力。而对于其原有的生态平衡已被打破，单独依靠自然恢复很可能无法逆转，或逆转周期长，则可以借助适度的人工修复措施，加速恢复进程、提升恢复效能。自然恢复和人工修复都是对已经受损或退化的生态系统采取的行之有效的生态保护修复手段，二者相辅相成、互为补充，综合运用，可提高生态保护与修复的科学性和针对性。海南建设生态一流、绿色低碳的自贸港，实现人与自然和谐共生现代化，必须坚持生态保护红线制度，筑牢生态安全屏障。海南已经构建起生态廊道和以热带雨林国家公园为主体的生物多样性保护网络，生态状况总体稳中向好。但不能忽视个别生态敏感脆弱区的生态退化风险依然在加剧，自然资源过度开发和不合理利用问题依然存在。为了推动生态系统质量持续向好，必须持续完善"三线一单"生态环境分区管控体系，筑牢"一心、一环、三江、多廊"生态屏障。同时，因地因时、分区分类推进重要生态系统保护和修复工程，根据生态系统退化、受损程度和恢复力，合理选择保育保护、自然恢复、辅助再生和生态重建等措施，恢复生态系统结构和功能，"提升生态系统多样性、稳定性、持续性"，〔1〕为自贸港建设奠定坚实的生态根基。在此基础上，让良好的生态系统、丰富的物种不断转化为发展优势，激发生态产品价值实现，达成对生态保护修复的反哺。总的来说，"还自然以宁静、和谐、美丽"〔2〕是建设人与自然和谐共生美丽海南的题中之义。

　　"外部约束和内生动力"强调的是要认识和处理好法律制度硬性约束和社会主体生态自觉的辩证关系。党中央的生态文明建设理念与战略只有进一步转化成为明确的国家法律制度，转化成为党内规章准则，并通过常设性法治化的体制渠道加以严格执行落实，才可以更好地发挥其统一规约全社会政治意志与实践行动的积极作用。否则，无法可依、有法不依或执法不严都会影响到生态文明建设国家战略或公共政策的目标实现。所以，习近平总书记多

---

〔1〕　习近平：《全面推进美丽中国建设加快推进人与自然和谐共生的现代化》，载《海南日报》2023年7月19日。

　〔2〕　习近平：《习近平著作选读》（第2卷），人民出版社2023年版，第171页。

次强调要"用最严格制度最严密法治保护生态环境。"[1]让保护生态环境成为不能逾越的红线，党政同责、终身追责。制度成为刚性的约束和不可触碰的高压线的同时，激发起全社会共同呵护生态环境的内生动力也很重要。归根结底，人与自然和谐共生的现代化是人民的选择，也是人民的事业，广大人民群众的生产生活方式变革才会成就生态文明建设的长远和根本目标。而常态化外部约束可以循序渐进上升为内生动力，内生动力则可以反作用于外部约束，提升约束效果、减轻约束成本。海南建设生态一流、绿色低碳的自贸港，实现人与自然和谐共生现代化，必须加快完善生态文明制度体系，同时推进生态文化建设。海南近年来，在"绿水青山就是金山银山"[2]理念的指引下，探索生态美、产业兴、百姓富的高质量绿色发展之路日益成为共识，但低碳的绿色生产生活方式成为社会新风尚的氛围尚不浓厚。因此，在继续坚持用最严格制度最严密法治保护生态环境的同时，健全以绿色发展为导向的科学考核评价体系，完善生态保护补偿制度和生态产品价值实现机制，真正让保护者、贡献者得到实惠。不断健全激励约束并重的源头预防、过程控制、损害赔偿、责任追究的全过程生态环境保护现代治理体系，把每个人的积极性主动性创造性调动起来，形成全民行动的格局。在法律法规和制度体系等硬约束的基础上，在全社会弘扬"人与自然和谐共生"[3]的生态文明理念，培育生态文化，加强生态文明教育，营造爱护生态环境的良好氛围，让生态道德成为全社会共同的价值理念和行为准则，让绿色低碳生活方式成风化俗。总体而言，就是把法律的震慑力、制度的约束力、文化的影响力贯通起来，一体推进、同向发力，让建设人与自然和谐共生的美丽海南成为全体人民的行动自觉。

最后要认识和处理好履行"双碳"承诺和自主行动的辩证关系。推进并最终实现"双碳"目标，是中国政府和国际社会共同努力所达成的战略选择，更是我国推动经济结构转型升级、形成绿色低碳产业竞争优势，实现高质量

---

〔1〕 习近平：《习近平著作选读》（第2卷），人民出版社2023年版，第174页。

〔2〕 中共中央文献研究室编：《习近平关于社会主义生态文明建设论述摘编》，中央文献出版社2017年版，第21页。

〔3〕 中共中央文献研究室编：《习近平关于社会主义生态文明建设论述摘编》，中央文献出版社2017年版，第32页。

发展的内在要求，理应坚定不移地履行。但坚持我国的战略与行动自主是对实现碳达峰碳中和这场社会系统性变革所做的战略回旋，也是对近年来急剧变化着的国际经济政治格局的严重不确定性的考量。实现碳达峰碳中和，不可能毕其功于一役，必须立足实际国情，坚持先立后破、稳中求进、逐步实现。海南建设生态一流、绿色低碳的自贸港，实现人与自然和谐共生现代化，就要主动承担与自身发展阶段和能力相适应的"双碳"工作义务，争当"双碳"工作优等生。海南要坚持全省统筹，加快规划建设新型能源体系，借助科技创新助力清洁能源岛建设。要稳中求进，协同布局，推动能源转型升级，优化发展风能、太阳能、水能、核能、生物质能、氢能、储能等新能源，筑牢绿色能源屏障。构建能源产业的产学研一体平台，加快能源领域技术研发和成果转化，以专精深的科技自主创新提升能源利用效能。同时，优化调整产业结构，大力发展绿色低碳产业。海南要加快建立促进绿色低碳发展的制度体系和政策体系，发挥好经济政策的"杠杆"作用，激发各类市场主体绿色低碳转型的内生动力和创新活力。加大对企业低碳技术创新的支持力度，积极发展绿色技术、绿色产品，提高经济绿色化程度，增强发展的潜力和后劲。最后，要积极参与国际碳排放权交易。在符合国家气候外交整体战略的前提下，探索依法合规在海南设立国际碳排放权交易场所，用好国际碳排放权交易中心。大力发展碳金融，发挥海南自由贸易港跨境资金自由流动的便利性，引进国际资金和境外投资者参与气候投融资活动，建立气候投融资项目库。加强海洋碳汇和森林碳汇研究、保护和利用，高水平建设海南国际蓝碳研究中心，开展陆地生态系统碳汇开发。开展零碳园区试点，打造以博鳌东屿岛为重点的一批零碳示范区，按照积极、可行原则实施碳达峰行动，支持有条件的市县率先实现碳中和，持续推进城乡用能方式变革，指导市县新建建筑全面实施绿色设计标准，全面推进超低能耗、近零能耗和零能耗等绿色低碳建筑发展。总之，海南深刻认识到"双碳"工作的长期性、艰巨性、复杂性，着眼全局，立足省情，尊重客观规律、把握步骤节奏，不搞"碳冲锋""一刀切"，坚持先立后破、积极有为，把碳达峰碳中和纳入经济社会发展整体布局，推动产业结构、能源结构、交通运输结构、农业结构优化调整，协同推进应对气候变化与环境治理、生态保护修复，降低碳排放总量和强度，稳中求进，逐步实现碳达峰和碳中和目标。这展现了中国的大国担当。作为世界上最大的发展中国家，中国期待各国强化行动，携手应对气候变化挑战，合力保护人类共同的地球家园，共同建设清洁美丽的世界。

新征程上，海南只有深入贯彻习近平生态文明思想，坚持以人民为中心，牢固树立和践行绿水青山就是金山银山的理念，站在人与自然和谐共生的高度谋划发展，牢牢守好发展和生态两条底线，坚定不移地走生产发展、生活富裕、生态良好的绿色文明发展道路，才能积极推进国家生态文明试验区建设，建成青山常在、绿水长流、空气常新的生态一流、绿色低碳的自贸港，实现人与自然和谐共生的现代化，成为美丽中国建设的生动范例和靓丽名片。

参考文献

一、马克思主义经典著作与党和国家重要文献

[1]《马克思恩格斯文集》（第1-10卷），人民出版社2009年版。

[2]《马克思恩格斯全集》（第42卷），人民出版社1979年版。

[3]《马克思恩格斯全集》（第46卷上），人民出版社1979年版。

[4]《马克思恩格斯全集》（第46卷下），人民出版社1980年版。

[5]《马克思恩格斯全集》（第47卷），人民出版社1979年版。

[6]《资本论》（第1卷），人民出版社2004年版。

[7]《毛泽东选集》（第4卷），人民出版社1991年版。

[8]《毛泽东选集》（第5卷），人民出版社1977年版。

[9]《毛泽东文集》（第6-7卷），人民出版社1999年版。

[10]《邓小平文选》（第2卷），人民出版社1994年版。

[11]《邓小平文选》（第3卷），人民出版社2001年版。

[12]《江泽民文选》（第1卷），人民出版社，2006年版。

[13] 中共中央文献研究室编：《江泽民论有中国特色社会主义（专题摘编）》，中央文献出版社2002年版。

[14] 习近平：《习近平谈治国理政》（第1卷），外文出版社2014年版。

[15] 习近平：《习近平谈治国理政》（第2卷），外文出版社2017年版。

[16] 习近平：《习近平谈治国理政》（第3卷），外文出版社2020年版。

[17] 习近平：《习近平谈治国理政》（第4卷），外文出版社2022年版。

[18] 习近平：《之江新语》，浙江人民出版社 2007 年版。

[19] 习近平：《论坚持人与自然和谐共生》，中央文献出版社 2022 年版。

[20] 中共中央文献研究室编：《周恩来年谱（1949~1976）》（上下卷），中央文献出版社 1997 年版。

[21] 中共中央文献研究室编：《建国以来重要文献选编第 4 册》，中央文献出版社 2011 年版。

[22] 中共中央文献研究室编：《十八大以来重要文献选编（中）》，中央文献出版社 2016 年版。

[23] 中共中央文献研究室编：《习近平关于社会主义生态文明建设论述摘编》，中央文献出版社 2017 年版。

[24] 中共中央党史和文献研究院：《习近平关于中国式现代化论述摘编》，中央文献出版社 2023 年版。

[25] 习近平：《高举中国特色社会主义伟大旗帜 为全面建设社会主义现代化国家而团结奋斗——在中国共产党第二十次全国代表大会上的报告》，人民出版社 2022 年版。

二、中文著作（按拼音排序）

[1] 陈鼓应：《庄子今注今译》，人民出版社 2016 年版。

[2] 陈墀成、蔡虎堂：《马克思恩格斯生态哲学思想及其当代价值》，中国社会科学出版社 2014 年版。

[3] 陈学明：《生态文明论》，重庆出版社 2008 年版。

[4] 邓喜道：《马克思的人化自然观及其当代意义》，武汉理工大学出版社 2009 年版。

[5] 冯国超译注：《周易》，华夏出版社 2017 年版。

[6] 方锡良：《现代性批判视域中的马克思自然观研究》，上海人民出版社 2014 年版。

[7] 方世南：《马克思恩格斯的生态文明思想——基于〈马克思恩格斯文集〉的研究》，人民出版社 2017 年版。

[8] 黄寿祺、张善文译注：《周易》，上海古籍出版社 2001 年版。

[9] 郇庆治：《当代西方生态资本主义理论》，北京大学出版社 2015 年版。

[10] 郇庆治：《生态文明建设试点示范区实践的哲学研究》，中国林业出版社 2019 年版。

[11] 本书编写组编：《海南省第八次党代会报告辅导手册》，海南出版社 2022 年版。

[12] 刘建生：《荀子精解》，海潮出版社 2012 年版。

[13] 梁志刚选编：《季羡林谈义理》，人民出版社 2010 年版。

[14] 逄先知、冯蕙主编：《毛泽东年谱（1949-1976）》（第 1、4、5 卷），中央文献出版社 2013 年版。

[15] 苏南：《道德经注评》，江苏古籍出版社 2001 年版。

[16] 世界环境与发展委员会：《我们共同的未来》，王之佳等译，吉林人民出版社 1997
年版。

[17] 王雨辰：《生态学马克思主义与生态文明研究》，人民出版社 2015 年版。

[18] 王毅武主编：《国际旅游岛建设研究报告》，复旦大学出版社 2015 年版。

[19] 王明初、杨英姿：《社会主义生态文明建设的理论与实践》，人民出版社 2011 年版。

[20] 余谋昌：《生态文明论》，中央编译出版社 2010 年版。

[21] 《张载集》，中华书局 1978 年版。

[22] 张云飞：《唯物史观视野中的生态文明》，中国人民大学出版社 2014 年版。

[23] 周鑫：《西方生态现代化理论与当代中国生态文明建设》，光明日报出版社 2012
年版。

[24] 钟业昌：《为什么是海南——海南自由贸易港十讲》，人民出版社 2021 年版。

三、外文著作（按拼音排序）

[1] ［德］A. 施密特：《马克思的自然概念》，欧力同、吴仲昉译，商务印书馆 1988 年版。

[2] ［德］保尔·拉法格：《唯心史观和唯物史观》，王子野译，三联书店出版社 1965 年版。

[3] ［德］马克斯·霍克海默：《批判理论》，李小兵等译，重庆出版社 1989 年版。

[4] ［美］马尔库塞：《自然和革命》，转引自复旦大学哲学系现代西方研究室编译：《西
方学者论〈一八四四年经济学—哲学手稿〉》，复旦大学出版社 1983 年版。

[5] ［匈］卢卡奇：《历史与阶级意识——关于马克思主义辩证法的研究》，杜章智、任
立、燕宏远译，商务印书馆 1999 年版。

[6] ［美］塞缪尔·亨廷顿：《变革社会中的政治秩序》，李盛平等译，华夏出版社 1998
年版。

四、期刊论文（按拼音排序）

[1] 陈曙光、阮华容：《论马克思的自然概念》，载《北京大学学报（哲学社会科学版）》
2020 年第 1 期。

[2] 陈学明：《资本逻辑与生态危机》，载《中国社会科学》2012 年第 11 期。

[3] 陈学明：《论当代西方马克思主义》，载《西南林业大学学报（社会科学）》2017 年
第 1 期。

[4] 陈硕：《坚持和完善生态文明制度体系：理论内涵、思想原则与实现路径》，载《新疆
师范大学学报（哲学社会科学版）》2019 年第 6 期。

[5] 曹洪军、李昕：《中国生态文明建设的责任体系构建》，载《暨南学报（哲学社会科

学版）》2020 年第 7 期。

［6］杜飞进：《解决人类问题的"中国方案"———论习近平总书记的东方智慧与全球视野》，载《哈尔滨工业大学学报（社会科学版）》2017 年第 1 期。

［7］冯留建、张伟：《习近平人与自然和谐共生的现代化论述探析》，载《马克思主义理论学科研究》2018 年第 4 期。

［8］方世南：《建设人与自然和谐共生的现代化》，载《理论视野》2018 年第 2 期。

［9］方世南、杨洋：《习近平生态文明思想的永续发展实现路径研究》，载《苏州大学学报（哲学社会科学版）》2019 年第 3 期。

［10］方世南：《从人与自然和谐共生视角领悟绿色发展的要义》，载《观察与思考》2021年第 5 期。

［11］符国基：《生态省是海南可持续发展的战略选择》，载《海南大学学报（人文社会科学版）》2003 年第 4 期。

［12］高伟淦、徐杰、刘冬晗：《生态文明先行示范区建设效果评价》，载《河北地质大学学报》2024 年第 1 期。

［13］何小红：《先行示范区生态文明建设指标体系研究》，载《特区实践与理论》2023 年第 2 期。

［14］郇庆治：《改革开放四十年中国共产党绿色现代化话语的嬗变》，载《云梦学刊》2019 年第 1 期。

［15］郇庆治：《深入探讨社会主义生态文明建设的"进路"难题》，载《毛泽东邓小平理论研究》2020 年第 1 期。

［16］郇庆治：《建设人与自然和谐共生的现代化》，载《学习月刊》2021 年第 1 期。

［17］郇庆治：《习近平生态文明思想的体系样态、核心概念和基本命题》，载《学术月刊》2021 年第 9 期。

［18］李佳灵、秦荣鹏、徐涛、刘辉、王友强：《海南热带雨林国家公园管护能力建设现状、问题与对策》，载《热带林业》2022 年第 2 期。

［19］李军：《高质量建设热带雨林国家公园》，载《今日海南》2022 年第 3 期。

［20］李崇富：《马克思主义生态观及其现实意义》，载《湖南社会科学》2011 年第 1 期。

［21］林必恒：《新时代海南生态文明体系建设的对策与路径》，载《今日海南》2018 年第 1 期。

［22］赖永生、阳明勇：《坚持人与自然和谐共生推进高质量发展》，载《今日海南》2022年第 12 期。

［23］刘涵：《海南自贸港生态文明体制机制创新研究》，载《海南大学学报（人文社会科学版）》2024 年第 1 期。

[24] 兰秀娟、胡哲能：《生态文明先行示范区建设对生态环境质量的影响效应及作用机制研究》，载《北京交通大学学报（社会科学版）》2024年第1期。

[25] 卢风、曹小竹：《论伊林·费切尔的生态文明观念——纪念提出"生态文明"观念40周年》，载《自然辩证法通讯》2020年第2期。

[26] 刘经纬、李玉佳：《准确把握习近平生态文明思想时代内涵的四个维度》，载《理论探讨》2021年第5期。

[27] 刘希刚：《马克思主义人化自然观的思想内涵及其绿色发展意蕴》，载《江海学刊》2017年第3期。

[28] 刘江等：《海南：生态立省九年路》，载《中国经济周刊》2008年第13期。

[29] 彭文英、李碧君、刘灿：《习近平关于生态安全重要论述及生态安全体系建设研究》，载《城市与环境研究》2021年第1期。

[30] 戚长春：《论习近平生态文明思想的背景、内涵与价值》，载《哈尔滨市委党校学报》2021年第6期。

[31] 阮晓菁、刘锦坤：《论习近平生态文明思想对马克思生态观的传承与发展——基于习近平系列重要讲话的生态视角》，载《南方论刊》2019年第4期。

[32] 苏百义、刘歆：《马克思关于人与自然思想关系的三维探赜——基于〈1844年经济学哲学手稿〉》，载《哈尔滨工业大学学报（社会科学版）》2020年第6期。

[33] 史英哲、张卉颖：《碳中和目标给海南带来何种机遇?》，载《环境与生活》2021年第Z1期。

[34] 王俊刚、李佳、陈天平：《陆海统筹划定生态保护红线的海南实践》，载《中国土地》2023年第6期。

[35] 王茹：《人与自然和谐共生的现代化：历史成就、矛盾挑战与实现路径》，载《管理世界》2023年第3期。

[36] 王雨辰：《生态学马克思主义的探索与中国生态文明理论研究》，载《鄱阳湖学刊》2018年第4期。

[37] 王和平：《海南经济特区30年沧桑巨变的主要经验》，载《新东方》2018年第2期。

[38] 魏华、卢黎歌：《习近平生态文明思想的内涵、特征与时代价值》，载《西安交通大学学报（社会科学版）》2019年第3期。

[39] 习近平：《始终要把人民放在心中最高的位置》，载《上海人大月刊》2018年第3期。

[40] 《习近平在全国生态环境保护大会上强调 坚决打好污染防治攻坚战 推动生态文明建设迈上新台阶》，载《党建》2018年第6期。

[41] 习近平：《推动我国生态文明建设迈上新台阶》，载《求是网》2019。

[42] 习近平：《以美丽中国建设全面推进人与自然和谐共生的现代化》，载《求知》2024

年第 1 期。

[43] 邢瑞敏、樊小贤：《自然——人——社会：从〈关于费尔巴哈的提纲〉看马克思实践观的生态视角》，载《延边党校学报》2021 年第 6 期。

[44] 解保军：《人与自然和谐共生的现代化——对西方现代化模式的反拨与超越》，载《马克思主义与现实》2019 年第 2 期。

[45] 徐光春：《习近平生态文明思想的重大理论和实践意义》，载《环境与可持续发展》2020 年第 6 期。

[46] 熊韵波：《论马克思生态思想的辩证性》，载《晋阳学刊》2020 年第 5 期。

[47] 杨卫军：《马克思生态自然观的理论特质和品格》，载《学习与实践》2016 年第 9 期。

[48] 余谋昌：《社会规律与自然规律》，载《自然辩证法研究》1991 年第 3 期。

[49] 余谋昌：《生态文化：21 世纪人类新文化》，载《新视野》2003 年第 4 期。

[50] 余谋昌：《人与自然和谐》，载《绿色中国》2018 年第 18 期。

[51] 叶琪、李建平：《人与自然和谐共生的社会主义现代化的理论探究》，载《政治经济学评论》2019 年第 1 期。

[52] 张兴、乔召旗、罗辉：《海南"生态立省"建设的成果与启示》，载《环境科学导刊》2021 年第 S1 期。

[53] 燕方敏：《人与自然和谐共生的现代化实践路径》，载《理论视野》2019 年第 9 期。

[54] 张云飞：《论新时代坚持和发展中国特色社会主义的基本方略》，载《教学与研究》2017 年第 12 期。

[55] 张云飞：《"生命共同体"：社会主义生态文明的本体论奠基》，载《马克思主义与现实》2019 年第 2 期。

[56] 张云飞：《习近平生态文明思想的标志性成果》，载《湖湘论坛》2019 年第 4 期。

[57] 张云飞：《社会主义生态文明的人民性价值取向》，载《马克思主义与现实》2020 年第 3 期。

[58] 张云飞：《晚期资本主义的绿色焦虑及其根源》，载《人民论坛·学术前沿》2020 年第 10 期。

[59] 张苏强：《人与自然和谐共生的现代化建设的生态责任论析》，载《浙江工商大学学报》2019 年第 6 期。

[60] 郑志国：《论人与自然和谐共生的现代化生产力》，载《华南师范大学学报（社会科学版）》2018 年第 5 期。

[61] 郑继江：《论人与自然和谐共生的现代化生成机理》，载《理论学刊》2020 年第 6 期。

[62] 周宏春、江晓军：《习近平生态文明思想的主要来源、组成部分与实践指引》，载《中国人口·资源与环境》2019 年第 1 期。

［63］周鑫：《习近平生态文明思想的理论特质与现实关怀》，载《哈尔滨工业大学学报
（社会科学版）》2021年第4期。

［64］赵志强：《习近平生态文明建设重要论述的形成逻辑及时代价值》，载《石河子大学
学报（哲学社会科学版）》2018年第6期。

［65］赵宏、张乃明：《生态文明示范区建设评价指标体系研究》，载《湖州师范学院学报》
2017年第1期。

［66］钟鸣明：《统筹水资源、水环境、水生态治理，在深入践行"六水共治"中再立新
功》，载《今日海南》2023年第8期。

［67］Spaargare，G. and Mol，A. P. J. Socialogy，environment and modernity：Ecological mod-
ernization as a theory of social change. Social and Natural Resources，1992（5）。

五、引用前期成果论文

［1］杨英姿. 中国式现代化的生态建构［J］. 城市与环境研究，2023，（03）：14-28.

后 记

　　书稿得以如期完成，首先要感谢杨英姿教授不仅在前期的调研工作中一直陪同，在书稿完成阶段也给与了大量的理论指导。同时要感谢杜明娥教授给与的理论提升，感谢海南经贸职业技术学院孔靖老师对绿色经济模块提出的宝贵建议。马克思主义学院及中国政法大学出版社为本书出版给予了热心帮助和指点，在此，一并表示衷心感谢！

刘利利

2024 年 4 月